U0746836

春秋正義

〔唐〕孔穎達 撰
李霖 解題

圖版三

本冊目録

日本宮内廳書陵部藏舊鈔本春秋正義

春秋正義卷第十九　成公

國子祭酒上護軍曲阜縣開國子臣孔穎達等奉

勑撰

十一年注正月至見止　正義曰襄二十九年正月公在楚傳曰釋不朝正于廟也彼以踰年故書正月公楚此亦踰年不書正在月公在晉者為諱見止故正月不以告廟案春秋上下公之在晉諱与不諱悉皆不書此言諱見止者以此兼有諱義故詳之也宣五年傳公如齊高固使齊侯止公請叔姬焉夏公至自齊書過也注云公既見止連昏於隣國之臣厭尊毀列累其先君而於廟行飲至之礼故書以示過宣七年公會晉侯云々于黑壤傳稱晉侯以公不朝又不聘止公于會不与公盟八年公至自晉注云義与五年書過同此亦見止還而告至杜不言義与昏過同者公實不貳於楚晉以无罪止公非所當諱故依法告至然則正月諱不告者正月公猶被執守臣若其告廟當云公被晉執故諱而不告公還不以為耻故告至耳　注郤犨至兄弟　正義曰案世本郤豹

生冀芮々生缺々生克也又云豹生義々生步揚々生州々即犨也如彼文則犨与克俱是豹之曾孫當爲從祖昆弟服虔以爲從祖昆弟杜云從父昆弟或父當爲祖字誤耳　傳注昆弟之妻相謂爲姒　正義曰世人多疑娣姒之名皆以爲兄妻呼弟妻爲娣弟妻呼兄妻爲姒因即惑於傳文不知何以爲說今謂母婦之號隨夫尊卑娣姒之名從身長幼以其俱來夫族其夫班秩既同尊卑无以相加遂從身之少長喪服小功章曰娣姒婦報傳曰娣姒婦者弟長也以弟長解娣姒言娣是弟姒是長也公羊傳亦云娣者何弟也是其以弟解娣自然以長解姒長謂身之年長非夫之年長也釋親云長婦謂稚婦爲娣婦々々謂長婦爲姒婦止言婦之長稚不言夫之大小今穆姜謂聲伯之母爲姒昭二十八年傳叔向之嫂謂叔向之妻爲姒二者皆呼夫弟之妻爲姒豈計夫之長幼乎釋親又云女子同出謂先生爲姒後生爲娣孫炎云同出謂俱嫁事一夫也事一夫者以己生先後爲娣姒則知娣姒以己之年非夫之年也故賈逵鄭玄及此注皆云兄弟之妻相謂爲姒

言兩人相謂々長者爲姒知娣姒之名不計夫之長幼也　注儷
耦也　正義曰礼謂兩皮爲儷皮儷兩也故爲耦　注伉敵也
正義曰伉者相當之言故爲敵也伉儷者言是相敵之匹耦　注
郤犫至略輕　正義曰晉臣来盟於魯々臣往盟於晉俱是相要
其意一也意既同矣可書一以包二宜舉重而略輕遣使爲輕君
親爲重故郤犫各聘又各盟文子直書如晉略言其聘而已衛鼻
隆難以爲他鄉来敵魯君春秋所諱魯卿出敵他國顯名氏則
應郤犫来盟爲輕行父盟晉爲重今書郤犫之盟則是舉輕略重
何得云舉重略輕蘇氏釋云所言輕重者自謂魯之君臣々盟爲
輕君盟爲重二國各稟君命奉使而行非闕敵公之義其意不同
不得相難　注言温郤氏舊邑　正義曰御是温之别邑本從温
内分出温屬晉御屬周温是郤氏旧邑郤氏既已得温則謂從温
而分出者亦宜從温而屬郤氏故郤至爭之其劉子單子之言襄
王勞文公而賜之温於時御已分矣賜晉以温不賜以御也狐氏
陽氏先處温邑於時亦不得御々本未嘗屬晉故爲王官之邑

注蘇忿至公也　正義曰尚書立政云周公若曰大史司寇蘇公
此傳与彼俱言蘇公為司寇明是一人　此言克商即為司寇是為
武王司寇　十二年傳注天子至非之　正義曰凡言出者謂出奔
其封内天子以天下為家本无出封之理以无外之故雖有出奔
之人史策皆不言出昭二十六年君氏召伯毛伯以王子朝奔楚
實出而不言出是其事也襄王蔽於匹夫之孝不顧天下之重故
書云出居于鄭此周公王既復之而又自出故書云出奔是不應
言出而言出皆所以罪責之也鄭玄荅孫皓曰凡自周无出者周
无放臣之法罪大者刑之小則宥之以爲實无出法案書流宥五
刑則宥者流之非不出也舜放四罪投之四裔安得不出哉乎若四
如周礼無流放之文即云周无放臣之法礼三諫不從待放於郊
然則周臣三諫不從終是不蒙王放欲令諫者何所措身尤傳發
凡自是舊策之例因即以為周制謂其實无出者執文害意為蔽
何甚　注贄幣也　正義曰傳言交贄往来謂聘使来去也聘礼
賓執圭以通命執幣以致享故知贄是幣謂聘享之幣也　注擊

鐘而奏樂　正義曰作樂謂之奏〻樂先擊鐘故周礼大司樂〻
師每事皆云令奏鐘鼓以鐘先擊故先言鐘也鐘以金為之謂之
金奏故鐘師掌金奏鄭玄云金奏擊金以為奏樂之節金謂鐘及
鎛也鄭玄燕礼注云以鐘鎛播之鼓磬應之所謂金奏也是金為
奏節之初故傳言金奏作於下作樂先擊鐘故注云擊鐘而奏条
也礼記仲尼燕居云兩君相見入门而縣興升堂而樂闋郊特牲
曰賓入大门而奏肆夏示易以敬也鄭玄云賓朝聘者朝聘連言
之則燕享朝賓聘客皆入门即奏樂矣其賓朝賓入門而奏樂聘
客則至庭乃奏条此郤至將登堂始奏樂者縣當在庭而楚之為
地室而縣待客將登乃奏皆所以見異故欲以驚賓矣燕享聘客
皆當入門奏肆夏若燕己之群臣則有王事之勞者乃得以樂納
賓其常燕唯有升歌間合而已无納賓之条也故燕礼記云若以
樂納賓則賓及庭奏肆夏鄭玄云卿大夫有王事之勞者則奏此
樂焉是燕己之臣无王事之勞者不以条納賓也　驚而至備条
正義曰卒聞地下鐘聲出其不意故驚而走　出其出賓為驚怖因

即飾辭〻奏言已不敢當大礼匿其驚走之意　注言此至之礼　正義曰仲尼燕居云兩君相見入門而縣興是賓入門作奏為兩君相見之礼也而燕礼雖兼聘問之賓以燕已臣為主而云若以樂納賓燕已之臣尚有以奏納賓之法則燕享聘客必以樂納賓矣故鄭玄郊特牲注云賓朝聘者朝聘並言則君臣同奏郤至不敢同君故以之為辭耳非謂礼不得也　注言兩至此樂　正義曰子反意晉楚並是大国不肯相朝唯戰乃相見其相見之時言唯當用是一矢以相加陵相遺与耳无為用此樂也　注傳諸至明之　正義曰知傳諸交讓得賓主辭多曰賓主者此傳每稱郤至為賓文十二年傳稱西乞術為賓并称主人曰之類是也　注享有至共儉　正義曰享有體薦宣十六年傳文也設几而不倚爵盈而不飲昭五年傳文也礼聘義記曰聘之礼至大礼也酒清人渴而不敢飲也肉乾人飢而不敢食也彼言聘礼即是享聘賓之礼此事皆所以教訓共儉也　注宴則至共食　正義曰宣十六年傳云宴有折俎宴則節折其肉升之於俎相与共啗食之所

以表示慈惠也　朝而不夕　正義曰旦見君謂之朝莫見君謂
之夕哀十四年傳稱子我夕晉語稱叔向夕皆謂夕見君也人息
事少故百官羕奉職事皆朝々而莫不夕々々言无事也　注扞
蔽至其民　正義曰扞者扞衛寇難故為蔽也言燕享結好与隣
國通和甲兵不興人得安息所以蔽扞其民若如城然故云所以
扞城其民也　注詩周至而已　正義曰詩周南兎罝之篇言兎
罝之人亦是賢者其人乃是赳々然雄武之夫与公侯共扞城其
民也引詩之意言世治无事公侯之与武夫設共儉慈惠之礼与
人扞難而已不侵伐他国也干扞釋言文　注八尺至攻伐　正
義曰周礼考工記云人長八尺殳長尋有四尺崇於人四尺車戟
常崇於殳四尺是八尺曰尋倍尋曰常喻其少故言争尺丈之地
以相攻伐尽殺其民孟子曰争城以戰殺人盈城争地以戰殺人
盈野是謂尽殺其民也　注略取至无已　正義曰武夫有武能
為人之扞蔽世治則公侯同於武夫同其腹心相与扞己民而已
不侵犯々人也世乱則使武夫同於公侯其公侯欲得拓竟寬土他

則制禦武夫以從己志使武夫為己腹心股肱爪牙令之侵害隣
國搏擊也噬齧也犬能搏噬譬之於犬為搏噬之用无已時也
注舉詩至腹心　正義曰此亦兔罝之篇美賢人之事而引之以
證世乱故解之此舉詩之正以駮世亂之義詩言治世則武夫能
合德公侯外則扞城其民内則制其腹心也以其人心則李貪縱
之則害物然美公侯能以武夫制己腹心自守扞難而已不害人
也　天下至反之　正義曰天下有道之時則公侯能為民扞城
禦難而使武夫制其己之腹心不侵犯他國也乱則反之不復扞
蔽己民乃以武夫從己腹心將武夫為股肱爪牙以侵害他国是
反治世也晉楚之世為仇敵常有相害之心子反言一矢相加仍懷
戰鬬之意故郤至言世治則自守世乱則相侵害巻上一矢之言
冀得交為和故說此也　无礼至矣夫　正義曰以一矢為辭好
是无礼也食言是其將背盟也背盟必相伐故為死亡无日矣
十三年注將伐至讓辭　正義曰晉雖是侯伯恐魯不与若言召
兵或容辞說言乞則不得不与釋例曰乞師者深求過理之辭執

謙以逼成其計是解乞為謙意　注伐秦至朝王　正義曰公本
為伐秦道過京師因往朝王不稱朝而言公如京師者以明公朝
于王所王不在京師故指言王所據王言之不得不称朝此則王
在京師〻〻是國之揔號不斥王身不可称朝故依尋常朝聘隣
国之文稱如而已劉炫云魯朝聘皆言如不果彼國必成其礼或
在道而還如者明其始發言往而已言公朝王所者發国不為朝
王至彼遇王朝之朝訖乃明故稱朝也此過京師亦宜稱朝言如
者發雖主為伐秦即有朝王之意明其初發故言如也　注五同
盟　正義曰盧以宣十五年即位十七年盟于斷道成二年于袁
婁又于蜀五年于蟲牢七年于馬陵九年于蒲凡六同盟不數宣
公斷道為五　傳礼身至无基　正義曰幹以樹木為喻基以牆
屋為喻樹木以本根為幹有幹故枝葉茂焉牆屋以下土為基有
基乃牆屋成焉人身以礼敬為本必有礼敬身乃得存郤子无基
則亦无幹但言有所局不復得言幹耳　宣伯至賄之　正義曰
周語云簡王八年魯成公來朝使叔孫僑如先聘且告見王孫說

與之語說言於王曰魯叔孫之來有異焉其幣薄而言諂殆請之也若請之必欲賜也且甚狀方上而銳下宜觸冒人王其勿賜若貪陵之人來而盈願是不賞善也且財不給王使私問諸魯〻人云請之也王遂不賜礼如行人孔晁云行人使人也以使人之礼〻之不從聘者之賜礼也又曰魯侯至仲孫蔑為介王孫說与之語說讓說以語王〻厚賄之　注脤宜至之名　正義曰宜者祭社之名脤是盛肉之器受脤于社受祭社之胙肉也周礼掌蜃祭祀共蜃器之蜃鄭玄云飾祭器之屬也春秋定十四年秋天王使石尚來歸蜃〻之器以蜃飾因名焉鄭衆云蜃可以白器令色白是蜃以脤器故曰脤也既言宜社又自解宜名釋天云起大事動大衆必先有事乎社而後出謂之宜孫炎曰有事祭也宜求見祐也是宜者出兵祭社之名　民受至皮乎　正義曰天地之中謂中和之氣也民者人也言人受此天地中和之氣以得生育所謂命也命者教命之意若有所稟受之辞故孝經說云命者人之所稟受度是也命雖受之天地短長有本順理則壽考逆理則夭折

是以有動作礼義威儀之法則以定此命言有法則命之長短淂
定无法則夭折无恒也故人有能者養其威儀礼法以往適於福
或本分之外更淂延長也不能者敗其威儀礼法而身自取禍或
本分之内仍有减割也為其求福畏禍之故君子勤礼以臨下小
人尽力以事上勤礼莫如致敬尽力莫如敦篤敬之所
施在於養神朝廷百官享神必敬篤在守業草野四民勿使失業
也國之大事在祀与戎宗廟之祀則有執膰兵戎之祭則有受脤
此是交神之大節也今成子受脤而惰是自棄其命矣死必在近
此行其不淂反乎爾之往也養之以福謂將身向福也敗以取禍
謂禍及身也福則人之所欲作往就之辭也禍則人之所惡作自
來之語也敬則所施有處故言致敬也厚則唯在己身无所可致
故重言敦篤也執膰受脤俱是於祭末受而執之互相見也劉炫
云命者冥也言其生育之性淂之於冥兆也　注膰祭肉　正義
曰詩詠祭祀之礼云為俎孔碩或燔或炙又曰有酒欣々燔炙芬
々毛傳云傳火曰燔祭肉有燔而薦者因謂祭肉為膰也　勠力

同心　正義曰孔安国以勠力為陳力以論語有陳力就列故也勠力猶言勉力努力耳　又不至之師　正義曰言秦既納惠公又不能遂成大功而復伐晉為此韓之師也下云亦悔于厥心謂秦悔伐晉也　注致死至此意　正義曰劉炫以為誣秦今知不然者凡誣秦者謂加之罪僞辭少略者可得稱誣今傳云諸侯疾之將致命于秦文公恐懼綏静諸侯又云我有大造于西傳文既詳明諸侯實有此意若无諸侯何得称為大造且秦師襲鄭〻亦疾秦此則諸侯之義也刘以為實无諸侯而規杜過非也　注不見弔傷　正義曰曲礼云知生者弔知死者傷知生而不知死弔而不傷知死而不知生傷而不弔鄭玄云人恩各施於所知弔傷皆謂致命辭也雜記諸侯使人弔辭曰寡君聞君之喪寡君使某如何不淑此施於生者傷辭未聞也說者有衍弔辭云皇天降災子遭罹之如何不淑此施於死者蓋傷辭畢退皆哭是弔傷之異薨死至襄公　正義曰輕薨文公以為死无知矣謂襄公寡弱而陵忽之　奸絶我好　正義曰奸乱断絶不復与我和好也　注

伐保至氐縣　正義曰伐我涑川俘我王官傳皆无文獨謂此為
誣者於時輕行童衣鄭不得在道用兵故知此伐保城是誣之也春
秋之時更无費国秦唯滅滑不滅費知即滑也国都於費國邑費
並舉以因文耳　注秦使至成王　正義曰文十四年傳云初鬬
克囚于秦々有殽之敗使歸求成僖三十三年秦敗于殽文元年
楚弒成王故謂不成也　闕翦我公室　正義曰闕為缺損翦謂
滅削言欲害晉之公室　注蟊賊至蟲名　正義曰釋蟲云食損
根蟊食節賊是食禾稼之蟲也納雍害晉若蟲食禾然彼晉自召
雍非秦罪也　注虔劉皆殺也　正義曰劉殺釋詁文方言云虔
殺也重言殺者亦因文耳　注聚眾也　正義曰謂聚衆以拒秦
也以上有殽之師令狐之役河曲之戰不用重文故變文言聚克
為文亦有辭耳　注令狐至謂也　正義曰劉炫以為臣之出使
自稱己君皆曰寡君今呂相雖奉君命要有己語稱寡君正是其
理杜何知宜為寡人稱君為誤今刪定知劉說非者以呂相奉厲
公之命而往絕秦則皆是厲公之言不得兼有己語案隱十一年

郑伯告許大夫云假手于我寡人今呂相称厉公之命還与自称无異亦當云我寡人故知称君為謬刘以称寡君為是以規杜過非也　白狄及君同州　正義曰周礼職方氏正西曰雍州其川涇汭其浸渭洛皆秦地也正北曰并州其澤藪曰昭餘祁其川虖池嘔夷皆晋地也是秦屬雍而晋屬并白狄蓋狄之西偏屬雍州也　注季隗至文公　正義曰三年晋衛伐廧咎如傳曰討赤狄之餘焉知咎如是赤狄也文公所奔之狄不言赤白以其伐赤不應赤自相伐知白狄伐之也其女雖是赤狄之種而由白狄以納文公得以白狄為昏姻也且此辞多誣欲親狄以曲秦故引狄為昏姻耳晋人自數伐狄寧復顧昏姻也杜以傳有季隗之事引之以證昏姻未必晋於白狄処无昏姻　昭告昊天上帝　正義曰礼諸侯不得祭天其盟不王天神鄭玄覲礼注云王巡守之盟其神主日諸侯之盟其神主山川襄十一年亳城北之盟其載書云司慎司盟名山名川注云二司天神唯告天之別神不告昊天上帝此秦楚為盟告天帝者春秋之時不能如礼且此辞多誣未

必是實晉与諸國結盟皆不告昊天上帝何由秦楚獨敢告之蓋
欲示楚人恨秦之深言其所告处重耳　以懲不壹　正義曰楚之
道秦人用心不壹其盟不足与固宜示諸侯以懲創不壹之人
寡人不佞　正義曰服虔云佞才也不才者自謙之辞也論語云
焉用佞禦人以口給屢憎於人則佞非善事而以不佞爲謙者佞
是口才捷利之名本非善惡之称但爲佞有善有惡耳爲善敏捷
是善佞爲惡敏捷是惡佞但君子欲訥於言而敏於行言之多
情或不信故云焉用佞耳　注不更至獨存　正義曰秦之官爵
有此不更之名知女父是人之名字不更是官爵之号漢書称商
君爲法於秦戰斬一首者賜爵一級其爵名一爲公士二上造三
簪褭四不更五大夫六公大夫七官大夫八公乘九五大夫十左
庶長十一右庶長十二左更十三中更十四右更十五少上造十
六大上造十七駟車庶長十八大庶長十九関内侯二十徹侯
商君者商鞅也秦孝公之相封於商號爲商君案傳此有不更女
父襄十一年有庶長鮑庶長武春秋之世已有此名蓋後世以漸

增之商君定為二十非是商君盡新作也其名之義難得而知耳傳言戰敗而經不書杜以意測之不知其故欲以為秦曲晉直不以曲者敵直故不書戰則僖十五年韓之戰秦直晉曲書戰于韓也欲以為不告故不書當時公親在師復不須告也欲以為无功諱負則克獲有功亦无所諱也再三揆度不識所以故云蓋經文闕漏傳文獨存也經文依史官策書策書所无故經文遂闕也傳文采於簡牘〻〻先有故傳文獨存也 注涇水至渭也 正義曰釋例曰涇水出安定朝那縣西東南經新平扶風至京兆高陸縣入渭 注逆迎至秦地 正義曰經書公會晉侯齊侯宋公衛侯鄭伯曹伯邾人滕人伐秦是伐時諸侯親行也傳云晉師以諸侯之師及秦師戰則知諸侯不親行也蓋皆別次以待之新楚當是晉侯次之處也以傳不言其次晉侯或因戰勝而移處故云止新楚也 注子如至驪子 正義曰子如即是子班擬傳可知以外无文見其同時被殺必是近親相傳為此說耳 十四年注成公至絕也 正義曰釋例曰成公逆女及夫人至最為得禮故詳

其文丘明謂之微而顯婉而成章也然則杜以傳文詳知其最得
礼也釈例又云成公娶夫人而不納幣此經文闕也貴聘而賤逆
失礼之微者傳猶詳之言其不終若實不納幣非所略也是言闕
之意也闕絶者闕而文斷絶蓋疑仲尼脩定後其文始闕若脩時
已闕傳應言其故也　注五同盟　正義曰臧文速以二年八月
卒而臧代立其年十一月衛大夫与公盟于蜀三年孫良夫来盟
五年于蟲牢七年于馬陵九年于蒲皆魯衛俱在是五同盟也
傳注同姓之卿　正義曰世本孫氏出於衛武公至林父八世是
同姓也　詩曰至来求　正義曰兕觵罰酒之爵言古之王者与
群臣燕飲无失礼者用兕觵之爵其觩然空陳設之无所可罰在
席飲美酒者皆能思柔順中和故不用「彼飲燕君子与人交接也」
非有傲慢之心故万種福禄求来歛之　注詩小至之皃　正義
曰詩小雅桑扈之章言設爵不用之意君子好礼与於燕者皆思
柔順之德无過可罰故雖設觵爵不用之也兕是獸名觵是爵称
知兕觵以兕角為觵也周礼小胥職云觵其不敬者是所以罰不

敬也異義韓詩説觵五升所以罰不敬也觵廓也著明之貌君子有過廓然明著詩毛傳説觵大七升許慎云觵罰有過一飲七升為過多當謂五升是也詩良耜云有捄其角則捄是角貌此詩之意指其角貌言陳設不用故云陳設之貌　称族尊君命　正義曰宣元年已發尊君命尊夫人之例今復發者彼以喪娶嫌非正礼且公子非族故重明之何休膏肓難左氏叔孫僑如舍族為尊夫人案襄二十七年豹及諸侯之大夫盟復何所尊而亦舍族春秋之例一事再見者亦以省文耳左氏為短鄭箴云左氏以豹違命故貶之而去族今僑如无罪而亦去族故以為尊夫人也春秋有变異文同則此類也　十五年注襄仲至仲氏　正義曰公羊穀梁皆以嬰齊為仲遂之子歸父之弟也以為歸父之弟則同其言称仲之意則異公羊以為才无後兄之義仲嬰齊為歸父之子則為仲遂之孫故以王父字為氏穀梁以為宣八年仲遂卒者為殺子赤疎之不使称公子父既見疎不得称公子故其子由父亦疎之不得称公孫故別言仲氏杜之此注甚言不明當以為襄仲

歸父本以東門為氏及命嬰齊紹歸父之後改之曰仲氏也劉炫
云仲遂受賜為仲氏故其子孫稱仲氏耳　注不稱至禮也　正
義曰諸傳於其意之下發凡例者杜皆於經之下引傳而言傳例
曰今傳因曹伯發凡杜不引傳例者傳㧾稱人以執為例却云不
然則否曹伯稱侯以執從不然之例故杜不得引之也不稱人以
執者曹伯罪不及民其稱人之例於義為然也諸侯不得相治故
歸之京師使天子治之是禮也釋例曰執諸侯當歸于京師而或
以歸或歸于諸侯背失其所從實而顯之義可知也　注四同盟
正義曰固父鮑以二年八月卒而固代立其年十一月宋大夫與
公盟于蜀五年于蟲牢七年于馬陵九年于蒲皆魯宋俱在是四
同盟　注華元至納告　正義曰案傳花元奔晋魚石既議止之
魚石自止華元于河上元如至河未至晋既奔晋又自晋
歸者花元既出宋即來告華元既歸宋復來告十八年傳例曰凡
去其國國々逆而立之曰入復其位曰復歸諸侯納之曰歸此是魚
石之宜從國逆之例而為諸侯納之文者曰自晋歸者花元與

欒書相善怖懼相族歎挾晉以自重以晉納告于諸侯春秋從而書之以示无之本情故也　傳凡君至則否　正義曰春秋執諸侯多矣或名或否此例不言之者衆例曰諸侯見執者已在罪賤之地書名與否非例所加故但書執其侯也天生民而樹之君使司牧之勿使失性名乃肆於民上人懷怨讎諸侯致討則稱某人以執某侯衆討之文也諸侯雖身犯不義而惡不及民則不稱人以執之晉侯執曹伯是也諸无加民之惡而稱人以執皆時之赴告欲重其罪以加民爲辭国史承以書策而簡牘之記具存夫子因示虛實傳隨而著其本狀以明得失也　聖達至守節　正義曰節猶分也人生天地之間性命各有其分聖人達於天命識己知分若以歷数在己則當奉承天命不復拘君臣之交上下之礼衆爲受終湯武革命是言達節者也若自知己分不合高位得而不取与而不受子臧季札衛公子郢楚公子閭如此之類皆守節者也下愚之人不識己分偷張妄作取非其理干紀乱常如此之輩古今多矣州吁无知之等皆失節者也子臧自以身是庶子不合

有國故言為君非吾節也雖不能為聖敢失其守節者乎　注蕩
澤云々　正義曰世本云公孫壽生大司馬虺々生司馬澤也花
喜督之玄孫者又云督生世子家々生秀老々生司徒鄭々生司
徒喜也公孫師莊公之孫者又云莊公生右師戊々生司城師也
鱗朱鱗矔孫者又云桓公生公子鱗々生東鄉矔々生司徒文々
生大司寇子奏々生小司寇朱也向戌桓公曾孫者又云桓公生
向父盻々生司城訾守々生小司寇鱣及合左師々々即向戌也
注四大至石告　正義曰襄元年傳謂此五人為五大夫故除去
魚石謂之四大夫也彼四大夫所以不書者宋人獨以魚石告不
以四人告也服虔云魚石卿故書以為四人非卿故不書杜不然
者案文七年傳云宋成公卒於是公子成為右師公孫友為左師
樂豫為司馬鱗矔為司徒公子蕩為司城華御事為司寇六卿和
公室哀二十六年傳宋景公無子於是皇緩為右師皇非我為大
司馬皇懷為司徒靈不緩為左師樂茂為司城樂朱鉏為大司寇
六卿三族降聽政據彼二文則向為人為大司寇亦是卿也若五

人皆告爲卿則書向爲人亦當書之何以独書魚石杜言独以魚石告正爲向爲人不書故也或少司寇二宰等六卿之外亦是卿官合書名氏猶如魯之三卿外别有公孫嬰齊臧孫許但非如六卿等世掌國政也　十六年正月雨木冰　正義曰正月今之仲冬時猶有雨未是盛寒雨下即著樹爲冰記寒甚之過其節度公羊穀梁皆云雨而木冰是冰封著樹也今世時有之皆寒甚所致也　注黶欒書子

此時欒書尚在黶未爲卿而得名見經者襄二十九年鄭公孫段未爲卿而見經杜云蓋以攝卿行然則此亦當以攝卿故書　注楚師至敗績　正義曰此戰楚師未至於敗而楚子身傷故書楚子敗績也謂之戰宋公傷股師亦敗績故書師敗而不書宋公敗也君將不言師師以君重於師也戰陳以師相敵死亡既多舉師爲重故師敗君傷者唯書師敗而已不復書君身敗也劉炫又云若君將被殺獲者復以殺獲者爲重既書師敗又書殺獲即韓之戰獲晉侯大棘之戰獲華元雞父之戰獲胡沈之君是也　注不

及至執止　正義曰諸公被執者皆諱不書執此會晉侯不肯見公不諱之者公為國内有故不及戰期雖不見公非公之罪是為恥輕於執止故直書之以示譏公之意異公改過无後犯及書公至自會以无罪不諱故依法告廟也　注苕丘至使人　正義曰昭十三年晉人執季孫意如以皈此言舍之苕丘明其不以皈也大夫因使被執无罪者則書行人以見无罪於時行父從公伐鄭在軍見執雖則无罪不稱行人以其非使人故也季孫意如得釈而皈書意如至自晉此行父得釈不書至者釈例曰賈氏以為書執行父舍于苕丘言失其所不書至者刺晉聽讒執之示已无罪也案傳因之苕丘以别晉都无義例也公待于鄆与行父俱皈厭於公尊故不書行父至耳若欲示无罪則宜於執見義今既直書其執処絶不書至乃所以示終於見執非示无罪也穀梁以行父至不致者為公在故与杜義合也　傳注樂懼至氏族　正義曰樂懼是戴公六世孫世本有文也將鉏為樂氏之族不知所出杜譜於樂氏之下樂鉏將鉏為一人傳无樂鉏之文不知其故何

也　欒書至燮佐之　正義曰晉語云鄢陵之役晉伐鄭荆救之
欒武子將上軍范文子將下軍與此異者彼孔晁注云上下中軍
之上下也傳曰欒書將中軍士燮佐之又曰欒范以其族夾公行
引此爲正是彼謂分中軍爲二將〻上而佐將下　注荀罃至罷
矣　正義曰十三年傳云韓厥將下軍荀罃佐之又此年末傳云
知武子佐下軍郤犨將新軍是其文也三年行六軍其新三軍將
佐六人皆賞鞌之功死亡不復補至此唯有韓厥在耳郤至佐新
軍不言中下是新軍唯一知新上下軍於是罷矣　對曰至子矣
正義曰叔時此對首尾相成先舉六名云戰之器也言有此六事
乃可以戰者器用然也自德以施惠至信以守物辨六事施用之
處也自民生厚至所由克言能用六事得戰勝之意也自今楚內
棄其民至疲民以逞言楚不行六事也民不知信以下言楚必敗
之意也德者得也自得於心美行之大名有大德者以德撫人是
德用之以施恩惠也有姦邪者斷以刑罰是刑用之以正邪辟也
詳則祥也古字同耳釋詁云祥善也李巡曰祥福之善也事神得

福乃名為祥是祥用之以事神也戔者宜也物皆得宜利乃生焉
故戔所以生立利益也礼者履也其所践履當適時要故礼所以
順時叓也言而无信物將散矣故信所以守群物也人君用此道
以撫下民々之生計豊厚財用足則民之德皆正矣德謂人之性
行論語云民德歸厚矣即是正也此一句覆上德以施恵由上施
恩惠故民生計豊厚也財用有利益而每叓得節飢則有食寒則
有衣其叓皆得節矣此一句覆上戔以建利也政不擾民時節皆
順春種夏耨而物得成矣此一句覆上礼以順時也自上及下和
睦而相親周旋運轉不有違逆上之所求下无不具下民自知其
中无復二心故詩美先王成立我之衆民无不於女先王得其中
正言先王善養下民使得中也自上下和睦以下至莫匪尔極揔
論在上德戔礼三叓以教於下則在下之人皆无邪悪以信自守
即包上刑以正邪信以守物二句也聖王先成於民而後致力於
神民既如此是以明神下之福祐時无水旱災害此覆上詳以叓
神也故下民生計皆豊厚而多大人皆和同其心以聽進止无不

尽已之力以從上命戰陳之上有被殺傷者皆致其死命以補其空闕之處此戰之所由得而勝也今楚内棄其國内之民不行施惠是无德也外絶其隣國之好不得其利是无義也与晉結盟而復背之貫瀆齊同之盟是无詳也与人要言今背其語食消善言是无信也夏之二月農事正煩奸犯時節而動兵伐人是无礼也晉人无罪苟欲伐之疲勞下民以快已欲是无刑也六事皆无是无器也无器而戰其何勝乎上若有信民知所適上既无信不知所從々々前言則違後令從後令則背前言人既不知在上之信其進与退皆得罪也人々憂其所至不知己之性命將至何處其誰肯致死而戰也子其勉力爲之此行也必敗吾不復得見子矣知其必死与之長訣也　注烝衆至中正　正義曰烝衆釋詁文極中正常訓也詩頌思文之篇美后稷之德周語云昔我先王世后稷故杜以先王言之言先王后稷立其衆人无不得其中正也當堯之末洪水滔天人不粒食皆失其正性后稷教人耕稼以養之各復本性故无不得中正也　注敦厚庬大也　正義曰皆釋詁文也

言人之生計若財物足皆豐厚而多大管子曰倉廩實而知礼節衣食足而知榮辱讓生於有餘爭生於不足是其人生厚大則心和而聽上命也　注礼不至農業　正義曰沈氏云晉亦奸時所以无天殃者以鄭既有罪晉人討之楚黨有罪之鄭故独謂之奸時　注刑不至快意　正義曰魯語曰大刑用甲兵其次用斧鉞故大者陳之原野小者致之市朝則征伐之刑々之大者刑不正邪而苟快意正謂伐晉是也此六句言楚无上六事隨便而言故与上不次服虔以外絶其好為刑不正邪也食話言為義不建利也疲民以逞為信不守物也杜以食話言是言之不信也快意征伐是刑之失所也故不從旧説　注底至也　正義曰底亶近至故為至也在上之信不著於人号令无常動靖恣意或作東作西或欲遲欲速每事如此不可測量人不知信進退獲罪人々各憂其身不知性命所至誰肯致死戰也　注晦月至為忌　正義曰日為陽精月為陰精兵尚殺害陰之道也行兵貴月盛之時晦是月終陰之尽也故兵家以晦為忌不用晦日陳兵也昭二十三年

七月戊辰晦吴敗楚師于雞父吴犯兵忌而戰勝者杜云違兵忌晦戰擊楚所不意彼知楚有可敗之機晦是兵家所忌原楚之情必以吴為不動故以晦日掩之擊楚不備故也　注巢車〻上為櫓　正義曰説文云轈兵高車加巢以望敵也櫓澤中守草樓也是巢与櫓俱是樓之别名　注左將帥右車右　正義曰兵車唯元帥在中御者在左也其餘將帥皆御者在中將帥在左也左右執兵而下唯御者持車不下耳　注晉侯至意異　正義曰服虔以此皆曰之文在州犂賁皇之下解云賁皇州犂皆言曰晉楚之士皆在君側且陳厚不可當以為州犂言晉彊賁皇言楚彊故云皆曰也如服言賁皇既言楚之不可當何故復請分良以擊其左若右故杜不用其説晉侯左右皆為此言以憚伯州犂耳　注震下至无變　正義曰説卦震為雷坤為地復象曰雷在地中復服虔云復反也陰盛於上陽動於下以喻小人作亂於上聖人興道於下万物復萌制度復理故曰復也其筮六爻无變者故言其所遇之卦而已　注此卜至厥目　正義曰此實筮也而言卜者卜筮

通言耳此既不用周易而別為之辭蓋卜筮之書更有此類筮者據而言耳服虔以為陽氣觸地射出爲射之象杜以陽氣激南爲飛矢之象二者无所依馮各以意説得失終於无驗是非无以可明令以杜言离爲諸侯者案礼器云大明生於東君西酌犧象鄭玄云象日出東方而西行也詩𨚮柏舟鄭箋云日君象也説卦离爲日故爲諸侯　注二族至左右　正義曰刘炫云族者屬也屬謂中軍以中軍夾公耳非謂宗族之兵今知非者杜云二族者順傳之文无明言宗族之意刘誣杜以為宗族妄規其過非也　國有至專之　正義曰言国有无帥之大任何得專意廢之而為御也　注在君至其父　正義曰曲礼曰父前子名君前臣名鄭玄云對至尊无大小皆相名以君至尊爲在君前故子名其父　注掀举也　正義曰説文云掀举出也公在於淖知掀當訓爲举也潘尫之黨　正義曰潘尫之子其名爲黨襄二十三年申鮮虞之傳摯辭与此同古人為文略言耳　注問遺也　正義曰遺人以物謂之爲問々弦多以琴問子貢以弓論語云問人於他邦皆是

也　注韎赤至袴連　正義曰鄭玄詩注云韎茅蒐染也韎韐也韋昭云茅蒐今絳草也急疾呼茅蒐成韎也茅蒐即今之蒨也賈逵云一染曰韎釈器云一染謂之縓謂一入赤為淺赤色也跗注兵戎之服自要以下而注於脚跗謂屬袴於下与跗相連周礼司服凡兵事韋弁服鄭玄云韋弁以韎韋為弁又以為衣裳晋郤至衣韎韋之跗注是也鄭以跗當為幅謂裁韋若布帛之幅相縫屬鄭言以為衣裳則衣裳不連聘礼君使卿韋弁皈饔餼鄭玄云其服蓋韎布以為衣而素裳鄭以彼非戎事當為素裳明衣裳不連跗杜言連者謂要脚連耳若然在軍之服其色皆同所謂均服振々上下同色郤至与衆同服所以獨見識者礼法雖有此服軍士未必尽然郤至服必鮮華故楚王偏識之　注介者不拜　正義曰曲礼云介者不拜為其拜而蓌拜鄭玄云蓌則失容節蓌猶詐也慮其筰中折　注以君至自安　正義曰刘炫以為楚王云无乃傷乎恐其傷也答云敢告不寧告其身不傷耳魏犫云不有寧也以傷為寧此与魏犫相似今知不然者案僖二十八年魏犫云

以君之灵不有寧也謂不有被傷以自寧也知不与彼同者以彼
云不有寧謂不有損傷此直云不寧既无有字又先无被傷之狀
与魏錡不同也案檢杜注敢告不寧君命之辱宜連讀之若敢告
不寧別自爲句則君命之辱一句零行无所依附故知与彼不同
列君不尋杜意以爲与魏錡相似而規杜非也　注言君至今撎
正義曰周礼大祝辨九拜九曰肅拜鄭司農云肅拜但俯下手今
時撎是也說文云撎舉手下手也其勢如今揖之小別晉宋伐注
貴人待賤人〻〻拜貴人撎　注欲遣至執之　正義曰說文云
諜軍中反間也兵書有反間之法謂詐爲敵国之人入其軍中伺
候間隙以反告己軍今謂之細作人也此欲令諜迎鄭伯則非一
人細作於時鄭伯退走故杜以爲輕兵單進逸鄭伯之前迮距鄭
伯使鄭伯前視輕兵不復顧後得自後登其車以執之也鄭軍亂
走輕兵独出其間亦諜之類故翰胡得以諜言之　內旌於弢中
正義曰旌謂鄭伯所建之旗弢是盛旌之囊也周礼全羽爲旞析
羽爲旌謂空建鳥羽者也但九旗竿首皆有析羽故旌爲之揔名

故此傳鄭伯與子重所建皆以旌言之其鄭伯所建當是交龍之旂子重所建當是熊虎之旗周礼中秋教治兵辨旗物諸侯載旂軍吏載旗鄭玄云軍吏諸軍帥也凡旌旗有軍衆者畫異物无者帛而已子重為將自然當建熊虎之旗 因楚公子茷 正義曰晉語謂之王子發鉤蓋一名一字也 注夷亦傷 正義曰服虔云金創為夷杜以戰用五兵唯殳无刃所言傷者皆刃傷也何須於此独辨金木故知夷亦傷也復言之耳 注穀陽子反内豎 正義曰鄭玄云豎未冠者之名故杜以為内豎也案呂氏春秋云荊共王與晉厲公戰于鄢陵荊師敗共王傷臨戰司馬子反渴而求飲豎陽穀操酒而進之子反曰却酒也豎陽穀曰非酒也子反曰却酒也豎陽穀又曰非酒也子反受而飲之子反之為人也嗜酒甘而不能絶於口醉戰既罷共王欲復戰而謀使召司馬子反〻〻辭以心疾共王駕往視之入幄中聞酒臭而還曰今日之戰不穀親傷所恃者司馬也而司馬又若此不穀无與復戰矣於是遂罷師去之斬司馬子反以為戮與此不同者傳依簡牘本紀彼

采傳聞異辭所說既殊其文亦異　注周昏至是与　正義曰周公称成王之命告康叔以此言也唯上天之命不常於一人也言善則得之惡則失之唯有德者於是与之　雖微至不義　正義曰微無也縱使雖無先大夫有此旧業今大夫將義命已敢不以為之義乎　衛侯至壞隤　正義曰出于衛者已出衛竟也公出于壞隤始從壞隤而出猶未出魯竟下云公待於壞隤設守而後行是出國止於壞隤更從壞隤而出　注二子公庶弟　正義曰沈氏云以刺公子偃不云弟故也　注諸侯至無罪　正義曰諸侯廢立當由天子但春秋之世王政不行若篡弒而立則侯伯既列於會便是已成為君臣人不得殺之隣國不得復討往年為戚之會會主為討曹但晉侯既列於會盟畢乃始執之故曹人以為無罪也宣元年會于平州以定公位齊非侯伯而得公位定者縱非侯伯乃是彊隣既得与會即為黨援晉若討魯齊必救之於是晉國竟不伐魯是由會齊而公位遂定也　注為曹至告傳　正義曰諸侯被及既或名或否雖從告辭傳不為例但諸侯尊貴不執

非其名曲礼曰諸侯不生名諸侯失地名滅同姓名是諸侯稱名者是罪責之事彼告者亦量其事之善惡之則以名告故釋例曰蔡侯般弒父自立楚子欲顯行刑誅以章伯業誘而殺之蔡人深怨故稱名以告春秋從而書之是告者謂其有罪則稱名以告謂其无罪則告不以名此曹人訴君无罪晉侯從而釋之言其无罪而歸故晉人不以名告下云晉侯謂子臧反吾歸而君是晉人告其歸也此傳說曹伯无罪是為經不以名告之傳也 注豹叔至奔齊 正義曰此時十月也至十月而僑如奔齊昭四年傳稱穆子去叔孫氏及庚宗遇婦人使私為食而宿焉後生豎牛適齊娶於国氏生孟丙仲壬乃云宣伯奔齊穆子饋之則似豹在齊多年僑如始往故服虔以為叔孫豹先在齊矣此時從国佐在師聲伯令人就齊師使豹豹不忘宗国聞白国佐為魯請逆杜不然者若豹以前在齊則非復魯臣聲伯正可因之以請不得云聲伯使豹聲伯安得專使背叛之臣也又聲伯豈无魯人可使而崎嶇艱險遠使他国之人乎 今傳言聲伯使豹明在魯軍得為聲伯使耳

下云邑伯食使者而後食不言食豹而言食使者明豹因請逆遂即不還々者豹之介耳於時魯師在鄭遇鄭向齊塗出於魯豹必過魯乃去故得寄於庚宗彼傳因言寄於庚宗遂說娶於國氏生二子耳二子之生必在僑如奔後豹之還魯無數年而襄二年始見於經豎牛已能奉雉故杜以爲此年去彼年數故下注云傳因言其終　注將主至後也　正義曰服虔以失軍爲失其軍糧傳稱諸侯遷于潁上子罕宵軍之則軍諸侯之營不軍其輜重安得爲失軍糧也故杜以爲將主與軍相失謂夜裏迸散相失耳此諸侯即伐鄭之諸侯也經書公會尹子晉侯齊國佐邾人伐鄭不書宋衛傳言宋衛皆失軍則宋衛在矣在而不書後至故也　若朝至夕亡　正義曰朝亡之謂朝失蔑與行父也魯必夕亡謂亡屬他國也下云亡而爲難是欲棄晉而屬齊楚之　晉侯至其伐正義曰周語稱郤至見召桓公與之語召桓公以告單襄公非郤至自與襄公語也襄公論郤至將死答召桓公語耳非語諸大夫也其文與此小異其意與此大同周語詳而此傳略先賢或以爲

国語非丘明所作為其或有与傳不同故也驟称其伐謂数〻自伐其功周語説郤至自伐之言多矣其辭不可具載　温季其亡乎　正義曰周語單襄公荅召桓公云人有言曰兵在頸者其郤至之謂乎即具論郤至之失乃曰以吾觀之兵在其頸不可久也　位於七人之下　正義曰此時欒書將中軍士燮佐之郤錡將公軍荀偃佐之韓厥將下軍荀罃佐之郤犨將新軍郤至佐之是位在七人之下　注称已至上功　正義曰周語曰郤至自称己有大功郤求晉国之政召桓公謂之曰吾子則賢矣晉国之举不失其次吾懼政之未及子也至謂召桓公曰何次之有先大夫荀伯下軍之佐以為政趙宣子未有軍功而以為政今欒伯自下軍往是三子也吾又過之无不及也若佐新軍而以之為政不亦可乎将必求之是掩上功　夏書至可乎　正義曰夏書五子之歌文一章也其為人所怨者豈必在明白之処乎其於人所不見當於是圖謀之此書之言將謂慎其細小之事者也今乃明言之適已欲掩其上此事甚明其可乎言必不可也杜不見古文故云逸

書十七年注九月至史文　正義曰傳例啓蟄而郊今九月郊祀是非禮明矣公羊傳曰用者何用者不宜用也九月非所用郊也穀梁傳曰夏之始可以承春以秋之末承春之始蓋不可矣九月用郊用者不宜用也賈逵以二傳爲說諸言用者不宜用也釋例曰辛丑用郊文異而丘明不發傳因時史之辭非聖賢意也劉賈以爲諸言用皆不宜用反於禮者也施之用郊似若有義至於用幣用鄫子諸若此比皆當須言用以別所用者也若不言用則更敘不明所謂辭窮非聖人故造此用以示義也且諸過祀三望之類悉獨皆不言用邪案左氏傳用幣于社傳曰得禮冉有用矛於齊師孔子以爲義无[不]宜用之例也丘明云我師豈欺我哉　注十一至脤闕　正義曰杜長歷推十一月丁亥朔六日壬辰十六日壬寅二十六日壬子十日丙申二十二日戊申不知壬申二字何者爲誤長歷云公羊穀梁傳及諸儒皆以爲十月十五日也十月庚午圍鄭十三日也推至壬申誠在十五日然據　傳曰十一月諸侯還自鄭壬申至于貍脤而卒此非十月分明誤在日也又杜

於土地之篇凡有地名二十六所不知所在之國貍脤即是其一不知是何國之地故直云闕也杜又稱旧說曰壬申十月十五日貍脤魯地也傳曰十月庚午圍鄭則二日未得及魯竟也釋例又曰魯大夫卒其竟內則不書地傳稱季平子行東野卒于房是也以此益明貍脤非魯地矣以下有十二月丁巳朔逆而推之故諸旧說皆以壬申為十月十五日也公羊穀梁傳以為待公至然後卒大夫故十月之日書在十一月之下於左傳則不通故杜以為日誤　注五同盟　正義曰貜且以文十四年即位宣十七年盟于斷道成二年于蜀五年于蟲牢七年于馬陵九年于蒲十五年于戚此年于柯陵凡七同盟而云五者沈以杜數同盟之例但有君盟者不數大夫之盟此二年盟蜀十七年盟柯陵皆鄭之大夫故不數之劉炫并數二盟而規其過非也　傳注虛滑至屬周　正義曰依三十三年秦人滅滑經書入則是滅而不有不知滅後屬何国也此言侵晋知此時屬晋耳襄十八年傳楚公子格侵費滑胥靡注云胥靡鄭邑不言費滑杜意當以費滑為周邑也然

則若是周邑當言侵周以別之定六年傳秋鄭伐周馮滑胥靡負
時胥靡亦為周邑蓋費滑胥靡周鄭之閒襄時屬鄭定時屬周莊
洧水　正義曰釋例云洧水出熒陽密縣西北陽城山東南至
潁川長平縣入潁　注傳言至自裁　正義曰劉炫以為士燮及
昭子之卒適與死會非自殺今知非者以傳云使祝宗祈死又云
祝我使速死无及於難是其欲死之意叔孫昭子心懷憂懼亦祈
與此同身皆並卒故知自裁若其二人之死適與死會春秋之內
唯有兩人願死何得身死皆與相當故杜斟酌傳文以為自殺劉
以為偶然而死以規杜非也何休膏肓以為人生有三命有壽命
命以保度有隨命以督行有遭命以擿暴未聞死可祈也故杜以
為因禱自裁也傳記此事者欲見厲公无道賢臣憂懼　于闕
正義曰釋宮云宮中衖謂之壼衖門謂之闕孫炎曰衖舍閒道也
李巡曰闕衖頭門也　汝上　正義曰釋例云汝水出南陽魯縣
大蓋山東北至河南梁縣東南經襄城潁川汝南至汝陰褒信縣
入淮　注瓊玉至含象　正義曰瓊是玉之美者廣雅云玫瑰珠

也呂靖韻集云玟瑰火齊珠也含者或用玉或用珠故多食珠玉
為含象也詩毛傳云瓊瑰石而次玉礼緯天子含用珠諸侯用玉
大夫用碧此邑伯得有瓊瑰者案周礼天子含用玉則礼緯之文
未可全依或可珠玉兼有故釋例云珠玉曰含　今衆至傷也
正義曰邑伯之意以初得此夢謂凶在己懼不敢占今衆既繁多
而從余三年余之此夢凶災散在衆人不在己也故云無傷　待
命于清　正義曰欲遣国勝告難故令待進止之命在于清地非
是使還待命　注孫周至悼公　正義曰晉世家云悼公周者其
先祖父捷晉襄公少子也不得立號為桓叔々々生惠伯談々生
悼公周是周為襄公曾孫也　注榭講武堂　正義曰楚語云榭
不過講軍實享是榭為講武堂傳言將謀於榭似仍未至榭猶在
塗也下云殺駒伯苦成叔於其位々々所坐之処則已至榭矣三郤
處公殺已謀欲自安未及謀而已死故云將耳非謂未至榭也或
可將謀於榭是未至榭故杜云位所坐処也謂當時隨便所坐之
処故長魚矯得偽訟而殺之若已至榭不應就榭偽訟　一朝

而尸三卿　正義曰一朝謂一旦也晋語説此事一旦而尸三卿
不可益也　注厉公至国戮　正義曰厉公以私欲殺三郤則上
郤无罪經應直云晋殺其大夫不應称名也又胥童為欒中行
偃所殺乃直是兩下相殺今經書二者並為国討之文故傳解之
言民不与郤氏〻〻有罪也胥童道君為乱胥童有罪也故皆
書曰晋殺其大夫以二者捴其死狀皆非國討故傳正其二者之
罪解其並為国討之意刘炫云杜言三郤不以无罪書正謂不書
盗書盗即无罪也胥童之死本非国家所殺故特言胥童受国討
文其實傳意并論郤氏受国討故云皆書曰晋殺其大夫也杜又
云郤氏失民胥童道乱乃捴釈傳並言二者皆為国討之意也
十八年傳注言不至七乘　正義曰周礼大行人上公貳車九乘
侯伯七乘子男五乘謂生時副貳之車也其送葬而當如之今唯
一乘是不以君礼葬也以晋是侯爵故指言侯礼七乘耳諸侯各
依命数不是皆七乘也襄二十五年傳齊人葬莊公下車七乘杜
以特言七乘明七非旧制故彼注云齊旧依上公礼九乘以齊常

為侯伯因而用九々非侯之正法故此以正言之　辛巳朝于武
宮　正義曰服虔本作辛未晉語亦作辛巳孔晁云以辛未盟入
国辛巳朝祖廟取其新也案晉語稱庚午大夫逆于清原傳云庚
午盟而入逆日即盟非辛未也傳与晉語皆云辛巳朝于武宮服
本自誤耳孔晁強欲合之非也　注花免至人宮　正義曰杜世
族譜於𣪘国雜人之中有華免而无士字此注以華免為大夫則
士者為士官也士官掌刑故使殺国佐也於夫人之宮有朝群妾
之処故云内宮之朝盖𣪘侯召入与語而殺之　注朝廟至居喪
正義曰辛巳距乙酉五日先定所脩之政待朔旦而後施之故五
日也晉語云正月乙酉公即位孔晁云二月即位言正月者記者
誤也厉公被殺而嗣絶故悼公自外而入即位之日即命百官施
布政教与居喪即位其礼不同釈例曰厉公見殺悼公自外紹立
本非君臣无喪制也若然礼喪服小記云与諸侯為兄弟者服斬
鄭玄云謂卿大夫以下也与尊者為親不敢以輕服々之言諸侯
者明雖在異国猶来為三年也計厉是文公之曾孫悼是文公之

玄孫有緦麻之親法當服斬而云无喪制者悼之父祖去晉適周
与本親隔絶无往来恩矣厉既見殺悼即被迎〻之以為晉君即
与厉公体敵且葬厉公以車一乗国内尚不以為君不可責悼公
服斬也繼使當為之斬絶而别立亦非嗣矣　注相魏至晉国
正義曰晉語云使吕宣子佐下軍曰邲之役吕錡佐知荘子於下
軍獲楚公子穀臣与連尹襄老以免其子鄢陵之役親射楚王而
敗楚師以定晉国而无後其子不可不崇也使彘共子將新軍曰
武子之季文子之母弟也武子宣法以定晉国文子勤身以定諸
侯二子之德其可忘乎故以彘季屏其宗使令狐文子佐之曰昔
克潞之役秦来圖敗晉功魏顆以其身退秦于輔氏親止杜回其
勲銘于景鐘至于今不忘其子不可不与也彼言吕宣子魏相也
彘共子士魴也令狐文子魏頡也又曰吕宣子卒公以趙文子為
恤大事使佐下軍趙武父祖功名顯著故不復序之是四人父祖
皆有勞於晉国　荀家至孝弟　正義曰晉語云欒伯請公族
大夫公曰荀家惇惠荀會文敏黶也果敢无忌慎靖膏梁之性

雖正也故使惇惠者教之文敏者道之果敢者諗之慎靖者脩之使茲四人者為公族大夫也公族大夫職掌教誨故使訓卿之子弟令之共儉孝悌也晉語云韓獻子老使公族穆子受事于朝辭曰厲公之亂無忌備公族弗能死孔晁云備公族大夫則韓無忌先為公族大夫今言使為之者悼公始命百官更改新授之使

士渥至時使　正義曰晉語曰君知士貞子之帥志博聞而宣惠於教也使為大傅知右行辛之能以數宣物定功也使為司空知欒糾之能御以和於正也使為戎御知荀賓之有功力而不暴也使為戎右是四人者皆公知其能而使之耳范武子為大傅孤也士蔿為司空卿也皆前世能者其法可遵故使二大夫居其官而為脩其法也二人皆是大夫非孤卿也　注辛將至為氏　正義曰僖二十八年晉作三行三十一年即罷之以為五軍其置三行無多年也彼云屠擊將右行未知此人即屠擊之子孫也為是其祖代屠擊也正以荀林父將中行遂以中行為氏故謂此人之先將右行因以為氏耳　注弁糾至馬官　正義曰以晉語知是欒糾

也周礼大御〻官之長别有戎僕掌御戎車春秋〻代之世以御戎為重此御戎當是御之尊者校正當周礼校人〻〻掌王馬之政襄九年傳曰命校正出馬知是主馬之官也周礼校人不屬大御此蓋諸侯兼官或是悼公新法此傳所言諸官皆不得与周礼同也　注戎士尚節義　正義曰此訓諸御謂諸是御車之人設令国有十乘〻有一御皆令此官教之戎士尚節義故訓之使知義知羊斟之徒是不知義也周礼校人主養馬自不知御知此言校正屬焉乃云訓御蓋令校正助御戎訓御　注司士車右之官　正義曰周礼司士掌群臣之版以詔王治其職非車右之事不得屬車右也周礼有司右上士也掌群右之政凡国之勇力之士已用五兵者屬焉其下更有戎右中大夫齊右下大夫道右上士此三右或官尊於司右而司右掌其政令春秋之世車右為尊此司士蓋周礼司右之類故為車右屬官服虔以為司士主右之官謂司右也　注勇力至之使　正義曰所訓勇力之士皆謂為車右者也設令国有千乘〻有一右摠使此官訓之勇力之

士失於強暴如魏讎之徒不順上命故訓之使共時之使不犯法也　御元至攝之　正義曰御謂軍之諸將也若梁餘子養御罕夷解張御郤克之類往前恒有定員掌共卿御今始省其常員唯立軍尉之官臨有軍事使兼攝之令軍尉兼御也　祁奚至知禮　正義曰晉語云公知祁奚之果而不淫也使為元尉知羊舌職之聰敏肅給也使佐之知魏絳之勇而不亂也使為元司馬知張老之知而不詐也使為元候知鐸遏寇之共敬而信彊也使為輿尉知籍偃之惇帥舊職而共儉也使為輿司馬知程鄭為端而不淫且好諫而不隱也使為贊僕晉語皆稱其才而用之善公之知人也言元尉元司馬元候者此皆中軍之官元大也中軍尊故稱大也輿尉輿司馬者皆上軍官也輿眾也官與諸軍同故稱眾也從車者為卒在車者為乘使此中軍與上軍之尉司馬各教其軍之士卒使相親以聽在上之命　注程鄭至知禮　正義曰荀氏別族世本有文周禮齊僕下大夫掌馭金路以賓朝覲宗遇饗食皆乘金路杜言乘馬御車之僕則當彼齊僕也晉乘

語謂之賛僕當時之官名耳周礼掌馬之官无名騶者襄二十二年傳称豊黙為孟氏之御騶則騶亦御之類月令季秋天子乃教田獵命僕夫七騶咸駕載旌旐則騶是主駕之官也鄭玄云七騶謂趣馬主為諸官駕説者也周礼趣馬下士掌駕説之頒是騶為主駕之官駕車以共御者程鄭為乗馬御〻之貴者故令掌賛之官亦属之校人職云良馬三乗為皁〻一趣馬〻〻下士三皁為繫〻一馭夫馭夫中士六繫為廏〻一僕夫〻〻上士天子十有二閑邦国六閑鄭玄云每廏為一閑〻有二百一十六匹如彼計之每廏有趣馬十八人六閑之騶有一百八人〻皆属程鄭而使摠領之也戎車貴彊力乗車尚礼容故訓群騶使知礼令教馬進退使合礼法也校人乗馬一師四圉三乗為皁〻一趣馬三皁為繫〻一馭夫六繫為廏〻一僕夫六廏成校〻有左右天子十二閑馬六種邦国六閑馬四種家四閑馬二種鄭玄云每廏為一閑二百一十六匹易乾為馬此應乾之策也校有左右則天子良馬五種各有四百三十二匹合二千一百六十匹駑馬三之四百三十二

匹則千二百九十六匹合三千四百五十六匹詩云騋牝三千舉
大数也玉路駕種馬戎路駕戎馬金路駕齊馬象路駕道馬田路
駕田馬駑馬給宮中之役邦国六閑四種去種戎其齊道田各用
一閑駑馬三之則千二百九十六匹大夫四閑二種去齊道田馬
一閑駑馬三之則八百六十四匹四匹一師也十二匹一趣馬也
三十六匹一馭夫也二百一十六匹一僕夫也　凡六至譽也正
義曰上已歷言諸官特爲公所知者更復摠言所任皆得其人於
時晉立六卿卿下各有統領群官非一凡六官之在民上爲長者
皆是有德有邑之人是民所襃譽者也使魏相以下至程鄭爲乘
馬御以上凡有八條之官魏相等爲卿一也荀家等爲公族大夫
二也士渥濁爲大傅三也右行辛爲司空四也弁糾爲御戎五也
荀賓爲右六也祁奚爲中軍尉至籍偃爲司馬七也程鄭爲乘馬
御八也自公族大夫以下七條各云使爲某官而卿下不云使者
以卿摠攝群職非偏主一官故也公族大傅司空不云某官
屬焉者以其當官自主更无餘官來屬其祁奚爲中軍尉及羊

各職張老魏絳鐸遏寇籍偃並是數官揔爲一條使訓卒乘親以聽命此唯有中軍上軍无下軍之官者蓋時下軍无闕不別立其官故也其卿无共御立軍尉以攝之一句爲下祁奚爲中軍尉亂緒也大略所叙皆尊官在前卑官在後　注大國至其人　正義曰大國三卿是正法當時晉置六卿爲三軍之將佐皆是帥也於是晉又更置新軍凡有四軍八卿但新軍或置或廢故傳不數之耳六官之長非獨卿身乃謂其下凡爲人之長者皆有民之美譽故揔舉六官則知群官无非其人者也　舉不至易方　正義曰所舉用者皆堪其官不有失職者也文任文官武任武官其用爲官各守其業不踰易其方也若文人爲武武人爲文則違方易務不能守其業矣　注正軍至陵偪　正義曰傳言不陵不偪者皆謂下不陵偪其上旅卑於師師卑於正知正是軍將命卿也唯舉師旅不相陵偪言上下有礼皆不相陵偪也　所以復霸　正義曰霸者把也把持王政鄭玄云天子衰諸侯興故曰霸夏有昆吾商有豕韋大彭周有齊桓晉文此最彊者也　故各傳通謂彼五人

為五霸耳但霸是彊國為之天子既衰諸侯无主若有彊者即營霸業其數无定限也而何休以霸不過五不許悼公為霸以鄉曲之学足以忿人傳称文襄之霸襄承文后紹継其業以後漸弱至悼乃彊故云復霸　凡去至復入　正義曰釋例曰凡去其國者通謂君臣及公子母弟也國逆而立之本无位則称入本有位則称復歸齊小白入于齊无位也衛侯鄭復歸于衛復其位也諸侯納之有位无位皆曰歸衛孫林父蔡季是也身為戎首則曰復入晉欒盈是也此所以明外內之援辨逆順之辞故經正臯石衛衍以表旧制傳称凡例總而明之也衛人逆公子晉于邢宜称入善其得衆公子友忠於社稷國人所思皆故閔公為落姑之盟以復之夫衛公子晉絶位而在邢魯之季子勢弱而出奔咸得民望享國有家是以聖人貴之殊其文也莊六年五國諸侯犯逆王命以納衛朔大其变故字王人謂之子突朔懼有違衆之犯而以國逆告華元賓國迎欲挾晉以自助故以外納赴春秋從而書之以示二子之情也韓魏有耦國之彊陳蔡有復國之端故晉趙鞅楚公

子此皆稱歸從諸侯納之例言非晉楚之所能制也侯猶愛君以請故曹伯有國逆之辭許叔始復國故許叔有國逆之文此皆時史因周典以起歸事之情也傳例稱諸侯納之曰歸今撿經諸稱納者皆有與師見納之事不須例而自明故但言納而不復言歸也衛侯鄭曹伯負芻皆見執在周晉魯請而復之鄭書歸于衛負芻稱歸自京師所發事同而文異者例意本在於歸不以他文爲義也賈氏又以爲諸歸國稱所自之國所自之國有力也案楚公子比去晉而不送是无援於外而經書自晉陳侯吴蔡侯廬皆平王所封可謂有力而不言自楚此既明證又春秋稱入其例有二施於師旅則曰不地在於歸復則曰國逆國逆又以立爲例逆而不立則皆非例所及鄭之良霄以寇而入々即見殺而復例之例稱凡去其國明非天子之制也周敬王々子猛不書出而書入襄王書出而不書入凡自周无出故非春秋舊例也諸在例外稱入直是自外入內記事者常辭義无所取而賈氏雖夫人姜氏之入皆以爲例如此甚多又依放穀梁云稱納者內難之辭因附會諸納

為義至於納北燕伯于陽傳稱因其衆窮不臣通乃云時陽守距難故稱納此又无證晉楚人圍陳納頓子于頓則頓國之所欲經也北燕伯傳有因衆之文不可言內難也又晉納公孫寧儀行父于陳陳縣而見復上下交驩二人雖有淫縱之闕今道楚用陳賊討君弒威權方盛傳稱有礼理无有難此皆先說之不安也 沈氏云國逆而立之曰入唯謂國君知不兼臣者以臣而无位本賊不晉故知臣无國逆之例也其復入唯謂臣知者以君雖不君臣不可不臣君若入國臣无違拒之法且杜云身為戎首稱兵入伐是戎首指臣為文故知不得兼君也杜所以云四條者通君臣取國有家之大例即是事通君臣者此揔大略而言不復曲細為別也

不然至吾患 正義曰不然謂不與吾同惡也而收取吾之所憚謂奧不是也使佐其楚國之政以伺間吾之釁隙而侵伐我如此則亦是吾之所患若晉用楚材皆為楚國之患舉是也

注夷庚至之道 正義曰夷平也詩序云由庚万物得由其道是以庚為道也此云以塞夷庚下云而懼吳晉知謂塞吳晉往來之

要道也吴晋往来路由彭城楚取彭城以封魚石欲以断絶吴晋往来之道使其不得往来故吴晋所以懼耳若其不然何以独云懼吴晋也夫庚止謂吴晋往来之平道耳非山川險難之名故杜土地名不得指其所在　逞姦而攜服　正義曰逞快也封魚石為快姦人也攜離也諸侯見楚助賊服從者其心皆離是離其服從者之心　驟朝于晋　正義曰詩云載驟駸駸驟是疾行之名從魯即疾朝于晋也　言道也　正義曰喪大記云君夫人卒於路寢是在路寢得君薨之道也　成霸安疆　正義曰謂文公成霸安疆自宋為始言今宋有患不可不救也　言順也　正義曰自此以前莊宣薨于路寢桓莊僖文宣皆言葬矣今於此公薨之下言道也於葬之下言順也獨發傳者隱桓閔皆為人所殺僖公薨于小寢文公薨于臺下皆其薨不得道也莊宣虽薨于路寢莊則子般見殺宣則歸父出奔家国不安非是得道順礼得道順礼唯成公耳故傳於此發之釈例曰魯君薨葬多不順制唯成公薨于路寢五月而葬国家安靜世適承嗣故傳見莊之緩举

成昏順以包之是也

春秋正義卷第十九

春秋正義卷第二十　　　　　　襄公

国子祭酒上護軍曲阜縣開国子臣孔穎達等奉

勅撰

正義曰魯世家云襄公名午成公之子定姒所生以簡王十四年即位謚法因事有功曰襄是歲々在壽星○元年注於是公年四歲　正義曰九年傳曰會于沙隨之歲寡君以生晉侯曰十二年矣知於是公年四歲　注鄫郑至晉師　正義曰釋例曰兵未有所加所次則告之以示遲速既告兵所加則不告其所次此告次于鄫者為此魯為曹邾杞其兵皆不加鄭故告次也傳曰於是東諸侯之師次于鄫以待晉師是韓厥伐鄭此次以待之　注辛酉九月十五日　正義曰顯言此日者欲明下冬聘是十月之初為王崩日近赴人未至故也　注冬者至善之　正義曰禮記曾子問曰諸侯相見揖讓入门不得終禮廢者幾孔子曰六天子崩大廟火日食后夫人之喪雨霑服失容則廢是王崩當廢禮也今傳歎此朝聘皆云禮也知此冬者是十月之初崩赴未至由其俱

未聞喪故得以吉行禮而傳善之　傳注下有至日誤　正義曰
長歷推之年正月庚戌朔其月无己亥圍宋彭城經在正月之下
傳文下有二月則己亥必是正月々不容誤知是日誤　注成十
至之宋　正義曰公羊傳曰宋華元曷為與諸侯圍宋彭城為宋
誅也其為宋誅奈何魚石走之楚々為之伐宋取彭城以封魚石
成十八年傳曰楚伐彭城納魚石等以三百乘戍之而還西鉏吾
曰崇諸侯之姦而披其地不言取為楚邑而云披地長姦是左氏
之意亦為楚以彭城封魚石為國故注言封魚石也既列為國非
復宋地傳言追書是仲尼新意故云夫子治春秋追書繫之宋也
言追書者其地已非宋有追來使屬宋耳非謂夫子在後追書前
事若以追為在後追前則仲尼新意皆是追書前事非独此為追
書也　於是至宋志　正義曰魚石舊是宋人今還取宋地以自
封若其不繫於宋則成此魚石為一國之君夫子追繫於宋乃有
二意於是為宋討魚石宜繫於宋且又不成此為叛人使得取君
之邑以為一國之主有此二意故繫之於宋謂之宋志者言宋人

志在攻取彭城故以魚石繫之於宋成此宋人之志　注登成至
繫宋　正義曰登成釋詁文不与其專邑叛君不与楚得取邑封
人故使彭城還繫於宋也釋例曰楚人棄君助臣取宋彭城以封叛
者削正與偽雖非復宋地故追言繫宋不与楚之所得是其義也
言不登叛人則叛罪重矣不言魚石以彭城叛者孫林父將戚而
出故得言云孫林父入于戚以叛此則因楚之力取彭城与宋交
争非欲出附他國故言復入也若揔而言之俱是背叛於君故云
不登叛人也　注稱宋至宋志　正義曰此与隱元年謂之鄭志、
義勢同也鄭伯實不獲叚而經言克謂之鄭志言鄭伯志在於殺
雖實不克叚而言之為克見鄭伯之志也此彭城實非宋地而經
言為宋謂之宋志言宋人志在取之雖實非宋地而繫之於宋成
宋人之志也夫子脩春秋而傳於此二條特言謂之宋志謂之鄭
志者夫子所脩春秋或褒或貶皆是夫子之志非取國人之心宋
志鄭志者以其雖是夫子所脩還取二國本志故也案下十年戍
鄭虎牢傳云非鄭地也言將歸焉杜云繫之于鄭以見晉志即此

彭也此二叓傳例已明故彼不云謂之晉志也　注彭城至略之

正義曰案莊八年郕降于齊師既書於經則知彭城之降亦合書

也今不書者但以其賤故略之也晉栾盈復入于晉下云晉人殺

栾盈而書於經此彭城降所以賤略不書者彼以殺之為重來告

故書此以降叓為輕故為賤略　韓厥至其郛　正義曰傳唯言

諸侯之師不見諸侯之國未知諸侯之師是何國師也於是東諸

侯之師次于鄫以待晉師則次鄫之師皆不与伐鄭此諸侯之師

其中必无齊魯曹邾杞也案上圍彭城除此五國以外猶有宋衛

莒滕薛下云晉侯衛侯次于戚以為之援則衛師從伐明矣明年

戚之會〻知武子云滕薛小邾之不至皆齊故於戚之會始怪滕薛

不來明此時伐鄭滕薛在矣東諸侯皆次于鄫莒在齊魯之東若

其在此當与東人同次前圍彭城亦无小邾此時或无莒与小邾

耳諸侯之師當是宋衛滕薛也賈逵云韓厥荀偃帥諸侯之師

誤帥宋衛滕薛伐鄭齊魯曹邾杞次于鄫故諸侯之師不序也入

郛不書者晉人先以鄭罪令於諸侯故書伐鄭入郛既敗鄭不復

告故不書　注荀偃不書非元帥　正義曰魯師出征並舉諸將
他國之師唯書元帥詳內略外春秋之常故杜為注復時一言之
耳　注徒兵步兵　正義曰論語云以吾從大夫之後不可徒行
徒猶空也謂无車空行也步行謂之徒行故步兵謂之徒兵也隱
四年傳云敗鄭徒兵注云時鄭不車戰則此亦然也　注於是至
不書　正義曰獻子先歸傳无其事正以不書侵楚侵陳知其必
先歸矣若獻子還師則書不待告以獻子先歸晉不告魯故侵陳
楚皆不書也然不知獻子何以先歸傳既不言未測其故也今贊
云則先歸者以前年虖杅會〻獻子先歸會葬今公雖即位年又幼
小君既新立故獻子先歸　二年注未與至經諱　正義曰踰
以成六年即位九年盟于蒲十五年于戚又七年楚子重伐鄭諸
侯救鄭而楚退同盟于馬陵諸侯雖不重序明亦与鄭同盟則是
与成三同盟矣与其父盟於法得以名赴其子此云未与襄同盟
而是以名者其背与成同盟於法得以名赴襄也此類多矣注言
皆云与其父同盟而已此注特言未与襄同盟者以此時鄭既從

楚之殯其已背前盟不合更以名赴故明之也此經云六月庚辰鄭伯睔卒傳言七月庚辰鄭伯睔卒經傳必有誤者杜以長歷挍之此年六月壬寅朔其月无庚辰七月壬申朔九日得庚辰則傳与歷合知傳是而經誤也此經六月七月其文皆具所言誤者非徒字誤而已乃是並經爲誤七月之下錯並以爲六月故長歷云並於六月經誤言元李並之誤非字誤也　注宋雖至衛上　正義曰於例將卑師衆稱師將尊師少稱將此晉宋稱師不並將非卿也衛甯殖並將不稱師師少也晉爲兵主故當先並宋雖非卿以師爲重故序甯殖之上　注齊謚至葬速　正義曰謚法執心克莊曰齊是齊爲誤也葬而舉謚礼之常也此特云齊謚者以謚齊者少且齊齊字夫人齊女嫌齊非謚晉太子申生之母稱齊姜者齊女姓姜氏彼齊非謚故此須明之　遂城虎牢　正義曰虎牢是鄭舊邑此時屬晉而不繫晉者莊三十二年注云大都以名通者則不繫國此以名通故不繫晉也十年戍鄭虎牢繫於鄭者傳曰非鄭地也言將歸焉彼爲將歸鄭而繫之鄭也或當虎牢

虽已属晋々人新得不为已有故不繫晋也　傳馬牛皆百匹
正義曰司馬法丘出馬一匹牛三頭則牛當稱頭而亦云匹者因
馬而名牛曰匹并言之耳經傳之文此類多矣易繫辭云潤之以
風雨論語云沽酒市脯不食玉藻云大夫不得造車馬皆從一而
省文也　注檟梓之屬　正義曰釋木云槐小葉曰檟郭璞曰槐
當為楸々細葉者為檟又云大而皵楸小而皵檟樊光云大老也
皵措皮也皮老而麤措者為楸小少也少而麤措者為檟又云椅
梓郭璞曰即楸也如彼所云楸梓皆檟之小別故云梓之屬也
注櫬棺至送終　正義曰以論死者言櫬知櫬是棺也四年注云
櫬親身棺也以親近其身故以櫬為名孚礼記檀弓曰天子之棺
四重水兕革棺一杝棺一梓棺二鄭玄云杝椵也所謂椑棺也梓
棺二所謂屬与大棺也記文從內向外水兕革棺最近尸也次椑
以椵為之次屬与大棺乃以梓為之檀弓又云君即位而為椑鄭
玄云椑謂杝棺親尸者椑堅著之言也天子椑內又有水兕革棺
喪大記云君大棺八寸屬六寸椑四寸　如彼記文諸侯之棺三重

親身之棺名之為椑々即櫬是也其椑用椵為之屬与大棺乃用梓耳此以梓為櫬者名之曰櫬其内必充棺也擇櫝為櫬其櫬必用梓也記唯言即位為椑不言椑所用木鄭玄據天子之棺其椑用杝即云椑謂杝棺也天子之椑自用杝則諸侯不必然故此傳文諸侯之椑必用梓也頌琴者詩為樂章琴瑟必以歌詩々有雅頌故以頌為琴名猶如言雅琴也櫬琴同文知皆欲以送終也

詩曰至哲矣　正義曰詩大雅抑之篇也其惟哲知之人告之以善言則順從之為美德之行矣言之者行宣亦有不順從者今季孫逆之於是為不知矣哲知釋言文也　注襄公之姒　正義曰曲礼曰生曰父曰母死曰考曰妣襄公是成公之妾定姒所生齊姜是其適母故曰君之妣也　詩曰至孔偕　正義曰詩周頌豐年之篇也豐有之年々多稱多黍醸之為酒為醴以進与祖妣以洽百種之礼為烝嘗之祭鬼神享之則下与福祐甚周徧言今宣姒失礼神將不福祐之也烝進畀与皆釋詁文偕訓為俱々亦徧之義也釋言云孔甚也　注宗婦至非礼　正義曰諸姜同姓之女

也宗婦同姓之婦也夫人齊姜是齊国之女故使其宗親之婦女来会葬也齊為姜姓歷世多矣不可姜姓之女姜姓之婦令其皆来魯国莊二十四年大夫宗婦覿用幣者宗婦是同姓大夫之婦知此宗婦亦是同姓大夫之婦然則諸姜是齊同姓之女嫁与齊大夫之為妻者也礼記檀弓云婦人不越疆而弔人是越疆送葬非礼也　莒莱子〻〻不会　正義曰世族譜不知莱国之姓齊侯召莱子者不為其姓姜也以其比隣小国竟陵蔑之故召之欲使從送諸姜宗婦来向魯耳莱子以其輕侮故不肯会〻　集矢至三子　正義曰説文云鳥之短尾者揔名為隹〻在木上為集〻是鳥止之名矢有羽似鳥故亦称集也楚之君被射目者非是為異人也任其患者為寡人也今若背之棄其助鄭之力与盟誓之言他人其誰肯親我乎免寡人此棄力背言之責唯二三子耳　子罕当国　正義曰礼君薨聽於冢宰不須攝行君事此令子罕當国者鄭国間於晋楚国家多難喪伐之際或致傾危蓋成公顧命使之當国非常法也子駟為政已是正卿知當国者為攝君事矣沈氏

云魯襄四歳国家无虞今僖公年雖長大為偪於晋楚之故令子罕當国也　官命未改　正義曰先君既葬嗣君正位乃得達官命臣十六年晋侯改服脩官是其事也先君未葬皆因旧事不得達官命臣故云官命未改庶事悉皆未改不可即違先君言此者不用従晋之意故也　注元年至武子　正義曰元年代鄭次于鄫唯有韓厥荀偃於時武子未必在軍當是此會始告之耳　○三年注晋侯至于外　正義曰文三年公如晋公及晋侯盟々不書地在晋都也此時晋侯出其国都与公盟于長樗蓋近城之地盟訖還入於晋故公皈書曰公至自晋也文三年盟于晋都此盟出城外者出与不出皆由晋侯意耳此或是悼公讓以待人不敢使国君就己出盟于外若似相就然故出城也　注不以至非會　正義曰假令公朝於晋更与晋侯餘処別會即是會所而皈亦得書曰公至自晋何則一行而有二事者或以始致或以終致出自當时之意書其所告之事而已所告先後无定例也但此盟于長樗晋侯為盟之故暫出城耳本非剋期聚會之処唯得以自晋告廟不

得以長樗告也注言本非會解其必不得以長樗致之意也
注雞澤至无説　正義曰諸侯不得盟天子之臣天子之臣不得
与諸侯聚盟〻則加以貶責僖二十九年翟泉之盟貶王子虎称
人是其宜也僖八年洮之盟王人在列傳曰謀王室也諸侯共謀
王室不説王人在盟是由襄王新立命遣与盟故貶此盟單子在
列於經亦无説文灵王以往年新立明是王新即位使王官之伯
出与諸侯結盟以安王室故无所説与洮之盟同也釋例曰未有
臣而盟君臣而盟君是子可盟父故春秋王世子以下會諸侯者
皆同會而不同盟洮之盟王室有子帶之難襄王懼不得立告難
于齊遣王人与諸侯盟故傳釋之曰謀王室以明王勅其來盟非
諸侯所敢与也踐土之盟王子虎臨諸侯而不与同歃故經但列
諸侯而傳具載其實此實聖賢之垂意以為將來之永法也一年
之間諸侯輯睦翼戴天子而翟泉之盟子虎在列君子以為非天
子之命虧上下常節故不存魯侯而人子虎以示篤戒也今雞沢
之會單子与盟亦王所命也杜言王使盟者傳无其文正以經无

貶責知是命使盟也　注陳疾至如會　正義曰凡盟主召其同好之国剋期而与結盟来不及期則加貶責他国後期則没其国而不序於列魯君後期則揔稱諸侯不復国别歷序文七年公會諸侯晉大夫盟于扈是也僖二十八年踐土之盟陳侯如會此袁僑如會皆本非同好慕義而来喜其来而不責其脱故言陳疾楚政而来屬晉本非召會而袁僑自来故言如會解其後至特序而不貶之意也七年鄭伯髡頑如會自是被召而来其人来見諸侯在道而卒故序如會為卒張本与此異也　注諸侯至經譔　正義曰諸侯盟會歷序国君其下云某人某人皆是大夫也若卿来則書卿名氏文十四年公會宋公陳侯衛侯鄭伯許男曹伯晉趙盾于新城如此之類其事多矣此袁僑来若及盟即序於列當在世子光下今諸侯既盟袁僑乃至不可特為袁僑更復重盟若其不与之盟則又逆陳来意以袁僑是大夫故使大夫盟之若其陳侯自来諸侯虽則盟訖亦當更与之盟不得使大夫也凡諸侯盟會皆先目後凡上文雖次之會既以具序諸侯此揔言諸侯大夫則

雞澤諸侯足以明矣故不復具序諸國從省文耳諸侯大夫既以
揔書而獨見叔孫豹者經拠魯史々々所記詳内略外僖十五年
牡丘之盟下公孫敖帥師及諸侯之大夫徐獨言魯臣亦此類救
也言諸侯之大夫其内可以兼表僑而殊表僑言及陳表僑盟為
明此諸侯之大夫所以為此盟者止為盟陳表僑耳且上文雞尺
之會其内未有陳侯直言諸侯之大夫則不得包陳表僑故殊之
也　傳注組甲至練袍　正義曰賈逵云組甲以組綴甲車士服
之被練帛也以帛綴甲步卒服之凡甲所以為固者以盈竅也帛
盈竅而任力者半卑者所服組盈竅而尽任力尊者所服馬融云
組甲以組為甲裏公族所服被練以練為甲裏卑者所服然則甲
貴牢固組練俱用綵也練若不固宜皆用組何尚造不牢之甲而
令步卒服之豈欲其被傷故使甲不牢也若練以綴甲何以謂之
被也又組是絛繩不可以為衣服安得以為甲裏杜言組甲漆甲
成組文今時漆甲有為文者被練文不言甲必非甲名被是被覆
衣著之名故以為練袍被於身上雖並无明證而杜要愜人情

注當時君子　正義曰傳言君子多矣独此言當時君子者諸言君子論議往定多是丘明自言託之君子此傳君子謂子重也多於獲楚人以君子之言咎責子重不得為後世君子故云當時君子　注稽首至地　正義曰周礼九拜一曰稽首諸侯事天子之礼也　盟於彭外　正義曰此是士匄適齊々侯与盟其盟不離城之左右若是地名山名不得為外内之異爾雅云厓内為隩外為隈李巡曰厓内近水為隩外為隈孫炎曰内曲裏也外曲表也是水有内外之異知此彭為水名其水蓋曲而近城故称彭外讎也　正義曰讎者相負挾怨之名奚負狐々負奚皆謂之讎此是奚負狐也不是挙之以解怨故下云称其讎不為諂也　称其至為黨　正義曰設令他人称其讎則諂以求媚也其子則心在親比也挙其偏則情相阿黨也今祁奚以其人實善故挙薦之人見彼善知奚不諂不比不黨也諂者阿順曲従以求彼意故以諂為媚々愛也言為諂以求愛也偏者半廂之名故傳多云東偏西偏軍師屬己分之別行謂之偏師傳云彘子以偏師陷是偏為

廂属之名也祁奚為中軍尉羊舌職佐之職属祁奚復挙其子是挙其偏属也　建一官而三物成　正義曰尉佐同掌一事故為建一官也三事成者成其得挙得位得官也官位一也事文相辟自服虔云所挙三賢各已成其職事案解狐得挙而死身未居職何成事之有　詩云至似之　正義曰此小雅裳〻者華之篇也其卒章云右之〻〻君子有之維其有之是以似之　侵欲於小国　正義曰多有所欲求索无厭侵害小国故小国怨也　魏絳戮其僕　正義曰以車乱行是御者之罪故戮其僕也周礼司寇之属有掌戮之官鄭玄云戮猶辱也既斬殺又辱之其職云掌斬殺賊諜而膊之凡殺其親者焚之殺王之親者辜之殺人者踣諸市肆之三日鄭玄云膊謂去衣磔之焚燒也辜謂磔之踣僵尸也肆猶申也陳也彼膊焚辜肆皆謂陳以示人然則此言戮者非徒殺之而已乃殺之以徇諸軍昭四年楚戮慶封負之斧鉞以徇於諸侯先徇乃殺之也成二年韓獻子既斬人郤子使速以徇是殺之而後徇也此戮即彼之之謂也文十年楚申舟扶宋公之僕以徇

徇或曰國君不可戮也彼扶以徇而称為戮下云至於用鉞當是殺之乃以徇也　事君至逃刑　正義曰此言絳之宿心旧行耳非独為此事而言也服虔云謂敢斬揚干之僕是不辟獲死之難然則斬僕依軍法也豈是絳之罪而得謂之有罪不逃刑乎不逃不辟此事自亦是矣要本其宿心非是專為此事耳　將伏劍　正義曰謂仰劍刃身伏其上而取死　臣聞至用鉞　正義曰臣聞師旅兵衆順從上命莫敢違逆是為威武此拠在軍之衆也軍旅之事守官行法欲討罪人雖有死難不敢辟死犯違法令而從舍罪人是為共敬也君命既合諸侯臣豈敢畏懼死罪放舍罪人不為共敬也今君之師衆違命乱行既已不武謂揚干也執事之臣畏懼其死罪不戮罪人是為不敬魏絳自謂也不武不敬罪莫大焉是揚干与己皆有大罪臣若不討非直臣有死罪揚干亦合有死罪臣懼身之死罪連及揚干是臣罪更重无所逃辟重罪也不臣以礼漸致教訓至於用鉞以斬其僕是臣之罪重也　与之礼食　正義曰与之礼食者若公食大夫礼以大夫為賓公親為

之恃設礼食　使佐新軍　正義曰服虔云於是魏頡卒矣使趙
武将新軍代魏頡升魏絳佐新軍代趙武也世族譜魏顆魏絳俱
是魏犨之子顆長生頡則絳是頡之叔父顆别爲令狐氏絳爲魏
氏蓋顆長而庶絳幼而適故也魏世家武子生悼子々々生絳則
絳是犨孫計其年世孫応是也先儒悉皆不然未知何故○卭年
注成公至杞姓　正義曰二年齊姜薨葬者是成公夫人故此爲成
公之妾也拠傳匠慶之言知是襄公之母以子既爲君故得称夫
人而言薨也於時諸国杞鄫之徒皆姒姓拠大者言之故云姒杞
姓疑是杞女而未審故也　注定謚至葬速　正義曰謚法純行
不爽曰定旧説妾子爲君其母不得成爲夫人故杜詳言之於例
赴同称薨也祔姑称小君也反哭成喪召葬也今定姒三礼皆具
薨葬備文皆以正夫人之礼者由母以子貴故也釈例曰凡妾子
爲君其母猶爲夫人雖先君不命其母以子貴其適夫人薨則
尊得加於臣子而内外之礼皆如夫人矣故姒氏之喪責以小君
不成々風之喪王使来會々葬傳曰礼也夫人姒氏薨皆以礼備爲葬

文明季文子雖議從略賤聞匠慶之言懼而備礼殯葬无闕也礼公子為其母練冠縓緣既葬除之及其嗣位乃君非復公子適母薨則申其母尊而先儒同之公子亦謂矣是杜言妾母得爲夫人之意也季孫初議欲不成定姒之喪匠慶以君長懼之乃略取季孫之木君子謂之多行无礼必自及也則季孫初議是无礼也既季孫議爲无礼明知於礼得成是知妾母成尊是爲正法但尊无二上適母若在君尚不得盡礼於其母臣民豈得以夫人之礼追之哉適母既薨則君得盡礼君既盡夫人之礼追其母臣民豈得以妾意遏之哉故適母薨則妾母尊也哀姜既薨成風乃正出姜既出敬嬴乃正齊姜既薨定姒乃正襄公一世无娶夫人之文故齊歸得正也鄭玄以爲正夫人有以罪廢妾母得成爲夫人也哀姜雖被齊殺僖公請而葬之案經薨葬備文安得以罪黜也又齊姜非以罪黜定姒薨葬成尊成風定姒並无譏文知其法得成也

傳注軍礼不伐喪　正義曰十九年晉士匄侵齊至穀聞齊侯卒乃還傳曰聞喪而還礼也是軍礼不伐喪

金奏至三拜

正義曰奏謂作樂也作樂先擊鐘〻是金也故稱金奏周禮鐘師掌金奏鄭玄云金奏擊金以為奏樂之節金謂鐘及鎛也又燕禮注云以鐘鎛播之鼓磬應之所謂金奏也此晉人作樂先歌肆夏〻〻是作樂之初故於肆夏先言金奏也次工歌文王樂已先作非復以金為始故言工歌也於文王已言工歌鹿鳴又略不言工〻見以從省耳其實金奏肆夏亦是工人歌之工歌文王擊金仍亦不息其歌鹿鳴亦是工歌之耳　注肆夏至夏曲　正義曰周禮鐘師凡樂事以鐘鼓奏九夏王夏肆夏昭夏納夏章夏齊夏族夏陔夏驁夏言以鐘鼓奏之也又以文王類之如是樂曲名也杜子春云王出入奏王夏尸出入奏肆夏牲出入奏昭夏四方賓來奏納夏臣有功奏章夏夫人祭奏齊夏族人侍奏族夏客醉而出奏陔夏公出入奏驁夏定本納夏為夏納此傳直言之三不辨其三之名魯語同說此事而云金奏肆夏樊遏渠天子所以享元侯也文王大明緜則兩君相見之樂也文王之三冬文王大明緜以文王為首并取其次二篇以為三則知肆夏之三以肆夏

為首亦并取其次二夏以為三也且下云三夏天子所以享元侯也三者皆名為夏知是其次二夏并肆夏爲三也周禮謂之肆昭納魯語謂之繁遏渠故杜以為每夏而有二名肆夏一名樊韶夏一名遏納夏一名渠先儒所說義多不同周禮注載杜子春云肆夏与文王鹿鳴俱稱三謂其三章也以此知肆夏詩也呂叔玉云肆夏繁遏渠皆周頌也肆夏時邁也繁遏執競也渠思文也肆遂也夏大也言遂於大位謂王位也故時邁曰肆于時夏允王保之繁多也遏止也言福祿止於周之多也故執競曰降福穰穰降福簡簡福祿來反渠大也言以后稷配天王道之大也故思文曰思文后稷克配彼天鄭玄云以文王鹿鳴言之則九夏皆詩篇名頌之族也此歌之大者載在樂章樂崩亦從而亡是以頌不能具數家之說各以意言經典散亡无以取正劉炫云杜為此解頗允三夏之名而分字配篇不甚愜當何則文王之三即文王是其一大明緜是其二鹿鳴之三則鹿鳴是其一四牡皇皇者華是其二然則肆夏之三亦當肆夏是其一樊遏渠是其二安得復以樊為肆夏

之別名也若樊即是肆夏何須重舉二名雖恥習前蹤亦未踰先
哲今刪定知不然者以此文云肆夏之三是自肆夏以下有三故
為韶夏納夏凡為三夏但此三夏各有別名故国語謂之繁遏渠
是一字以當一夏若国語直云金奏繁遏渠則三夏之名没而不
顯故於繁字之上特以肆夏冠之云肆夏繁樊既是肆夏明遏
是韶夏渠是納夏也国語舉其難明以金〻左氏三夏之義列不曉
杜之深意遂欲妄從先儒〻〻之說何所馮準先儒以樊遏二字
共為執競以渠之一字独為思文分字既无定限文句多少任意
則杜以樊共肆夏為句何為不可列君乃与奪恣情不顧曲直妄
規杜過於義深非也　注行人通使之官　正義曰周礼大行人
掌大賓之礼大客之儀小行人掌使適四方協賓客之礼諸侯行
人當亦通掌此事故為通使之官也此言韓献子行人問魯語
云晋侯使行人問者彼孔晁注云韓献子白晋侯使行人問也
注元侯牧伯　正義曰周礼大宗伯云八命作牧九命作伯鄭玄
云牧謂侯伯有功德者加命得專征伐於諸侯也伯謂上公有功

德者加命為二伯得征五侯九伯者也鄭司農云牧一州之牧也
伯長諸侯為方伯也然則牧是州長伯是二伯雖命數不同俱是
諸侯之長也元長也謂之長侯明是牧伯　注及与至相樂
正義曰及与也釋詁文言不敢与在其間而聞之魯語并陳兩宴
乃揔云皆昭令德以合好非使臣之所敢聞彼但不敢聞此分之
為等級耳詩序文王言文王受命作周大明言文王有明德故天
復命武王伐紂緜言文王之興本由大王是文王之三皆稱文王之德
已受天命造立周故諸侯會同歌此以相燕樂也朝而設享是亦二君國
聚會故以會同言之肆夏既亡不知其篇之義故唯詩意以解取
文王鹿鳴耳詩是樂章樂歌詩篇聖王因其尊卑定其差等詩
有四始風也小雅也大雅也頌也鄭玄以肆夏為頌之族類其差
与頌同矣天子享元侯歌肆夏則於其餘諸侯不得用肆夏矣當歌文
王与兩君相見同也然則兩元侯相見与天子享之礼同亦歌肆
夏之類仲尼燕居兩君相見升歌清廟謂元侯也不歌肆夏辟天
子也諸侯来朝乃歌文王遣臣来聘必不得同矣當歌鹿鳴也偺

言文王两君相見之条則其臣来聘不得与其君同亦當歌鹿鳴
也燕礼虽以己臣為主若燕四方之賓其条歌鹿鳴是其定差也
燕礼升歌訖乃為笙歌三篇堂下吹笙以播詩也笙歌訖乃為
間歌六篇堂上歌一篇堂下吹一篇相間代也故燕礼云乃間歌
魚麗笙由庚歌南有嘉魚笙崇丘歌南山有臺笙由儀是也間歌
訖遂合鄉条周南關雎葛覃卷耳召南鵲巢采蘩采蘋合条謂
堂上堂下合作条也鄉条者風詩也燕礼歌小雅而合鄉条以合
卑於歌一等則知諸所歌者其合条用詩皆卑於升歌一等故鄭
玄詩譜云天子享元侯歌肆夏合文王諸侯歌文王合鹿鳴諸
侯於隣国之君与天子於諸侯同天子諸侯燕其群臣及聘問之
賓皆歌鹿鳴合鄉条笙間所用則鄭玄云未聞也燕礼升歌小雅
笙歌間歌亦用小雅則笙間用詩与升歌差同而云未聞者升歌
合条其用風雅皆用發首二篇笙用南陔間用魚麗不復更用其
首篇未聞者未知其用何篇也此傳言三夏天子所以享元侯則
文王两君相見之条亦謂享也虽不言燕燕々亦當然此傳晋侯享

穆叔為歌鹿鳴穆叔以己所當得三拜而受燕礼也工歌鹿鳴則是享燕同条明享之与燕用条若自同矣若然肆夏之為条章条之最尊者两君相見猶尚不得用之而燕礼者諸侯燕己群臣之礼而記云若以条納賓則賓及庭奏肆夏郑玄云卿大夫有王事之劳者則奏此条所以得用之者彼謂納賓之条郊特牲云賓入大门而奏肆夏示易以敬也郑玄云賓朝聘者是朝賓聘容俱得用之与此升歌異也　注晉以至魯君　正義曰詩序言鹿鳴燕群臣嘉賓正謂燕己之臣以己臣為嘉賓耳叔孫以晉歌此篇者以己為嘉賓故拜受之也燕礼記云若与四方之賓燕則公迎之于大门内郑玄云四方之賓謂来聘者也是燕聘容唯君迎為異餘悉与己臣同也　注詩言至劳之　正義曰詩序曰四牡劳使臣之来謂遣臣出使来皈乃劳之也叔孫以晉歌此篇劳己来聘故重拜受之也魯語云四牡君之所以章臣之覲也敢不拜章　注皇々至四方　正義曰此詩本意文王教出使之臣使遠而有光華又當諮問善道於忠信之人今晉君歌此以寵穆叔々々執

讖以為晋侯所教故云君教使臣下云臣獲五善敢不重拜与詩
本意異也忠信為周魯語文也受於也若遇忠信之人於是訪問
詢度諏謀等四事也魯語云皇々者花君教使臣曰每懷靡及諏
謀度詢必咨於周敢不拜教　咨親至為謀　正義曰魯語言此
四事唯咨親為詢与此文同其餘咨材為諏咨事為謀咨義為度
三者与此皆異韋昭改從此傳注云材當為事々當為難孔晁注
云材謂政幹也　臣獲五善　正義曰教之咨人即得一善故并
咨為五魯語云君既使臣以大礼重之以六德孔晁云既有五善
又自謂无及成為六德言自謂知所无及懷讓以問知者此亦即
是一德故為六德也皆是受君之教乃知如此亦是君之所賜故
云臣獲也　注櫬親至反哭　正義曰櫬者親身之棺初死即當
有之將葬以殯過廟葬訖乃為虞祭今定姒初薨匠慶以君長懼
之乃始作櫬知此是季孫以定姒本賤素无器備譏其喪制欲如
此耳非是緩久遂无之也檀弓曰君即位而為椑夫人尊与君同
亦當生已有櫬今譏欲不為是素无器備故始譏之也檀弓又曰

喪之朝也順死者之孝心也其哀离其室也故至於祖考之廟而後
行殷朝而殯於祖周朝而遂葬士喪礼朝而遂葬与記正同知周
法不殯于廟而此及僖八年傳皆云不殯于廟以為非礼知其將
葬之时不以殯過廟耳非是殯尸於廟中也葬訖日中反虞於正
寢謂之反哭今欲不虞者欲不為反哭也 注蒲圃至為櫬
正義曰詩云九月築場圃毛傳云春夏為圃秋冬為場樹菜蔬為
圃治禾黍為場〻圃同地耳故杜以場明圃〻名蒲也櫝是為櫬
之木不知季孫樹之欲自為櫬也 季孫至謂乎 正義曰不以道
取為略今律略人略賣人是也季孫言略令匠慶略他木也官非
无木可用意欲不成其喪請木不順其意怒慶以請令略木為之
也匠慶又怨季孫未必无木可用故取季孫之櫝其意言遣我略用
人我止略女季孫令之為略匠慶奉命而略虽自被略不得止之
季孫此議自是无礼也被匠慶略木是自及也君子言古之志記
所謂多行无礼必自及者其季孫之謂乎而釈例論此云議從略
賤彼自是解正義之語与此不以道取為略別也 注禦上至異文

正義曰止寇謂之禦御即禦也故訓为止季孫李識欲无櫬不虞
今傳唯言取木為櫬而已尚不知得殯廟虞祭以否不虞即是不
反哭不反哭則不得書葬今定姒薨葬備文則因匠慶之言遂得
每事成礼是故經无異文　注鄫小至鄫縣　正義曰附庸附大
国耳鄫乃子爵而欲得為魯者春秋之世小国不邑自通多附於
大国二十七年齊人請邾宋人請滕邾滕猶尚附人況鄫又小也故
杜譬之如須句顓臾之比須句亦子爵使助魯出貢賦耳時公年
七歲未能自謀蓋國內共為此計使相者代公言之　注晉官徵
發之命　正義曰二年鄭子駟以君初喪云官命未改此魯以国
小賦重恐失官命二者官命雖同而主意有異故杜彼以未葬解
之此以徵發解之觀文為說　注夏訓至之號　正義曰夏書五
子之歌云太康尸位以逸豫畋于有洛之表十旬弗反有窮后羿
因民弗忍距于河厥弟五人御其母以從五子咸怨述大禹之戒
以作歌其一曰皇祖有訓是大禹立言以訓後故傳謂此書为夏
訓也羿居窮石之地故以窮為国号以有配之猶言有周有夏也

后君也窮國之君曰羿々是有窮君之号　注禹孫至國名
正義曰夏本紀禹生啓々生太康是禹孫也爲羿所距尚書序云太
康失邦是為淫放失國也本紀又云太康崩弟仲康立尚書胤征
云惟仲康肇位四海孔安國云羿廢太康而立其弟仲康爲天子
則仲康羿之所立但羿握其權仲康不能除去之耳哀元年傳稱
有過澆殺斟灌以滅斟尋々々相々依斟灌故澆滅之是相立爲天子乃
出依斟灌則相之立也蓋亦羿立之矣此傳言羿代夏政云不脩
民事寒浞殺羿言取其國家則羿必自立為天子也當是逐出后
相羿乃自立相依斟灌斟尋夏祚猶尚未滅蓋与羿並稱王也及寒
浞殺羿因羿室而生澆々已長大自能用師始滅后相々死之後
始生少康々々生杼々又年長已堪誅殪方始滅浞而立少康討
太康失邦及少康紹國向有百載乃滅有窮拠此傳文夏亂甚矣
而夏本紀云仲康崩子相立相崩子少康立都不言羿浞之事是
而馬遷說之疏也　注羿善射　正義曰尚書云太康尸位以逸豫
有窮后羿因民弗忍距于河孔安國云羿諸侯名杜云有窮君之

弓則与孔不同也羿善射論語文也說文云羿帝嚳射官也賈逵云羿之先祖世為先王射官故帝嚳賜羿弓矢使司射淮南子云堯時十日並出堯使羿射九日而落之楚辭天問云羿彈日烏焉解羽歸藏易亦云羿彈十日也言雖不經難以取信要言嘗時有羿堯時亦有羿則羿是善射之号非復人之名字信如彼言則不知此羿名為何也　伯明后寒棄之　正義曰寒是國名伯明寒君之名也后君也伯明君此寒國之世而棄不収采也　注夷氏　正義曰此傳再言夷羿故以夷為氏也　家衆殺而亨之　正義曰家衆謂羿之家衆人反羿以從浞為浞而殺羿也孟子云逢蒙学射於羿盡羿之道思天下唯羿為愈已於是殺羿則殺羿者逢蒙也　注二國夏同姓諸侯　正義曰世本文也　注戈在宋鄭之間　正義曰哀十二年傳曰宋鄭之間有隙地焉曰嵒戈錫是也　注燼遺民　正義曰燋燭既燒之餘名之曰燼二國之燼謂澆之所殺死亡之餘遺脫之民也思報父兄之讎故靡得收而用之　注后杼少康子　正義曰夏本紀少康崩子帝杼立是也

有窮至故也　正義曰有窮遂亡謂浞亡也武羅伯因熊髠尨圉本羿棄之浞亦不用失人是國之大患故言之規掉厶也注辛甲至王過　正義曰晉語稱文王訪于辛尹賈逵以為辛甲尹佚則辛甲文王之臣而下及武王但文王之時天命未改未得命百官〻箴王闕故以為武王時大史也闕謂過失也大史号令百官每官各為箴辭以戒王若箴之療疾故名箴辞言官箴者各以其官所掌而為箴辞虞人掌獵故以獵為箴也漢成帝時揚雄愛虞箴遂依放之作十二州二十五官箴後亡失九篇後漢崔駰〻子瑗〻子寔世補其闕及臨邑侯劉騊駼大傳胡廣各有所增凡四十八篇廣乃次而題之曰百官箴皆放此虞箴為之

注虞人掌田獵　正義曰周礼山虞大田獵則萊山田之野澤虞大田獵則萊沢野萊謂芟其草萊以為殺圍之处詩毛傳云大艾草以為防是也　注芒〻至分也　正義曰畫分者言畫地分之以為竟也禹貢唯冀州帝都不言竟界以餘州所至則冀州可知也八州各言竟界云濟河惟兗州海岱惟青州海岱及淮惟徐州

淮海惟揚州荊及衡陽惟荊州荊河惟豫州華陽黑水惟梁州黑水西河惟雍及是禹所畫分也　注啓開九州之道　正義曰既分海内以爲九州遂皆以九言之禹貢云九州攸同九山刊旅九川滌源九澤既陂故此亦言九道言禹開通九州之道也　在帝夷羿　正義曰帝王之號當時所稱三代稱王自以德劣於前謙而不稱爲帝其統天下實與帝同所謂今之王古之帝也後人之稱先代或以王言帝或以帝言王史記於夏殷諸王皆稱爲帝此羿簒立爲王故以帝稱焉　注重猶數也　正義曰杜讀爲重累之重故爲數也服虔云重猶大也言武夏不可大任於是至及之　正義曰魏絳本意主勸和戎忽云有窮后羿以聞公問遂說羿夏以及虞箴乃與初言不相應今故倒爲此二句以解魏絳之意　注薦聚也　正義曰釋言云薦再也孫炎曰薦草生之再也即薦是聚也服虔云薦中也言狄人逐水草而居徙無常處刘炫案莊子云麋鹿食薦即薦是草也服言是　注頓壞　正義曰頓謂挫傷折壞今俗語云委頓是也　注番縣　正義曰

魯国地理志曰蕃讀如藩屏之藩言魯國南藩也汝南陳子游為魯相子游者蕃之子也国人辟諱遂改皮音而為蕃字因而不改也　注髽麻至而已　正義曰髽之形制礼无明文先世儒者各以意説鄭衆以為枲麻与髮相半結之馬融以為屈布為巾高四寸著於顙上鄭玄以為去纚而紒案檀弓記称南宮縚之妻孔子之兄女也縚母喪孔子誨之髽曰尓毋從々尓々毋扈（扈々）爾鄭玄云從々謂大高扈々謂大廣若布高四寸則有定制何當慮其從々扈々而誨之哉如鄭玄去纚而空露其紒則髮上本无服矣喪服女子子在室為父髽衰三年空露紒髮安得与衰共文而謂之髽衰也魯人逆喪皆髽豈直露紒迎喪哉凶服以麻表髽字從髟是髮之服也杜以鄭衆為長故用其説言麻髮合結亦當麻髮半也於時魯師大敗遭喪者多婦人迎子迎夫不㠯備其凶服唯（髽々）髽而已因路迎喪以髽相弔傳言魯於是始髽者自此以後遂以髽為弔服虽有吉者亦髽以弔人檀弓曰魯婦人之髽而弔也自敗於壷鮐始也鄭玄云時家々有喪髽而相弔知於是始髽者始

用髽相弔也髽者依喪服婦人爲斬衰三年者髽故喪服云女子子在室箭笄髽衰三年是也其齊衰期亦髽故檀弓云南宮縚之妻之姑之喪夫子誨之髽是也其婦人弔服則鄭注檀弓云大夫之妻錫衰士之妻則疑衰皆吉笄无首素總也　五年注魯衛至地闕　正義曰諸言及者皆魯君命之使与彼行故稱及彼此傳稱晉將爲吳合諸侯使魯衛先會之魯衛俱受命於晉非是魯君命蔑使与林父會吳故不言及也下文戚之會序吳於列者公會晉侯云云吳人鄫人于戚此不序吳於林父之下而別云會吳者爲吳人先在善道蔑与林父往彼會之故云會吳也十年會吳于柤成十五年會吳于鍾離皆是吳在彼地往彼會之故殊會吳也公羊以爲外吳言春秋内其國而外諸夏内諸夏而外夷狄故殊會以外之左氏无此義杜不從公羊故皆云吳在彼也下戚會不殊吳者來會于戚故与諸國同序列也　注諸侯至魯戍　正義曰此戍陳及十年戍鄭虎牢僖二年城楚丘案傳皆諸國同行而經獨否魯者城楚丘傳云不書所會後也彼爲魯人後期諸

侯已散故作獨城之文此則於戚之會受命戍陳十年諸侯伐鄭
於伐鄭受命戍鄭虎牢還国各自遣戍更无告命故獨書魯戍也
傳注觀見至成之　正義曰觀見穀詁文也前年魯請屬鄫虽
被晉許而鄫人未知故將巫至晉以成之　注豹与至大夫
正義曰巫若自受鄫命則豹當言及今巫来至魯々侯命之令与
豹同行与豹俱受魯命故經不言及比之魯大夫也魯大夫兩人
同行皆不言及文十八年公子遂叔孫得臣如齊定六年季孫斯
仲孫何忌如晉其類皆是也　注雩反至書旱　正義曰例称
龍見而雩是夏祭常礼所以祈甘雨也過時則書若值歲旱則又
脩此雩礼而為祈禱故虽秋雩非書過也此是為旱而雩非常雩
之時也但經書大雩則過雩旱雩无以相别故為旱而雩傳皆言
旱以秋之秋例曰始夏而雩者為純陽用事防有旱災而祈之也
至於四時之旱又因用此礼而求雨故亦曰雩經書雩而傳不以
旱秋之者皆過雩也經書雩（過）則与旱雩不别故傳皆發之是解發
傳言旱之意也雩為旱禱而不書旱者雩而獲雨故書雩而不書

旱雩不得雨則否旱以明災成僖二十一年夏大旱是也雩而獲雨則否雩穀梁傳文也　注陳之至不刑　正義曰釋例曰陳之叛楚罪在子辛共王既不能明法示教以肅大臣陳叛之日又不能嚴斷威刑以謝小国而擁其罪人以興兵致討暴師經年加礼於陳々恨弥篤乃愠而歸罪子辛子辛之貪雖足以取死然共王用刑為失其節故君子論之以為不刑也加礼於陳者謂明年楚將伐陳聞喪乃止是也不刑者言不得用刑之道也　注共王至不可　正義曰釋例以君子此言止為殺公子申与壬夫二人而已此注又兼言殺子反者傳言已則無信尤共王也背盟而敗于鄢陵及殺子反皆逞共王無信之事故追言之也殺此三卿欲令諸侯息忿還來屬己故言欲以屬諸侯以屬諸侯者據十九年傳文也逞訓解也共王殺此三人望解己意而諸侯不從意竟不解故云殺人以逞不亦難乎　注亦逸至成功　正義曰此虞書大禹謨之文禹是夏王故傳称夏書杜不見古文故称逸書亦々前逸詩也彼舜謂禹已成邑教之信成治水之功為二事此傳引之

言共王无信故无成功杜順傳意言信成然後有成功為一義也
注公及至告廟　正義曰凡諸侯會而盟者皆先會而後盟非先
盟而後會既及其會知非後盟釋例曰盟于鄧盟于犖盟于戚
公既在會而不答其盟者以理推之會在盟前知非後盟也蓋公
還告會而不告盟也　注公及至城棣　正義曰桓十五年公會
宋公衛侯陳侯于袲伐鄭既會而伐並會答之討此當答會亦
故解之公及救陳而不及其會故不答會　注在阼階西鄉
正義曰喪大記云大夫之喪將大斂既鋪絞紟衾衣君至主人迎
先入門右巫止于門外君釋菜祝先入升堂君即位于序端士喪
禮君若有賜焉則視斂既布衣君至君升自阼階西鄉以君臨士
喪西鄉知臨大夫之喪即位于序端者亦西鄉也鄭玄士冠禮注
云阼猶酢也東階所以答酢賓客也堂東西牆謂之序劉炫又
引記云君既即位于序端卿大夫即位于堂廉楹西北面東上主
人房外南面主婦尸西東面延尸卒斂宰告主人降北面于堂
下君撫之主人拜稽顙君降升主人馮之命主婦馮之士之喪將

大斂君不在其餘禮猶大夫也　相三君矣　正義曰季孫行父
以文六年見經則爲卿久矣宣公之初襄仲執政宣八年仲遂卒
後始文子得政故至今爲相三君也　六年傳注杞入至以名
正義曰杞入春秋以來唯僖二十三年杞成公卒用夷禮書杞子
卒未嘗書杞君之名也世本杞桓公是成公之弟成公卒而桓公立
至此七十一年唯成五年盟于蟲牢七年于馬陵九年于蒲與杞俱
在未嘗與襄同盟嫌其不合以名赴故傳發之釋例曰杞伯姑容
未與襄同盟而寔遠其父用同盟之禮蓋繼好之義也嫌於赴非
所盟之君故傳曰始赴以名同盟故也　注狎親至戲也　正義
曰論語云雖狎必變曲禮云賢者狎而敬之狎是相褻慢相貫
習之名也二十八年傳稱慶氏之徒觀優至於魚里是優爲戲
名也晉語有優施史記滑稽傳有優孟優旃皆善爲優遂以
優著名是優爲調戲也　注子蕩至曰梏　正義曰貫者穿也
張弓以貫其頸々穿於弓之中故曰貫其頸周禮掌囚有梏
桎在手曰梏在足曰桎頸貫於弓若手在梏故云以弓梏也桎梏

俱名為械杸名云械者戒也戒止人使不得逃行也　司城至如初

正義曰子罕以華弱奔後而發此言蓋以告諸大夫非告君也亦

逐子蕩一句亦是子罕之語說子蕩之罪言亦宜逐子蕩也子蕩

恐即被逐故射子罕之門宋亦不復逐之子蕩非被逐之意故云

幾日而不我從也宋人不復更逐故子罕善之如初不恨其射門

也或當實逐子蕩故子蕩云幾日而不我從理亦通也　注言子至

得安　正義曰服虔云言子罕不阿同族亦逐樂轡以正國法忠

之至也及樂轡射其門畏從華弱之罰復善樂轡如初是為茹

柔吐剛喪其志矣傳故舉之明春秋之義善惡俱見杜以春秋

之世君弱臣彊莫不蓋失掩罪以相忍為國向戌欲蓋華臣子

罕不怨樂轡皆忍忿求安之意不足以為大尤知傳載此言是

善其得安非尤其從惡故異於服也　注始代至受罪　正義

曰昭二年晉韓宣子來聘傳曰告為政而來見也大國政卿尚

來見小國知此傳言見者是始代爻為政卿往見於大國也

注堞女至女牆　正義曰兵書攻城有為堙之法宣十五年公羊

傳曰子反乘堙而窺宋城是堙為土山使高与城等而攻之也言
環城是環遶其城知周帀其城為土山也　正義曰
鄅即小邾也二年傳曰滕薛小邾之不至皆齊故也小邾附屬於
齊故滅萊國而近其君於小邾使之寄居以終身也○七年夏四
月至免牲　正義曰周礼大宰職云祀五帝前期十日帥執事而
卜日然則將祭十日之前預卜之蓋一旬一卜也例稱啓蟄而郊
建寅之月也此四月三卜蓋三月二卜四月又一卜也春分之前猶
是啓蟄節内於法仍可以郊據傳獻子之言三卜在春分之後
則初卜即已大晩故三卜而涉於春分也人心欲其吉不吉是不
從不從則不郊故免牲而不殺也　注稱牲至礼也　正義曰僖
三十一年夏四月四卜郊不從乃免牲傳曰礼不卜常祀而卜其
牲曰牛卜日曰牲々成而卜郊上怠慢也經与彼正同唯四卜三
卜為異耳彼言其非則此亦非也牛已稱牲是既卜日矣牲既成
矣而又卜郊与僖同說故云又非礼也　注南遺至城之　正義
曰此傳唯說南遺請城之由不言時与不時則知南遺假託言有

事難而請城之　注謀救至鄭地　正義曰楚既圍陳而陳侯亦列於會者當是圍之不密故陳侯得出會求救也陳侯逃歸陳遂屬楚諸侯不與楚之戰各自罷歸不成為救故不書救也　注實為至會上　正義曰魯之隱閔實被弒而書薨諱而不言弒則亦不以被弒赴諸侯此鄭伯實為子駟所弒而以瘧疾赴於諸侯亦如隱閔之類諱而不言弒故魯史不得書弒也穀梁傳曰礼諸侯不生名此其生名何也卒之名也卒之名則何為加之如會之見以如會卒也是言書名為書卒而稱之也三年盟于雞沢五年盟于戚當鄭俱在同盟故赴以名法當書名故進名於上其名本為下卒非是生名之也如會者會諸侯共鄭欲往赴其會也公羊傳曰未見諸侯其言如會何致其意也原其意本欲往會故書之也未見諸侯言其未至會所而死非至會而不見也書卒于鄵者赴以所卒之地故書之　傳注郊祀至殖者　正義曰言后稷周之始祖已播殖者辨知后稷是何人不為已播殖故祀以祈農事自謂郊天以祈農耳案孝經云孝莫大於嚴父嚴父莫大於配天則周

公其人也昔者周公郊祀后稷以配天宗祀文王於明堂以配上
帝止云配天而祀之不言祈農也郊特牲説郊天之義曰万物本乎天
人本乎祖此所以配上帝也郊之祭也大報本反始也宣三年公
羊傳曰郊則曷爲必祭稷王者必以其祖配王者則曷爲必以
其祖配自内出者无匹不行自外至者无主不止何休云天道闇
昧故推人道以接之不以文王配者重本尊始之義也據此諸文
則郊祭天者爲物本於天故祭天以報本神必須配故推祖以配
天止報生成之恩非求未來之福此傳專言郊祀后稷主爲祈農
事者斯有旨矣祭祀者爲報已往非求將來之福也但祭爲明神
所享神以將來致福將來而獲多福乃由祭以得之禮器稱君子
曰祭祀不祈祭者意雖不祈其實福以祭降以祭獲福即祈之義
也宗廟之祭緣生事死盡其孝順之心非求耕稼之利少牢饋食
者大夫之祭禮也其祭之末尸嘏主人使女受福于天宜稼于田
彼豈爲田而祭哉神以宜田福之耳郊天之義亦由是也神以人
爲主人以穀爲命人以精意事天天以宜稼祐人以此謂之祈農

本意非祈農也詩噫嘻序曰春夏祈穀于上帝礼仲春之月々令曰是月也天子乃以元日祈穀于上帝即是郊天之祭也其下即云乃擇元辰天子親載耒耜躬耕帝藉是郊而後耕也獻子此言正与礼合孝經止言尊嚴其父主述孝子之志本意不說郊天之祭无由得有祈穀之言何休膏肓執彼難此追而想之亦可以歎息也 注啓蟄至春分 正義曰釋例曰歷法正月節立春啓蟄為中氣二月節驚蟄春分爲中氣是啓蟄爲夏正建寅之月中氣也月令祈穀之後即擇日而耕初耕亦在正月傳言既耕而卜郊宜其不從是此卜之時已涉春分之節過不復可郊故言耕謂春分指釋獻子言耕是春分之節不謂春分始可耕也釋例又曰傳以襄公友四月卜郊但說其非所宜卜不說其四月不可郊也孟獻子曰啓蟄而郊々而後耕々謂春分也言得啓蟄即當卜郊不得過春分也是言此卜在春分之後故獻子說之以傳獻子此言郊天之礼必用周之三月而雜記云孟獻子曰正月日至可以有事於上帝七月日至可以有事於祖七月而禘獻子謂之

也此与礼記俱称献子二丈不同必有一謬礼記後人所録左傳
當得其真若七月而禘献子為之則當献子之時應有七月禘者
烝嘗過則否禘過亦宜否何以献子之時不否七月禘也足知礼
記之言非献子矣　注隧正主役徒　正義曰九年注云隧正官
名五縣為隧則隧正蓋周礼之遂人也掌諸遂之政令徒役出諸遂
之民故為主役徒者　詩曰至多露　正義曰詩国風召南行露
之首章也言人行者豈不欲早夜而行乎謂早夜而行則多露濡
已義取非礼不可以妄行穆子引之言非其才不可以妄居官位
弗躬至弗信　正義曰此詩小雅節南山之篇詩注云言王之政
不躬而親之則恩澤不信於衆民矣　詩曰至可乎　正義曰詩
小雅小明之篇言人臣安靖共敬以居尓之職位愛好正直之人
与之共処於朝則神明聽順之當助女以大福也既引詩文又述
其意臣憂念下民是為德也正直己心是為正也臣以己正正人
之曲是為直也廿德也正也直也三者和備是為仁也人臣如是
則神明聽順之大福降与之田蘇是知人者也田蘇言起好仁起

必備有此行立之不亦可乎　注介助也景大也　正義曰定本介景皆為大也　注靖共至恤民　正義曰天生烝民立君以牧之君不独治為臣以佐之君之与臣皆為恤民而設之也臣安靖共敬在其職位是其所以憂民也　注為之師長　正義曰无忌先為公族大夫今言使掌是与諸公族大夫為師長也　注礼登至一等　正義曰聘礼公迎賓于大門内及廟门公揖入立于中庭納賓々入三揖至于階三譲公升二等鄭玄云先賓升二等亦欲君行一臣行二言君先升二等然後臣始升一等是礼登階臣當後君一等　詩曰至必折　正義曰詩国風召南羔羊之篇言大夫賢者退朝而食従公門入私门委蛇々々然委蛇順従之貌詩之此意謂順者也今孫子為臣而君自処是横不順道以横道而為委蛇其人必将毀折不得終其職位　注魯成公　正義曰杜必言魯成公者欲明非鄭成公也非者以鄭成公成七年即知位至襄二年卒唯十四年死十六年故也　使公子黄往　正義曰於時楚師圍陳使公子黄往入楚軍也　八年注鄭子至公子

正義曰此決舍之入陳鄭有宿怨比時与蔡无怨晉復无命使侵
无故與師以生國患以其動而无謀故貶之稱例曰陳蔡楚之与
國鄭欲求親於晉故伐而入之晉士莊伯詰其侵小且問陳之罪
子產荅以東門之役故免於説及其侵蔡既无晉令又无亶辭君死
主少與師以求媚於晉不㐌以僥懷親以亶報怨故二大夫異於
子產也陳之見伐本以助晉〻不逆勞而以法詰之得盟主遠理
故仲尼曰晉爲伯鄭入陳非文辭不爲功善之也　注時公至先
歸　正義曰公以正月如晉比會之下始云公至則晉侯適會公
乃歸嘗季孫蓋從公朝晉即從晉赴會故季孫在會而公先歸
傳注晉悼至多少　正義曰昭三年鄭子大叔云文襄之霸也令
諸侯三歲而聘五歲而朝自襄以後晉德少衰諸侯朝聘无復
定準今晉悼復修霸業更合諸侯故公朝晉而稟其多少如公
朝者蓋亦非一晉侯謙不敢在國約束故出外合之又難煩諸侯
使大夫聽命故爲邢丘之會以命朝聘之數〻之多少傳亦无文
抑子大叔之言不説悼公之法而遠陳文襄之令則悼公此命還同

文襄耳非復別制法也　注辟罪至戮之　正義曰辟罪釋詁文也不直言殺而云辟殺明是加誣以罪而殺之子駟知其謀已不以罪殺恐動衆心故加誣以罪言其罪自當死非為己討所以自解說也　注二孫子孤之子　正義曰賈逵云然未必有文可據相傳為此說也　注鄭侵至獲告　正義曰於時鄭无蔡怨又无晉令鄭自發心侵蔡知欲求媚於晉也獲其將必与之戰戰敗乃獲之不言敗者唯以獲告不告敗也　注晉悼至崇之　正義曰礼卿不會公侯會則貶之称人自是常例而云尊晉侯者此有鄭伯在會自与晉侯相敵諸卿不敵晉侯无罪不合貶也但欲尊晉侯无辭以見之故貶大夫以尊之大夫非有罪也文二年晉宋陳鄭四国之卿伐秦皆貶称人尊秦謂之崇德其意与此同也諸侯之卿皆貶而独不貶季孫宿者文元年公孫敖會晉侯于戚注云礼卿不會公侯而春秋魯大夫皆不貶者體例已舉故據用魯史成文是其義也言儉而有礼德義可尊者雖煩諸侯使大夫聽命即亦是有礼之事也　兆云詢多　正義曰杜云兆卜詢謀也既

卜且謀多如杜此言則云是語辭　注謀三至邢丘　正義曰邢
之會鄭伯未至而卒亦數之者鄭伯雖身死而其會与鄭同謀故
數之　八卿和睦　正義曰八卿者據九年傳荀罃將中軍
士匄佐之荀偃將上軍韓起佐之欒黶將下軍士魴佐之趙武
將新軍魏絳佐之　詩云至于道　正義曰詩小雅小旻之三章
也言謀事之夫甚多是非相奪无可適從為是之故其事用此
益不成也發言訩訩而盈滿於庭无已決當是非事若不成誰
敢執其咎責者如彼道上行人每得人即与之謀意无所從為
是之故用此不得于正道也　注匪彼至適從　正義曰鄭玄以
匪為非如非行邁之謀言止而不行坐圖遠近也杜以如者如似
他物故以匪為彼言如彼行人逢值岐路問其所從也鄭以行為
道邁為行言道上行人杜亦當然　注皇暇也啓跪也　正義曰
皆釋言文也舍人曰閒暇无事也李巡曰啓小跪也　注彤弓至
知禮　正義曰文四年甯俞聘為賦彤弓甯俞不敢當此賦來
彤弓而宣子受之故解其意彼以彤弓當甯俞故甯俞不敢受此

賦彤弓其義在於晉君非當范匄故范匄受之而為知礼也

春秋正義卷第二十

計一万七千三百二十八字

春秋正義卷第二十一　　襄公

國子祭酒上護軍曲阜縣開國子臣孔穎達等奉

勅撰

九年注天火至故書　正義曰得告則書史之常例於此須言告者公羊傳曰外災不書此何以書為王者之後記災也當為或言災或言火大者曰災小者曰火然則內何以不言火內不言火者甚之也公羊此言不可通於左氏故杜明為此注以異之注伐至鄭地　正義曰成十七年夏公會尹子云云伐鄭六月乙酉同盟于柯陵於時鄭實不服諸侯自同盟耳鄭不與盟也此注云伐鄭而書同盟則鄭受盟可知者此盟鄭與偕文分明不是準約同盟之文始知鄭與盟也杜言此解經於盟不書鄭伯之意耳經若重序諸侯必當鄭伯在列但經已前目諸侯不復重序鄭伯不見故特解之以其伐鄭而書同盟則鄭與盟可知同盟之文足以包鄭故不復見鄭伯耳非謂因伐而同盟者所伐之國必與也柯陵之盟鄭實不服諸侯自相與盟非同鄭也文同意異不可執彼以難此

十一年諸侯伐鄭同盟于亳城北其文与此同矣此經書十二月己亥同盟于戲傳言十一月己亥同盟于戲經傳不同必有一誤而傳於戲盟之下更言十二月癸亥門其三門己亥在癸亥之前二十四日杜以長歷推之十一月庚寅朔十日得己亥十二月己未朔五日得癸亥故長歷參校上下己亥在十一月十日又十二月五日有癸亥則其月不得有己亥經書十二月誤也此誤者唯以一字誤為二非書經誤也　傳注樂喜至之政　正義曰文七年及成十五年二傳言宋六卿之次皆云右師左師司馬司徒司城司寇其右師最貴故華元曰我為右師君臣之訓師所司也然則宋國之法尚右師為政卿今言司城為政卿者蓋宋以華閱是華元之子以元有大功使閱繼其父耳子罕賢知故特使為政爵位管夷吾魯伯叔孫婼皆位卑而執國政此亦當然也此傳言以為政者以為救火之政耳但從此以後歷檢傳文鄭人請賊宋人獻玉扶築臺之謳削向戍之賞皆是政卿之任故言為政卿也下晉侯云宋災於是乎知有天道是宋人自知天道尚有

火災故子罕素相戒勑為備火之政也自伯氏司里以下巷伯儆
宮以上皆是子罕素戒之也其享祀之處是二鄉命之非子罕也
注伯氏至里宰　正義曰釋言云里邑也李巡云里居之邑也是
里為邑居之名也周禮五隣為里以五隣必同居故以里為名里
長謂之宰周禮里宰每里下士一人謂六遂之內二十五家之長
也此言司里謂司城內之民若今城內之坊里也里必有長不知
其官之名周禮有里宰故以宰言之非是郊外之民二十五家之
長也使伯氏司此城內諸里之長令各率里內之民表火道以來
皆使此伯氏率里民為之　注畚簣至汲器　正義曰說文云
畚蒲器所以盛糧也宣二年注云畚以草索為之其器可以
盛糧又可以盛土也論語稱為山用簣是簣為盛土之器故
以畚為簣籠也說文云挶戟持也戟持者執持此舉其臂如
戟形故也其字從手謂以手持物也與畚共文畚是盛土之器
則挶是舉土之物也綆者汲水之索儀禮謂之繘方言云自關
而東周洛韓魏之間謂之綆關西謂之繘釋器云盎謂之缶

說文云缶瓦器所以盛酒漿亦謂之罌罌可以汲水故云汲器也易井封亦謂取井水為汲也　注盆鑑之屬　正義曰周礼凌人春始治鑑鄭玄云鑑如甄大口以盛冰則鑑是盛水之器知備水器者備盆鑑之屬　巡丈城　正義曰十尺為丈巡行其城以丈度之故云丈城　注華臣至主也　正義曰周礼大司徒掌庶之政令小司徒凡用衆庶則掌其政教凡国之大事致民是司徒掌役徒也言具正徒司里所使遂正所納皆是臨時調民而役之若今之夫役也司徒所具正徒者常共官役者今之正丁也　注隧正至救之　正義曰此隧正當天子之遂大夫故遂大夫職云各掌其遂之政令遂人職云五家為隣五隣為里四里為酇五酇為鄙五鄙為縣五縣為遂鄭司農云王国百里内為六鄉外為六遂鄭玄云郊内比閭族黨州鄉郊外隣里酇鄙縣遂異其名者示相変耳尚書費誓云魯人三郊三遂然則諸侯之有郷遂亦以郊内郊外別之也郊内属郷者近於国都司徒自帥之以入城矣郊外属遂者是郊野保守之民不可全離所守司徒令遂正量其

多少納之於國隨火所起而奔往救之華臣直言其正徒不言其
處者以是鄭內之民共救火百役即上畜水潦積土塗之類非唯
救火而已者鄭保之民既遠故使隨火所起奔往救之直救火而
已 注条處至刑書 正義曰此人掌其刑器知其爲司寇也恐
其爲火所焚當是國之所重必非刑人之器故以刑器爲刑書也
哀三年魯人救火云出禮書御書々不名器此言刑器必載於器
物鄭鑄刑鼎而叔向責之晉鑄刑鼎而仲尼譏之彼鑄之於鼎以
示下民故譏其使民知之此言刑器必不在鼎當書於器物官府
自掌之不知其在何器也或書之於版号此版爲刑器耳
注皇鄭至其官 正義曰服虔云皇鄭皇父充石之後十世宗卿
爲人之子大司馬椒也車馬甲兵司馬之職使皇鄭掌此故皇鄭
必是司馬也校正主馬於周禮爲校人是司馬之屬官也周禮司
馬之屬无主車之官巾車々僕職皆掌車乃爲宗伯之屬昭四年
傳云夫子爲司馬与工正書服是諸侯之官司馬之屬有工正主
車也國有火災恐致姦寇故使司馬命此二官出車馬備甲兵以防

非常也傳言庀武守者甲兵器械藏於府庫使具其
守々此武庫也此吏輕於車馬故後言之　注鉏吾至之典
正義曰鉏吾大宰傳无其文賈逵云然相傳說耳不知其本何所
出也周礼大宰之職掌建邦之六典以佐王治邦國一曰治典二曰
教典三曰礼典四曰政典五曰刑典六曰吏典六官之典謂此也杜以
府爲六官之典者謂六官之典其吏載之於書故使具其守刘炫以
爲府守謂府庫守藏令知不然者以百司府藏已屬左右二師上
華閱討右官々庀其司向戌討左亦如之則是府庫之物二師摠
令群官所主案哀三年魯遭火災出礼書御書藏象魏皆以
典籍爲重明此府守是六官之典若以爲府庫財物便是不重
六典唯貴財物刘以爲府庫而規杜非也　注司宮至之事
正義曰昭五年傳楚子欲以羊舌肸爲司宮欲加宮刑以此知司
宮奄臣謂奄人爲臣主司宮內周礼无司宮卷伯之官唯有內小
臣奄上士四人掌王后之命正其服位鄭玄云奄稱士者異其賢
也奄人之官此最爲長則司宮當天子之內小臣也周礼又云寺人

王之正内五人鄭玄云正内路寢也秋宮云宮中巷謂之壼孫炎曰巷舍間道也王肅云今後宮称永巷是巷者宮内道名伯長也是宮内門巷之長也周礼内小臣其次即有寺人知巷伯是寺人也又以詩篇名巷伯經云寺人孟子作為此詩故知巷伯寺人一也鄭以巷伯為内小臣既无明文各以意説注二師至祀也正義曰周礼大司徒云五家為比五比為閭四閭為族五族為黨五黨為州五州為郷々大夫每郷一人天子六郷即以郷為之長此傳云二師令四郷正則立郷正非郷典之但其所職掌當天子之郷大夫耳周礼郷大夫各掌其郷之政教正月之吉受教法于司徒退而頒之于其郷則郷正當属司徒此傳言二師令之者上文右師討右右左師討左則宋国之法二師分掌其方左右各掌其二郷并言其夏故云二師令四郷正也賈逵云魯人三郊三遂則魯立三郷此云令四郷正則宋立四郷也周礼郷為一軍大国三軍宋是大国不過三軍而有四郷者當時所立非正法也於時宋置六郷況四郷乎周礼祭人鬼曰享故享為祀也止令敬享不知所享何神

周礼大祝国有天災弥祀社稷禱祠鄭玄云天災疫疠水旱也弥猶徧也徧祀社稷及諸所禱又大司徒以荒政十有二聚万民其十有一曰索鬼神鄭衆云索鬼神求廢祀而脩之雲漢之詩所謂靡神不挙靡愛斯牲者也彼凶荒之年水旱之災尚索鬼神而祭之此遇天火為災亦當徧祀群神其所合祭皆應祭之也蓋火起始命之祭耳　注祝大至非礼　正義曰周礼大祝掌六祝之辞以事鬼神祇祈福祥小宗伯掌建国之神位特牲少牢士大夫之祭祀也皆宗人掌其事然則諸是祭神言辞大祝掌之礼從宗人掌之故所有祭祀皆祝宗同行此事別命祝宗使奉此祭非卿正所為也文承二師命下亦是二師命之不復言命者亦從上省文也用馬者以馬為牲祭於四面之城以禳火也禳郤也郤火使滅也盤庚湯之九世孫殷之第十九王也自盤庚至紂又十二王而殷滅盤庚弟小乙是宋微子之八世祖也盤庚之為殷王元大功德而祀盤庚者當時之意不知何故特祀之也祀盤庚不別言牲明其祀亦用馬也城以積土為之土積則為陰

積々陰之氣或足制火故祭城以禳火礼亦无此法也莊二十五
年傳例曰凡天災有幣无牲用馬祀盤庚皆非礼言用馬祭城祭
盤庚皆非礼也此備火災所使群官急者在前緩者在後故先
伯氏司里次華臣具正徒次到隧正納郊保然後二師揔𠂆群官
先右後左尊卑之次也以刑器車馬甲兵典法國之所重故特命
三官𠂆具其物先外官備具救火然後及内故次司宮巷伯人事
既畢乃祭享鬼神故次敬享祀盤庚之事也　注謂火至放火
正義曰昭二十九年傳五行之官有木正火正金正水正土正此
五官各掌其職封為上公祀為貴神謂死其事者後世祀之火正
之官居職有功祀火星之時以此火正之神配食也五行之官每
歲五時祀之謂之五祀月令云其神句芒祝融后土蓐收玄冥配五
帝而食其神矣而火正又配食於火星者以其於火有功祭火星又
祭之后稷得配天又配稷火正何故不得配帝又配星也有天下
者祭百神天子祭天之時因祭四方之星諸侯祭其分野之星其
祭火星皆以火正配食也火正配火星而食有此傳文其金木水

土之正不知配何神而食經典散亡不可知也周礼司爟掌行火
之政令季春出火民咸從之季秋内火民亦如之鄭玄云火所以用
陶冶民隨國而為之鄭司農云以三月本時昏心星見於辰上
使民出火九月本黄昏心星伏在戌上使民内火故春秋傳曰
以出内火周礼所言皆擬反正故杜以周礼之意解其心味為火
之由建辰之月即月令季春之月日在胃昏七星中南方七星有
井鬼柳星張翼軫七者共為朱鳥之宿星即七星也味謂柳也春
秋緯文耀鉤云味謂鳥陽七星為頸宋均注云陽猶首也柳謂之
味々鳥首也七星為朱鳥頸也味与頸共在於午者鳥之正宿口
屈在頸七星与味体相接連故也鶉火星昏而在南方於此之時
令民放火味星為火之候故於十二次味為鶉火也建戌之月即
月令季秋之月日在房東方七宿角亢氐房心尾箕七者共為蒼
竜之宿釋天云大辰房心尾也大火謂之大辰孫炎曰竜星明者
以為時候大火心也在中最明故時候主焉以是故此傳心為大
火九月日体在房々心相近与日俱出俱沒伏在日下不得出見故

令民内火禁放火也火官合配其人蓋多不知誰食於心誰食於味也此傳鶉火大火共為出火之候周禮之注不言咮者以咮非内火之候故唯指大火以解出内之故其言不及咮也

注陶唐至宋地　正義曰史記五帝本紀云帝堯為陶唐氏是堯有天下以陶唐為代號也氏猶家也古言高辛氏陶唐氏猶言周家夏家也閼伯高辛氏之子迁閼伯于商丘主辰皆昭元年傳文也尔雅以大火為大辰是辰為大火也昭十七年傳云宋大辰之虚是大火為宋星也閼伯已居商丘祀大火今大火為宋星則知宋亦居商丘以此明之故云然則商丘在宋地也釋例云宋商丘三名一地梁国睢陽縣也傳曰陶唐氏之火正閼伯居商丘祀大火又曰宋大辰之虚也然則商丘在宋或以為漳水之南故殷虚為商丘非也是由商丘所在不明故釋例與此注俱以閼伯明之

祀大火至大火　正義曰祀大火者閼伯祀此大火之星居商丘而祀火星也相土因之墟主大火是商丘之地屬大火也然則在地之土各有上天之分周禮保章[illegible]以星土辯九州之地

所封々域皆有分星鄭玄云星土星所主土封猶界也大界則曰九州々中諸國之封域於星亦有分焉其書亡矣今其存可言者十二次之分也星紀吳越也玄枵齊也娵訾衛也降婁魯也大梁趙也實沈晉也鶉首秦也鶉火周也鶉尾楚也壽星鄭也大火宋也析木燕也是言地屬於天各有其分之文也鄭唯云其存可言不知存者本是誰說其見於傳記者則此云商主大火昭元年傳云參爲晉星二十八年傳云龍宋鄭之星則蒼龍之方有宋鄭之分也又曰以害鳥帑周楚惡之則朱鳥之方有周楚之分也昭七年四月日食傳稱魯衛惡之去衛地如魯地則春分之日在魯衛之分也又十年傳曰今茲歲在顓頊之虛姜氏任氏實守其地則於時歲星在齊薛之分也又三十二年傳曰越得歲而吳伐之必凶則於時歲星在吳越之分也晉語云實沈之虛晉人是居周語云歲在鶉火我有周之分野是有分野之言也天有十二次地有九州以此九州當彼十二次周禮雖云皆有分星不知其分誰分之也何必所分已當天地星紀在於東北吳越實在

東南魯衛東方諸侯遥屬戌亥之次又三家分晉方始有趙而韓魏无分趙独有之漢書地理志分郡國以配諸次其地分或多或少鶉首極多鶉火甚狹徒以相傳為說其源不可得而聞之於其分野或有妖祥而為占者多得其効蓋古之聖哲有以度知非後人所已測也　注相土至大火　正義曰殷本紀契生昭明々々生相土々々是契孫也本紀云帝舜封契於商鄭玄云商國在大華之陽皇甫謐云今上洛商縣是也如鄭玄意契居上洛之商至相土而迁於宋之商及湯有天下遠取契所封商以為一代大号服虔云相土居商丘故湯以為天下号王肅書序注云契孫相土居商丘故湯以為国号案詩述后稷云即有邰家室述契云天命玄鳥降而生商即稷封邰而契封商也若契之居商即是商丘則契已居之不得云相土因閼伯也若别有商地則湯之為商不是因相土矣且經傳言商未有称商丘者釈例云宋之先契佐唐虞封於商武王封微子啓為宋公都商丘是同鄭玄說也傳言商主大火商謂宋也宋主大火耳成湯不主火宋是商後謂宋為

商昭八年傳曰自根牟至于商衛是名宋為商之驗釈例曰商宋一地謂此商也相土商之祖者是陽之祖亦宋之祖也堯封閼伯於商丘比及相土應歷数世故云代閼伯之後居商丘祀大火也

商人至道也　正義曰閱猶数也釁謂閒隙也商人謂殷商之人為王之時数其禍敗之釁隙必始於火言其政教有失將欲致禍既聞禍敗之釁必有火災應之也今宋是商後亦如商世欲有禍敗必初始於火是以言日知其有天道也然殷商不居商丘必有火者以商是相土子孫相土居商丘祀火之故々火之為災連及殷商之世也傳唯言此而已亦不知尓時宋有何失而致此災

公曰至知也　正義曰公曰此㝵可必乎但有懲失必致火乎對曰在其君之所行道百若時政小失天未棄之或下災異冥其覺悟或可常有火災也若国家昏乱无復常象不可知也象謂妖祥有所象似以戒人也国若无道災変亦殊既无所象故不可必知也

注艮下至之八　正義曰周礼大卜掌三易之法一曰連山二曰歸蔵三曰周易鄭玄云易者揲蓍変易之数可占者也名

曰連山似山之出内雲氣也歸藏者万物莫不歸而藏於其中
也洪範言卜筮之法云三人占則從二人之言孔安國云夏殷周
卜筮各異三法並卜從二人之言是言筮用三易之变也大卜周
官而職掌三易然則周世之卜雜用連山歸藏周易也周易之文
唯有九六此筮乃言遇艮之八二易皆以七八為占故此筮遇八
謂艮之第二爻不變者是八也揲蓍求爻繫辭有法其揲所得有
七八九六説者謂七為少陽八為少陰其爻不變也九為老陽
六為老陰其爻皆變也周易以變為占占九六之爻傳之諸筮
皆是占變爻也其連山歸藏以不變為占占七八之爻二易並
亡不知實然以否世有歸藏易者偽妄之書非殷易也假令
二易俱占七八亦不知此筮為用連山為用歸藏所云遇艮之
八不知意何所道以為先代之易其言亦无所據賈鄭先儒相
傳云耳先儒為此意者此言遇艮之八下文穆姜云是於周易
晉語公子重耳筮得貞屯悔豫皆八其下司空季子云是在周
易並於遇八之下別言周易知此遇八非周易也　注震下至論

之　正義曰震爲雷兑爲澤象曰澤中有雷隨鄭玄云震動也兑説也内動之以德外説之以言則天下之民慕其行而隨從之故謂之隨也史疑古易遇八者爲不利故更以周易占變之其爻乃得隨卦而論之所以説姜意也　注易筮至折之　正義曰易筮皆以變者爲占傳之諸筮皆是也若一爻獨變則得指論此爻遇一爻變以上或二爻三爻皆變則每爻義異不知所從則當總論彖辞故姜亦以彖爲占此元亨利貞无咎是隨卦之彖辞也史言是謂艮之隨者掇周易而言故姜亦指言周易以折之也周易卦下之辞謂之爲彖彖者統論一卦之体明其所由之主隨彖云元亨利貞无咎者元長也長亦大也亨通也貞正也隨卦震下兑上以剛下柔動而適説故物皆隨之而不失大通於貞逆於時也相隨而不爲利正共適邪滛則災之道也必有此元亨利貞四德乃得无咎過耳无此四德則不免於咎元体至出矣　正義曰自幹貞以上与周易文言正同彼云元者善之長此云体之長彼云嘉會足以合礼此云嘉德唯二字異耳其意亦不異也

元者始也長也物得其始為衆善之長於人則謂首為元〻是体之長以善為体知亦善之長也亨通也嘉善也物无不通則為衆善之會故通者善之會也物得裁成乃名為義〻理和協乃得其利故利者義之和也貞正也物得其正乃成幹用故正者事之幹也体仁以仁為体也君子体是仁人堪得与人為長体仁足以長人也身有美德動与礼合嘉德足以合礼也以已利物義事和悅利物足以和義也正而牢固事得幹濟貞固足以幹事也此四德者在身必然固不可誣罔也是以雖得隨卦而其身无咎今我婦人也而与於僑如之亂婦人卑於男子固在下位而有不仁之行不可謂之元也不安靖國家欲除去季孟不可謂之亨也作為亂事而自害其身使放於東宮不可謂之利也棄夫人之德位而与僑如淫姣不可謂之貞也有此元亨利貞四德乃得隨而无咎四德我皆无之豈當隨卦也哉我則自取此惡其身已无咎乎必死於此宮不已出矣　注言不至吉事

正義曰不誣四德者四德實有於身不可誣罔以无為有也如是

乃遇隨卦可得身无咎自明其无此四德而遇隨卦者乃是惡而相隨非是善事故得隨必有咎也穆姜自以身无四德遇隨爲惡其意謂隨爲惡卦故云雖隨无咎　注姣淫之別名　正義曰服虔讀姣爲放效之效言效小人爲淫々自出於心非效人也今時俗語謂淫爲姣故以姣爲淫之別名　注種曰農收曰穡　正義曰農是力田之名詩毛傳云種之曰稼斂之曰穡稼者言如嫁女之有所生也穡愛也言愛惜而收斂之也此文穡无所對故以農爲種名其實農是営田之名種曰稼也　注四民不雜　正義曰齊語四民者士農工商此傳言其士競於教是說士也庶人力於農穡是說農也士農已說唯有工商在耳故以皁隸賤官足成其句杜言四民不雜通上士庶爲四非以皁隸工商爲四也　斬行栗　正義曰行道也謂之行栗必是道上之栗周語云列樹以表道知此行栗是表道之樹　注肆經至成圍　正義曰肆訓爲緩々從罪人謂放赦之也將求民力則思赦罪赦諸侯之軍內犯法者服虔以爲放鄭囚案傳未与鄭戰无囚可放設使有

曰可放鄭人以戰而獲非有所犯不得謂之肆眚也不得圍鄭者
以肆眚圍鄭是号令之辭耳鄭人聞而逆服不成圍故也
注分四軍為三部　正義曰賈逵以為三分四軍為十二部鄭衆
以為分四軍為三部杜以分為十二則一部人少不足亢敵故遠
鄭說分四軍為三部晉各一動而楚三來欲罷楚使不亡也
注門子卿之適子　正義曰周礼小宗伯掌三族之別以辯親疏
其正室皆謂之門子鄭玄云正室適子也將代父當門者也是卿
之適子為門子也　注以長至洧津　正義曰杜以長歷推之此
年無閏故知此閏字當為門五又月當為日也晉人分四軍為三
番以二番為待楚之備一番以攻鄭之門一番一門以癸亥初攻
每門五日積十五日欲以苦鄭而來楚也楚不敢來鄭猶不服至
明日戊寅濟于陰阪復侵鄭外邑而後歸也鄭都洧水之旁故知
陰阪洧津也衛氏難云案昭二十年朔旦冬至其年云閏月戊辰
殺宣姜又二十二年云閏月取前城並不應有閏而傳稱閏是史之
錯失不必皆在應閏之限杜豈得云此年不得有閏而改為門

五日也若然閏月殺宜姜閏月取前城皆為門五日乎秦氏釋
云以待云三分四軍又云十二月癸亥門其二門既言三分則三
當攻門計癸亥至戊寅十六日當别攻門五日三五十五日明日
戊寅濟于陰阪上下符合故杜為此解蘇氏又云案長歷襄十
年十一月丁未是二十四日十一年四月己亥是十九日拠丁未至己
亥一百七十三日計十年十一月之後十一年四月之前除兩箇
殘月唯置四箇整月用日不盡尚餘二十九日故杜為長歷於十
年十一月後置閏既十年有閏明九年无閏也　注歲星至周
天　正義曰直言一星終知是歲星者以古今歷昏推歩五星
金水日行一度土三百七十七日行星十二度火七百八十日行星
四百一十五度四者皆不得十二年而一終唯木三百九十八日行星
三十三度十二年而彊一周舉其大數十二年而一終故知是歲星
君冠至处之　正義曰冠是嘉礼之大者當祭以告神故有祼
享之礼以祭祀也国君无故不徹縣故有金石之条行冠礼之
時為舉動之節也冠必在廟故先君之祧处之也既行祼享祭

必有樂所言金石節之謂冠時之樂非祭祀之樂也諸侯之冠礼
亡唯有士冠礼在耳其礼亦行享於廟而不為祭祀士無樂可設
而唯處祧月有士冠必三加始加緇布冠次加皮弁次加爵弁公
則四大戴礼公冠篇於士三冠後更加玄冕是也案此傳文則諸侯
十二加冠也文王十三生伯邑考則十二加冠親迎于渭用天子
礼則天子十二冠也晉語柯陵會趙武冠見范文子冠時年十六
七則大夫十六冠也士庶則二十而冠故曲礼云二十曰弱冠是
也注祼謂至君也　正義曰周礼大宗伯以肆獻祼享先王鬱
人凡祭祀之祼享和鬱鬯以實彝而陳之鄭玄云鬱々金香草
也鬯釀秬為酒芬香條暢於上下也築鬱金煑之以和鬯酒鄭
特牲云灌用鬯臭鄭玄云灌謂以圭瓚酌鬯始獻神也然則
祼即灌也故云祼謂灌鬯酒也祼是祭初之礼故舉之以表祭
也周礼祭人鬼曰享故云享祭先君也刘炫云冠是大礼当備
告群廟　注諸侯至為祧　正義曰祭法云遠廟為祧天子有
二祧鄭玄云祧之言超也超上去意也諸侯无祧聘礼云不腆先

君之祧是謂始祖廟也聘礼注云天子七廟文武為祧諸侯五廟則祧始祖也是亦廟也言祧者祧尊而廟親侍賓客者上尊者然則彼以始祖之尊故特言祧耳昭元年傳云敢愛豐氏之祧大夫之廟亦以祧言之是尊之意也不待至魯而假於衛者及諸侯賓客未散故也　注成公至所処　正義曰成公是獻公曾祖衛世家文也服虔以成公是衛之曾祖即云祧謂曾祖之廟也曾祖之廟何以独有祧名王制大夫三廟一昭一穆与大祖之廟為三鄭之豐氏豈得立曾祖之廟乎而亦謂之祧也杜言從衛所処意在排旧説也以晉悼欲速故寄衛廟而假鐘磬其祼享之礼皈魯乃条耳　注質主也　正義曰質之為主以意言耳无正訓也晉云唯晉命是聽鄭云唯彊是從二辭但以告神是其无定主也服虔云質誠也无忠誠之信故神弗臨也　注中分鄭城中里名　正義曰言入盟是入城盟也入城而言盟地知是城内里名

○十年注呉子至楚地　正義曰成十五年諸侯大夫会呉于鐘離五年魯衛会呉于善道皆大夫来也此傳云会呉子壽夢

則吳子自來也五年戚之會吳序鄫上此殊吳者亦如鍾离善道
晉以諸侯往彼會之故曰會吳也哀十三年公會晉侯及吳子于
黄池彼稱吳子此不稱子者從其所稱也蘇氏云謂諸侯直稱之以
曰吳故從諸侯之所稱也至於黄池之會自云其僭号而稱子以
告令諸侯故諸侯亦從而稱之也刘炫云從所稱者諸侯盟會會
則必自言其爵則自言其名故盟得以名告神會得以爵書盟
策吳是東夷之君來閞諸夏之礼於此自稱為吳不知以爵告叚
故從所稱書吳也故釈例云吳晩通上国故其君臣朝會不同於
例亦猶楚之初始是言吳未知稱爵也　注偪陽至曰遂
正義曰偪陽妘姓傳文也鄭語云妘姓鄔鄶路偪陽也遂者因上
事生下事之辭此因祖會而遂滅偪陽雖復隔以日月文猶繫於
會祖因會祖而始謀滅之故言遂也　注荀罃至兵也　正義曰
傳稱荀罃伐秦而經不書罃知罃不親兵以師告也　注齊世至
滕上　正義曰周礼典命諸侯之適子誓於天子攝其君則下其
君之礼一等未誓則以皮帛繼子男鄭玄云誓猶命也言誓者明

天子既命以為之嗣也十九年傳云光之立也列於諸侯矣則光是未誓者也注法當繼於子男之下相之會列於小邾之下是其正也於此伐也傳稱崔杼使大子光先至于師故長於滕晉悼以爲是大國先復先至心善其共遂進其班爲盟主所尊故在滕上言其非正法也　注非國至大夫　正義曰若國家討而殺之則舉國名言殺其大夫若非國討兩下相殺則兩君名氏王札子殺召伯毛伯是也此非國討亦當兩君名氏但殺之者尉止司臣之徒皆非卿也非卿則名氏不合見經故稱之為盜凡言其者是其所有也君是臣之君故君弑其君臣是君之臣故君弑其大夫盜者寇賊之名賤之不繫於國被殺者非盜之所有既以盜為文故不得言其大夫若如他物殺之然哀四年盜殺蔡侯申注云賤者故稱盜不言弑其君賤盜也文十六年公羊傳曰大夫弑君稱名氏賤者窮諸人大夫相弑稱人賤者窮諸盜其義雖不可通於左氏其言賤盜之意則同　傳注壽夢吳子乘　正義曰十二年吳子乘卒是也服虔云壽夢發聲吳蠻夷言多發聲數語共成一

言壽夢一言也經言乘傳言壽夢欲使学者知之也然壽夢与乘
邑小相涉服以經傳之異即欲使同之然則餘祭戴吳豈復同邑
也當是名字之異故未言之　注吳子至六日　正義曰言先會
諸侯則是會期未到故知吳子未至而諸侯自會也祖与鍾离相
近地在宋之東南知光從東道与東方諸侯遇盖鄫莒滕薛之徒
自相會遇也本非期會之地會亦不以告魯故不書也如杜此注則
吳子未至亦未赴於相而上注云吳子在相諸侯往會之者吳子
先遣告晉言已至相而已非晉侯自期於相召吳子使赴也戚之
會則吳子在善道召使赴戚故与諸国同序於列也杜明言癸丑
是三月二十六日下四月戊午云月一日五月庚寅云月四日甲午云
月八日所以明言日者欲證成九年閏月為門五日於上下日月
相當故杜備言其日也劉炫曰杜言癸丑二十六日者見与下四月
一日會相近知非二會也　注經書春書始行　正義曰傳言交
會而經書春知經書始行傳言會日也諸赴盟會者初去告行
而已盟會必行還乃書何則初去之時未知所會幾国豈得即

書會〻也明其皆是行還告廟乃書之耳但所書者或追記發國
之初或即書所會〻之日此會〻祖以其經傳不同乃知春行夏會
其餘傳无會日亦應爲如此者如此之類是追記初行也二十年六
月庚申公會晉侯云〻于澶淵成五年十二月己丑公會晉侯云
〻于蟲牢如此之類是即書會日也此蓋旧无定法史官不同
故立文異耳　　輦重如役　正義曰重者車名也載物必
重謂之重人挽以行謂之輦軍行以載器物止則以爲藩營此
人挽此重車以從役也宣十二年觧已具之　縣门至门者
正義曰縣门者編版廣長如门施關機以縣門上有冠則發機
而下之諸侯之士攻偪陽之門已有入者縣门乃發鄹人紇抉而
舉之以出门者门者謂攻門者也紇爲鄹邑大夫公邑大夫皆以
邑名冠之呼爲某人孔子之父名紇字叔梁古人名字並言者皆
先字而後名故史記孔子世家稱爲叔梁紇也服虔云抉撅也謂
以木撅抉縣門使舉令下容人出也門者下屬爲句　狄虒至一
隊正義曰鄭玄云大車平地載任之車也考工記車人爲車柯長三

尺大車轂長半柯輪崇三柯是輪高九尺其車周圍周二丈七尺建立也立此大車之輪而覆之以甲以為櫓也考工記戈長尋有四尺車戟常崇於戈四尺八尺曰尋倍尋曰常則戟長一丈六尺也隊是行列之名百人為隊相傳為然成一隊者言其當百人也穌而復上　正義曰宣八年傳曰晉人獲秦諜殺諸絳市六日而蘇則穌者死而更生之名也堇父隊而悶絶似若死然得穌悟而復緣布上　注躬在矢石閒　正義曰服虔云古者以石為箭鏑别国語有隼集於陳侯之庭楛矢貫之石砮以證石為箭鏃若石是箭鏃則猶是矢也何須矢石並言杜言在矢石閒則不以石為矢也周礼職金凡国有大故而用金石則掌其令鄭玄云用金石者作槍雷之屬雷即礧也兵法守城用礧石以擊攻者陳思王征蜀論云下礧成雷榛殘木碎是也　注言其至之也　正義曰僖四年公會齊侯云云侵蔡蔡潰遂伐楚二十三年齊侯伐衛遂伐晉知此之類一行而有二事者法當言遂遂非善惡之名而此傳特云昏曰遂滅偪陽言自會也則知此言遂者

有非之之意所以然者彼因伐遂伐本謀伐行兵容可一舉而伐
兩國會非征伐之事荀偃士匄於會始請則偪陽无大罪諸侯
无宿謀因會滅人情在可責傳稱言自會也是尤其從會行也
釋例云會以訓上下敘德刑遂滅偪陽言滅生於會非本意也
是言因會以滅國非之之事也書曰者是仲尼新意則旧史不
然本蓋别書諸侯滅偪陽仲尼改之而言遂耳　　光啓
寡君　　正義曰光昭宋国開其疆竟以賜寡君　注桑林至樂
名　正義曰若非天子之樂則宋人不當請荀罃不須辭以宋人
請而荀罃辭明其非常樂也宋是殷後得用殷樂知桑林是殷
天子之樂名也經典言樂殷為大護而此復云桑林者蓋殷家
本有二樂如周之大武象舞也名為大護則傳記有說湯以寬
政治民除其邪虐言已覆護下民使得其所故名其樂為大護
其曰桑林先儒无說唯書傳言湯伐桀之後大旱七年史卜曰
當以人為禱湯乃翦髮斷爪自以為牲而禱於桑林之社而雨
大至方數千里或可禱桑林以得雨遂以桑林名其樂也皇甫謐

云殷樂一名桑林以桑林為大護別名无文可憑未之審也
注禘三至侯樂　正義曰明堂位云季夏六月以禘礼祀周公於
大廟朱干玉戚冕而舞大武皮弁素積裼而舞大夏彼禘祭唯
用大武大夏而不言韶護以二十九年魯為季札舞四代之樂知
四代之樂魯皆有之明堂位云凡四代之服器魯兼用之禘是三
年大祭礼无過者知禘祭於大廟則作四代之樂也礼雖周公之
廟得用天子之礼知其別祭群公則用諸侯之樂諸侯之樂謂時
王所制之樂大武是也然則禘是礼之大者群公不得与同而於
賓得同禘者禘者敬隣国之賓故得用大祭之樂也其天子享
諸侯亦同祭樂故大司樂云大祭祀王出入奏王夏尸出入奏
肆夏牲出入奏昭夏大饗不入牲其他如祭祀鄭注云不入牲不
奏昭夏王出入賓出入亦奏王夏奏肆夏又礼記祭統云大嘗
禘升歌清廟下管象仲尼燕居云兩君相見亦升歌清廟下而
管象是祭与享賓用樂同也而荀偃云我辭礼矣沈氏云嘉樂
不野合故也魯之禘祭用四代樂則天子禘用六代樂也鄭康成

义以為禘祫各異祫大禘小天子祫用六代之樂禘用四代之樂魯有禘樂謂有周之禘祭之樂非左氏义也刘炫云禘是大礼賔得与同者享賔用樂礼傳无文但賔礼既輕必異於禘嘗以享賔尚時之失用之已久遂以為常荀偃士匄引過謬之变以諂晋侯使聽宋耳魯以禘樂享賔猶以十一年為士鞅是以引徵百年亦非正也 舞師題以旌夏 正义曰舞師樂人之師主陳設樂变者也謂舞初入之時舞師建旌夏以引舞人而入以題識其舞人之首故晋侯卒見懼而退入于房也謂之旌夏蓋形制大而别為之名也 謂之夷俘 正义曰昭十七年晋荀吴滅陸渾之戎獻俘于文宫不言謂之夷俘彼直戎也此言謂之夷是俘明非夷而謂之夷知其諱俘中国故名之也莊三十一年傳例曰凡諸侯有四夷之功則獻于王中国則否中国之俘既不合獻王故獻廟亦諱知其无罪内慙於心故諱之謂之夷俘 注霍晋至王命 正义曰霍是旧国閔元年晋獻公滅之以為晋邑也内史掌爵禄廢置周礼内史職文也礼天子不滅国諸侯不滅姓其

身有罪宜廢者選其親而賢者更紹立之論語所云興滅国継絶世者謂此也晉侯以偪陽之罪不合絶祀故皈諸天子使周内史選偪陽宗族賢者継嗣偪陽之後令居晉之霍邑以奉妘姓之祀依鄭語及世本皆云偪陽妘姓是祝融之孫陸終第四子求言之後虞夏以来世祀不絶令壊継之善其不滅姓故曰礼也晉侯不自選其人而使周内史者諸侯不得専封示有王命不自専也言納諸霍人者此霍邑或称霍人猶如晉邑謂之柏人也必知霍人為霍邑者班固漢書樊噲傳云攻霍人是霍人邑名也刘炫云霍人晉邑人掌霍邑大夫猶鄒邑大夫称鄒人紇蓋使為晉附庸也

注繇兆辭　正義曰周礼大卜掌三兆之法一曰玉兆二曰瓦兆三曰原兆其經兆之体皆百有二十其頌皆千有二百鄭玄云頌謂繇也是言灼亀得兆其兆各有繇辭即下三句是也此傳唯言兆有此辭不知卜得何兆但知旧有此辭故卜者得批以荅姜耳其千有二百皆此類也此繇辭皆韻古人讀雄与陵為韻詩无羊正月皆以雄韻蒸韻陵是其交也

注於魯至末閔　正義曰服

叟云不肯諱從晉不肯服鄭旋復為楚鄭所伐恥而諱之也杜以
從盟主而不肯服叛國於魯未足為恥被伐无可諱故云其義所
未詳　注言女至過制　正義曰前已減損其車復云亦車非礼
明是仍嫌車多言其過制大夫之制不知車當幾乘從軍之車
未必制有定限子駟心憎尉止嫌其豪富本意不為過礼制也
注洫田至族田　正義曰考工記匠人為溝洫耜廣五寸二耜為
耦一耦之伐廣尺深尺謂之甽田首倍之廣二尺深二尺謂之遂
九夫為井々間廣四尺深四尺謂之溝方十里為成々間廣八
尺深八尺謂之洫方百里為同々間廣二尋深二仞謂之澮然
則溝洫俱是通水之路相對大小為異耳皆於田畔為之故云
田畔溝也為田造洫故称田洫此四族皆是富家占田過制子駟
為此田洫正其封疆於分有剩則減給他人故正封疆而侵四族
田也小司徒云九夫為井四井為邑四邑為丘四丘為甸四甸為
縣四縣為都注云此謂都鄙采地之制也　注自群至朝政
正義曰於時鄭伯幼弱政在諸卿国吏相与議之不得一人獨決

子孔性好專權自以身既菑国望其一聽於已新經禍乱与大夫設盟為盟載之書曰自群卿諸司以下皆以位之次序一聽執政之法悉皆稟受成旨不得干与朝政令其權柄在已也大夫諸司门子不順子産謂之専欲難成謂此也服虔云鄭旧世卿父死子代令子孔欲擅政之使以次先為士大夫乃至卿也若如服言唯當门子恨耳何由大夫諸司亦不順也子孔若為此法即是自害其子々孔之子亦當恨何独他家门子乎焚書倉门則還依旧法旧法若父死子代子産即應代父何由十九年始立為卿諸侯至皈焉　正義曰如此傳文諸侯戍虎牢士魴魏絳戍梧与制耳其虎牢之因亦應更有晋戍也二年晋城虎牢則虎牢久已属晋非復鄭有令繫鄭者晋侯之意鄭人若服將皈之与善晋侯故探其心而繫之鄭也釈例曰虎牢鄭之郊竟晋人既有之矣又城而居之將以脅鄭々畏而強服遇楚而復叛八年之間一南一北至於數四晋悼患其未已故大城置戍先以示威鄭服之日釈戍而皈之德立刑行故㠯終有鄭国春秋探書其本心善之也

注平王至大難　正義曰七姓從王從王之大臣有七姓也瑕禽言伯輿之祖是七姓之一言其世貴也其祖為王主備犧牲以共祭祀王家牲用備具王特賴之言其世有功也平王初迁国家未定故与大臣結盟令使世掌其職也周礼牧人陽祀用騂牲檀弓云周人尚赤牲用騂尚書洛誥云文王騂牛一武王騂牛一諸言騂皆是赤牛則知此騂旄是赤牛也旄謂尾也共旌旗之用故其字從旌旗者旌旗行而從風偃也　正義曰刑罰放赦之事在於寵臣不勝其富　正義曰勝訓堪也言財多故不可用々不能堪此富　正義曰凡在上正定在下須明在下曲直瑕禽自云已有直理不被上知則是使下無直在上何謂正矣故云正者不失下之直也劉炫云七年傳云正直為正々曲為直晉斷王朝之獄乃以下正上宣子若在下而無直心何以謂之為正也勸宣子使心正矣　天子至左之　正義曰人有左右々便而左不便故以所助者為右不助者為左宣子知伯輿直故從王之所助也使王至其契　正義曰周禮鄉士職云辯其獄

說其死刑之罪而要之鄭玄云要之為其罪辭如今劾矣彼謂官人略取罪狀為其要約之辭如今斷獄為劾故云如今劾矣此言要辭亦是辭之要約如今辯荅也合要者使其各為要約言語兩相辨荅伯輿辭直王叔无以應之故不㠯舉其要契之辭也 十一年注增立至為軍 正義曰昭五年云舍中軍明此年作而彼年舍故知旧有二軍今增立中軍也然則正是作中軍耳而云作三軍者傳言三子各毀其乘則旧時屬已之乘毀之以足成三軍是旧軍尽廢而全改作之故云作三軍也杜見其以三改二壞擬彼中軍之文故言增立中軍耳万二千五百人為軍周礼夏官序文 反四至不郊 正義曰此四月四卜与僖三十一年文同蓋亦三月三卜而四月又一卜也言不郊不云免牲免牛蓋不以其礼免直使飯其本牧而已故不否也 注世子至進之 正義曰列位以為序莒上者直是先至非為先莒今知不然者往年傳云齊大子光先至于師故長於滕是前經為先滕至序在滕子之上今經序在莒子之先明知亦先莒而至

也若非先莒而至唯當還序縢子上耳劉炫无所依憑直云先至更長之而規杜氏非也　注以會至侵伐　正義曰劉炫云杜釋例自言事勢相接或以始致或以終致是時史異辭何為此注而云不果侵伐今知劉說非者凡云或以始致或以終致皆據實有伐事今擬傳文云觀兵于鄭東門是則實无伐事故云不果侵伐劉不達此意而規杜非也　傳注魯本至改作　正義曰以昭五年舍中軍知此時作者作中軍是魯本无中軍也以閔元年晉侯作二軍謂之上軍下軍知魯有二軍亦名上下軍也此言請為三軍各征其軍知往前二軍皆屬公也明其有事則三卿更互帥之以征伐耳三卿不得專其民也此時襄公幼弱季氏世秉魯政因公之少欲專其民故假立中軍因以改作也禮明堂位云成王封周公於曲阜地方七百里其時必有三軍也詩魯頌閟宮頌僖公能復周公之宇云公徒三万鄭玄云大國三軍合三万七千五百人言三万者举成數也則僖公依古制亦三軍矣蓋自文公以來霸主之令軍多則貢重自損為二軍耳非

是魯衆不滿三軍也若然昭五年舍中軍啓之於經住前若減一
軍亦應啓之而經不啓者作三軍与舍中軍皆是變改常畢
弱公室季氏秉國權專擅改作故史特啓之耳若國家自量
彊弱其軍或減或益國史不須啓也何則僖公復古始有三万
則以前无三万矣僖公作亦不啓何怪舍不啓也蘇氏亦云僖
公之特實有三軍自文以後舍其一軍不啓者非是故有所舍
故不啓蘇氏又云鄭注詩公徒三万以爲三軍鄭荅臨碩之問云
公徒三万爲二軍者鄭隨問而荅耳以詩箋爲正蘇氏又云蒐
于紅革車千乘所以今不滿三軍者以當時采地衆多公邑民
少故不能滿三軍三子各毀其乘以足之与前觧異也周礼小
司徒云凡起徒役无過家一人是家出一人故鄉爲一軍天子六
軍出自六鄉則大國三軍出自三鄉其餘公邑采地之民不在
三軍之數季武子今爲三軍則異於是矣以魯國屬公之民皆
分爲三亦謂之三軍其軍之民不啻一万二千五百家也何則
魯國合竟之民屬公者豈唯有三万七千五百家乎明其決

不然矣由此言之此作三軍与礼之三軍名同而實異也春秋之世兵革遞興出軍多少量敵彊弱効寇未息卒士盡行士卒之数无復定準成二年鞌之戰晉車八百乘計有六万人唯三卿帥之昭十三年平丘之會晉叔向云寡君有甲車四千乘在計四千士卒成二十四軍尔時晉国唯立三軍則甲車四千乘三軍有其軍豈止一万二千五百人乎昭八年魯蒐于紅傳称革車千乘〻〻之衆充三軍之数明知此分合竟之民以為三軍之所統其数異於礼也賈逵何休以為左氏説云尊公室休以為与舍中軍義同於義左氏為短鄭康成箴云左氏傳云作三軍三分公室各有其一謂三家始專兵甲卑公室云左氏説者尊公室失左氏意遠矣義符杜説也 注征賦至家屬 正義曰周礼大司徒以土均之法制天下之地征制云市廛而不税関譏而不征經典之文通謂賦税為征故云征賦税也往前民皆屬公〻税其民以分賜群臣令武子欲令民即屬已已所應得自税取之恐穆子不從故先告之請分国内之民以為三

軍三家各自征税其軍之家屬兾望穆子亦使於己而從其討
也言軍之家屬者丁壯従軍者官无所税其家屬不入軍者乃
税之耳　注政若至已堪　正義曰於時天子衰微政在霸主々
々量国大小責其貢賦若為二軍則是次国若作三軍則為大
国大国之制貢賦必重故云霸主重貢之政将及於子々必不已
堪之憂其不已堪之言三軍不可為也魯旧為三軍二軍国之大小
耳但作三軍則自同大国自同大国則霸主必依大国責其貢
重也　注僖宮之門　正義曰釈宮云衖门謂之閎孫炎曰衖舍
間（閭）道也李巡曰閎衖頭門也以此知僖閎是僖公之廟門也
注壊其至三軍　正義曰往前民皆屬公国家自有二軍若非
征伐不屬三子故三子自以采邑之民以為己之私乗如子産出
兵車十七乗之類是其私家車乗也今既三分公室所分得者即
是己有不須更立私乗故三子各自毀壊旧時車乗部伍分以足
成三軍也壊者壊其部伍將領也今使各自屬其軍不復立私乗
故也　季氏至倍征　正義曰其乗之人即所分得者国内三分

有一之入也役謂共官力役則今之丁也邑謂賦稅若今之租調也
以其役之與邑皆來入季氏者則無公征也若不以入季氏者則使
公家倍征之當輒一而責其二也設利害以懼民毆之使入己耳
民畏倍征故盡歸季氏所分得者無一入公也知邑是賦稅者以
言役邑入則役之與邑皆從民而入官也從民入官唯有力役與
賦稅耳故知邑是賦稅也賦稅而謂之邑者賦稅所入若私邑然
故以邑言之　孟氏至為臣　正義曰昭五年傳追說此事云季
氏盡征之叔孫氏臣其子弟孟氏取其半焉叔孫氏臣其子弟不
臣父兄謂取二分而二歸公也孟氏取其半又如叔孫所取其中
更取其半又以半歸公謂取一分而三歸公也彼傳順序此文顛倒
傳意以叔孫為主而先說孟氏言孟氏如叔孫所得使其半為己
之臣叔孫所得子與弟也此孟氏若子若弟是子弟中課取其一
又分半以歸公也叔孫使子弟盡為己臣唯以父兄歸公耳　注制
軍至本言　正義曰如上所分三家所得又各分為四季氏盡取
四分叔孫取二分而二分歸公孟氏取一分而三分歸公分國民以為

十二三家得七公得五也舍謂舍故也制三軍分国民若不如是
則三家不肯舍其故法而别改作也使尽為臣以上是序変之辞
不然不舍一句是要契之語故云此蓋三家盟詛之本言盟本言
必應詳具但史家略取其意而為之立文不復如本辞耳
東侵旧許　正義曰昭十二年傳楚子云我伯父昆吾旧許是
宅鄭人貪賴其田而不我与是旧許為鄭邑也謂之旧許明是
許之旧國許南迁而鄭得之　注二司天神　正義曰盟告諸
神而先称二司知其是天神也覲礼諸侯覲于天子為宮方三百
歩壇十有二尋深四尺加方明于其上方明者木也方四尺設六色
青赤白黒玄黄設六玉圭璋琥璜璧琮公侯伯子男皆就其旂而
立天子祀方明礼日月四瀆山川丘陵彼文雖不言盟其所陳設
盟之礼也鄭玄云方明者上下四方神明之象也会同而盟明神
監之則謂之天之司盟有象者猶宗廟之有主乎天子巡守之盟
其神主日諸侯之盟其神主山川王官之伯会諸侯而盟其神主
月是言盟之所告〻天神也鄭云神監之司盟司盟非一謂之

神也其司慎亦不知指斥何神但在山川之上知其是天神耳名山々之有名者謂五嶽四鎮也名川謂四瀆也 注七姓至誤也正義曰十三国為七姓世本世家文也姬即次曹意及則言不以大小為次也實十三国而言十二服虔云晉主盟不自數知不然者案定四年祝佗称踐土之盟云晉重魯申於是晉為盟主自在盟内何因晉令主盟乃不自數故知字誤也劉炫難服虔云案宣子恐失諸侯謹慎辞令告神要人身不自数已不在盟彼救必速豈有如此理哉 注書行至不書 正義曰釈例曰使以行言々以接事信令之要於是乎在挙不以怒則刑不濫刑不濫則兩国之情得通兵有不交而解者皆行人之勲也是以雖飛矢在上走驛在下及其末節不統大理近怨肆忿快意於行人譬諸豺狼求食而已傳曰鄭人使伯蠲行成晉人殺之非礼也兵交使在其閒可也故夫子特顯行人之文行人有六而傳發其三者因良霄以顯其称行人之事因于徵師以亦其非罪因叔孫婼以同外内大史則餘三人皆隨例而為義也諸以行人為名通及外内以卿出使義

取於非其罪也若濤塗甯喜之屬罪在其身鄭叔詹曾行父之
等以執政受罪本非使出故不稱行人從實而書以罪之也鄭
祭仲之如宋也非會非聘与於見誘而以行人應命不以死節
挾偽以篡其君故經不稱行人以罪之也是言罪之故不稱行人
則稱行人者皆无罪也鄭人先遣告楚乃從諸侯故傳在會先也
經在會後既成而後告執故書執在蕭魚會下　注經書秋史
失之　正義曰會于蕭魚經无月但會下有冬故以為會在秋
也傳言日月次第分明是經誤史官失之也　注悝觸鐲皆樂師
名　正義曰樂師稱師下稱賂以樂知此三人皆樂師悝觸鐲是
其名也服虔見下有鐘鎛師磬師即云三師鐘師鎛師磬師謂悝以鐘
觸以鎛鐲以磬也然則鄭人以師茂師慧賂宋者又以鐘手以鎛
手三師必是以鐘磬者要不可即以名次配言之　注廣車至
耦也　正義曰皆是兵車而別為之名蓋其形制殊用処異也
鄭玄云廣車橫陳之車也服虔云軘車屯守之車也或可因所
用遂為名及其用之亦无常也射礼數射筭二筭為純一筭為

奇是淳為耦也　注他兵至百乘　正義曰偏見服本皆云淳十五乘則凡兵車百乘者更合言軘廣之外別有百乘杜本軘十五乘更以他兵車七十乘增軘廣共為百乘耳知非軘廣之外更有百乘而云兼軘廣者以上既言廣車軘車下云凡兵車百乘言凡是揔攝之辞故知揔上軘廣也若然直言兵車百乘於理自足上別云廣車軘車者以廣車軘車甲兵備足自外之車甲兵不備又別有車名非軘廣也　注肆列至二枚　正義曰以肆為列者鐘磬皆編縣之在簨虡而各有行列也周礼小胥云凡縣鐘磬半為堵全為肆鄭玄云鐘磬者編縣之二八十六枚而在一虡謂之堵鐘一堵磬一堵謂之肆半之者謂諸侯之卿大夫士也諸侯之卿大夫半天子之卿大夫西縣鐘東縣磬士亦半天子之士縣磬而已如鄭彼言鐘与磬全乃成為肆此傳於鐘即言肆者十六枚而一虡古今皆同其虡不可分也虡不可分而云有全有半明如鄭言鐘磬相對肆為全單為半也傳言歌鐘一肆則並有磬矣若其无磬不得成肆杜以傳唯云歌

鐘故但解鐘數云三十二枚其磬數亦同矣此二肆皆為編縣也下
云及其鎛磬者鎛是大鐘磬是大磬皆特縣之非編縣也拠鄭玄
礼圖如此也言歌鐘者歌必先金奏故鐘以歌名之晋語孔晁注
云歌鐘〻以節歌也刘炫云傳言歌鐘二肆及其鎛磬則鎛磬亦二
肆〻之為名實由鐘磬相對但傳於磬下不復更言其數於鐘
則言二肆明鎛磬數与之同乃成肆若磬无二肆則半賜魏絳
无磬矣安得有金石也知色别各三十二枚也歌必先云〻同
八年至之和　正義曰服虔云八年從四年以來十一年也九合
諸侯者五年會于戚一也其年又會于城棣救陳二也七年會于
鄬三也八年會于邢丘四也九年會于戲五也十年會于柤六也又
戍鄭虎牢七也十一年同盟于亳城北八也會于蕭魚九也晋
語說此亦云於今八年七合諸侯孔晁云不數救陳与戍鄭虎牢
餘為七也如樂之和謂諸侯和同如樂之相應和也　詩曰至師
從　正義曰詩小雅采菽之篇也旨美也言樂美之德君子以有
樂美之德可以鎮撫天子之邦国也以有樂美之德政故為福禄

之所同皈也既已鎮邦国受福禄無復疏遠之人便蓄然数来在其左右亦於是相帥而来從之也　注司盟至之制　正義曰周礼司盟會同則掌其盟約之載既盟則貳之者寫兩本盟書一埋盟处一藏盟府也唯言會同之盟不掌功勲之支而得有賞功之制者僖五年傳曰虢仲虢叔爲文王卿士勲在王室藏於盟府是司盟之府掌藏功勲典策故有賞功之制也　注礼大至賜之糸　正義曰以魏絳蒙賜始有金石之糸知未賜不得有也賜之而云礼也知礼法得賜之也周礼小胥云大夫判縣士特縣卿飲酒礼云笙入堂下磬南北面鄉射礼云縣于洗東北西面喪大記云疾病君大夫徹縣是大夫得有鐘磬之糸有功乃賜之正礼也唯言魏絳有金石之糸不言女糸々々房中私宴之糸或不以賜之　十二年注五年至以名　正義曰刘炫云杜於五年注以為公及其盟還而不以盟告廟也今注云會於戚公不与盟而赴以名何為兩注自相矛楯今知刘難非者以戚盟經既不書公之与否又傳无其支杜弘通其義故為兩解刘不尋杜旨而規其過非

也　傳注周廟至曰礼　正義曰杜以下文周廟尊於周公之廟
知是文王廟也以鄭祖厲王立所出王廟知爲周公出文王故魯
立其廟也哀二年蒯聵禱云敢昭告皇祖文王衛亦立文王廟也
郊特牲曰諸侯不敢祖天子大夫不敢祖諸侯而公廟之設於私
家非礼也而諸侯得立王廟者彼謂无功德非王命而輒自立之則爲
非礼魯衛有大功德王命立之是其正也鄭祖厲王亦然此是常礼
特於吴子而傳發例者以吴始通公臣依礼故於此言礼也
注於城外向其國　正義曰礼奔喪之記云哭父之黨於廟母妻
之黨於寢師於廟門外朋友於寢門外所識於野張帷此傳言
於外与彼於野同於城外向其國張帷而哭之耳　同姓於宗廟
正義曰此即周廟也但發大例意通古今故不復斥言周耳其實
於周之世亦周廟也異姓之国无所出王之廟者其哭同姓必不得
同諸異姓亦當於祖廟　及姑姊妹　正義曰釋親云父之姊妹
爲姑樊光曰春秋傳云姑姊妹然則古人謂姑爲姑姊妹蓋父之
姊爲姑姊父之妹爲姑妹列女傳梁有節姑妹入火取其兄子是

謂父妹爲姑妹也婦人從省故單稱爲姑也古人稱祖父直世單稱祖亦此類也　秦嬴至禮也　正義曰此𡿪不見於經而傳自廣記備言以明禮之𡿪耳楚共王以成元年即位秦嬴歸楚蓋應多年傳因子庚之聘發其歸楚非此年歸而即使歸寧案昭元年秦鍼奔晉傳云其母曰弗去懼選鍼則景公之弟昭元年其母猶在此注云父母既沒歸寧使卿者父母並在則身自歸寧若父沒母存身不自歸則亦使卿寧也杜云父母既沒連言之耳

春秋正義卷第二十一

計一万七千四百字

春秋正義　廿二之廿四
圖書寮
番號 7249
冊數 12
函號 555 145

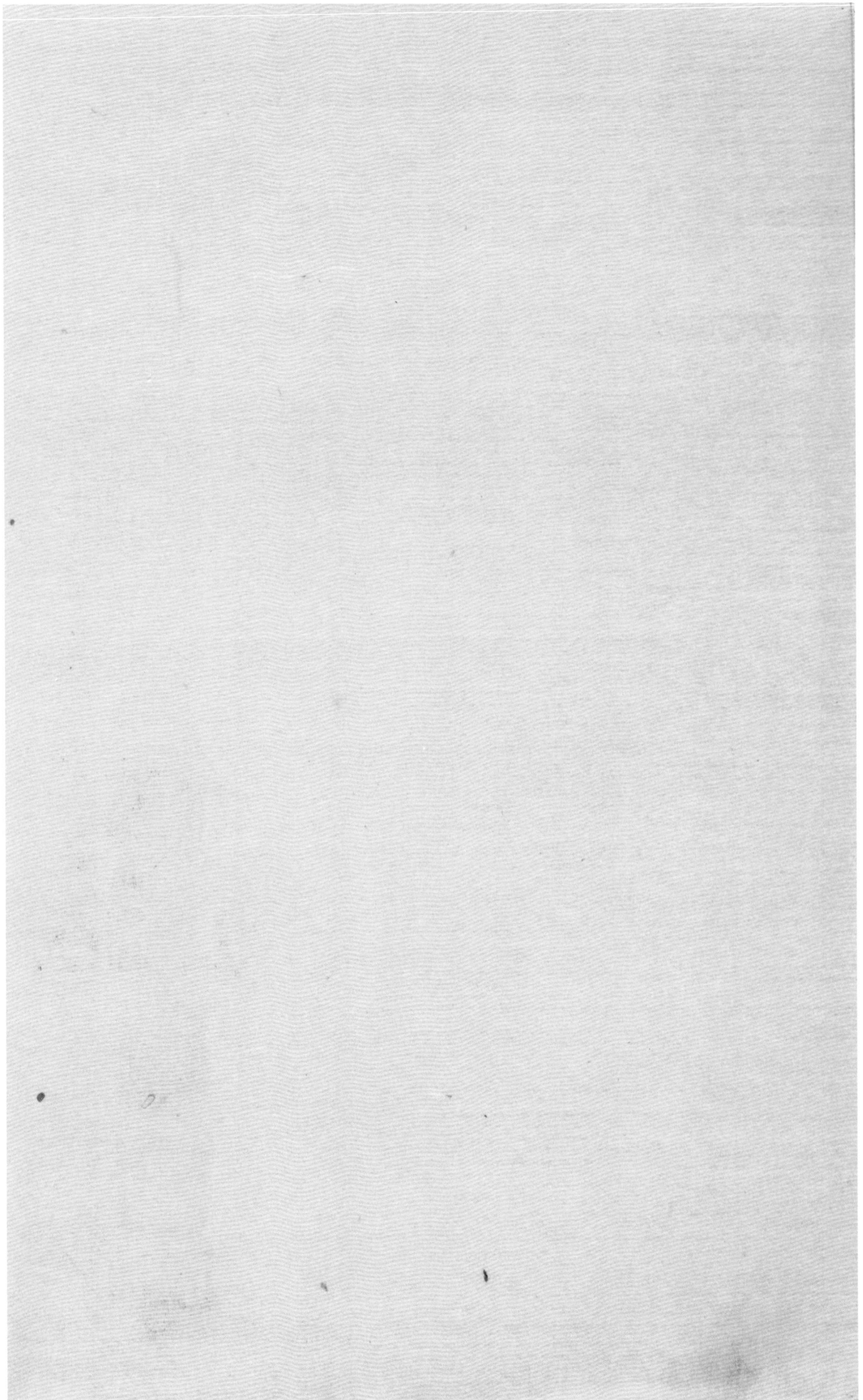

春秋正義卷第二十二　襄公

國子祭酒上護軍曲阜縣開國子臣孔　穎達等奉

勅撰

十三年傳注昏勲至詳之　正義曰其昏劳与策勲一也周礼王功曰勲叓功曰劳對則勲大而劳小故傳变文以包之注云昏勲劳於策明其不異也桓二年傳發凡例有告廟也飲至也策勲也桓十六年傳言飲至此年傳言昏劳二者各舉其一所以反覆凡例以此知三叓徧行一礼則亦書至悉闕乃不昏至耳所云徧行一礼謂徧行告至其飲至策勲則不可徧行也何則告廟因行飲至舍爵而即策勲々々飲至並行之於廟豈得不告至而在廟聚飲乎不告至而入廟昏劳乎明其決不然矣但告至已後或飲至而不書劳或書劳而不飲至二叓或有闕其一者傳因獻子書劳復言礼也所以發明凡例釋例曰公行或朝或會或盟或伐得礼失礼其叓非一故傳隨而釋之於盟釋告廟嫌他例不通故復揔云凡公行告于宗廟反行飲至舍爵策勲焉礼也此以明公

之出竟當先不告及其反也則必飲至有功則策勳故公至自伐鄭傳重言以飲至之礼孟獻子書勞于廟傳後云礼所以反覆凡例也公朝於晋而獻子書勞知策勳非唯討伐之功雖或常行有以定国安民亦書功於廟也然則凡反行飲至必以嘉會昭告祖禰有功則舍爵策勳先勞告變而已　注魯師至言之正義曰莊八年師及齊師圍郕彼是大夫將滿師故称師此亦大夫將所將不滿二千五百人故直言取鄟而不得言師也傳言師者師是衆人之總名雖少亦通言之　注不用至曰取　正義曰宣九年取根牟傳曰言易也成六年取鄟傳曰言易也昭四年取鄫傳曰言易也莒乱著丘公立而不撫鄫鄫叛而来故曰取凡克邑不用師徒曰取与此四發取例傳皆云言易也取鄫之下又發凡例云克邑不用師徒曰取者不用師徒即是易得之状所以覆明凡例也若用而不勞則与不用相似故杜云用而不勞亦曰取也凡例克邑郛乃是国知雖国亦曰取釈例曰取者乘其衰乱或受其潰叛或用小師而不頓兵勞力則直言取如取如攜言其易也

傳四發取例者鄟以師徒鄫叛而來根牟東夷鄟附庸國名各不同故也鄟為小國非邑非夷故以凡例附之　注敵人至曰滅　正義曰國大邑小嫌邑易國難滅取止見難易不由國邑大小故注辯之上云易則雖國亦曰取此取鄟鄟是國也此言用力難重則雖邑亦曰滅僖二年虞師晉師滅下陽昭十三年吳滅州來皆邑而言滅是也　注謂勝至其地　正義曰入謂入其都邑制其民人當入之日與滅亦同但尋即去之不為己有故云勝其國邑不即有其土地如此之類謂之為入國邑雙舉者國邑皆稱入也文十五年晉郤缺入蔡是入國也成七年吳入州來九年楚人入鄆是入邑也若然閔二年狄入衛哀八年宋公入曹二者傳皆言滅而經書入者釋例曰狄滅衛而書入者狄無文告衛之君臣死盡齊桓存之以告諸侯言狄已去不能有其土地也曹背晉而奸宋是以致討宋公既還而不忍禍師之詬怒而反兵一舉滅曹滅非本志故以入告也　晉侯至禮也　正義曰什吏謂十人長也從車曰卒在車曰乘新軍將佐皆還晉侯選賢未得難用

其人使其軍内十人之長率其步車士與其新軍官屬軍尉司馬之類以從於下軍令下軍將佐兼領之得慎舉之禮也周禮夏官序云凡制軍萬有二千五百人為軍軍將皆命卿一千有五百人為師師帥皆中大夫五百人為旅旅帥皆下大夫百人為卒卒長皆上士二十五人為兩兩司馬皆中士五人為伍伍皆有長不言十人有長而此傳云什吏者夏官所云周禮之正法耳其量時制事未必盡然尚書牧誓有千夫長百夫長齊語管子設法五人為伍五十人為小戎二百人為卒二千人為旅萬人為軍吳語王孫雄設法百人為行十行一旌十旌一將軍引司馬法云十人之帥執鈴百人之帥執鐸千人之帥執鼓萬人之將執大鼓三者數人置帥皆以什計之異於周禮則晉人為軍或十人置吏也　詩曰至善也　正義曰此大雅文王之篇傳善也刑法也孚信也善用法者文王也言文王善用法故能為萬國所信言文王之法善也　詩曰至讓也　正義曰詩小雅北山之篇刺幽王役使不均平被使之人自稱己之功勞我所以特

從王事者在上猶以我為賢自云已賢是不讓也注窀厚至葬埋
正義曰晉語云屯厚也說文云夕暮也從月半見夜字從夕知是
以夕為夜也厚長意同故厚夜猶長夜也孝經云春秋祭祀以
時思之故春秋謂祭祀也長夜者言夜不復明死不復生故長
夜謂葬埋也以其事施於葬故令字皆從穴王意自貶祭之與
葬皆不敢從先君之禮 注從先至禰廟 正義曰祭法云諸侯
立五廟曰考廟王考廟皇考廟顯考廟祖考廟此云禰廟即
彼考廟也曲禮云生曰父死曰考考成也言有成德也禰近也於
諸廟父最為近也禮三年喪畢遠祖遞遷新主入廟是從先君代
為禰廟也計昭穆之次昭次入昭廟穆次入穆廟皆代為祖廟而
言代為禰廟者謂與見在生者為禰廟 不弔至有定 正
義曰詩小雅節南山之篇 注土功至為時 正義曰莊二十
九年傳例曰凡土功龍見而畢務戒事也火見而致用水昏正而
栽是土功之常節也本設此節以為農事既閒故此時興土功
今此冬城防經傳皆不言月當在火見致用之前此歲農收差

早雖天象未至而民事已閒故云土功雖有常節通以事閒為時言時節未是時而事以得時故言書事時也釋例曰冬城防臧武仲請畢農事故傳曰書事時也言其作出火見致用之前亦得兼以事時而禮之　注先征至征行　正義曰先征五年而卜其吉凶謂征前五年而預卜之也征訓行也先王之行謹慎而卜必是禮之大者大礼遠行莫過巡守故知征謂巡守也征行釋言文也傳言卜征五年未知何代之禮案尚書舜典云五載一巡守孔安國云堯舜同道舜攝則然堯又可知周礼大行人云十有二歲王巡守殷國王制云天子五年一巡守鄭玄云天子以海內為家時一巡省之五年者虞夏之制也周則十二歲一巡守如孔鄭之言唐虞及夏皆五年一巡守然則卜征五年虞夏法也在周之世而遠陳虞夏法者蓋重古而言之或周之巡守不必十二年也周十二年一巡守法歲星行天一周也虞夏五年一巡守取五行遞王而徧也　而歲至則行　正義曰禮記云卜筮不相襲鄭玄云襲因也釋詁云祥善也歲

因其善謂去年吉今年又吉也善因則行謂五年五吉善善相因則先王然後行巡守也傳稱卜不習吉而得五年五卜者卜不習吉謂不可一時再卜耳此則每年一卜非相習也　注不習謂卜不吉　正義曰其善不因往年是謂不習吉也脩德改卜更以卜吉為始又得五吉乃行也　止鄭至用之　正義曰貴者多則勢相偪令止鄭一卿於楚以除其國内相偪之患使不偪則大臣和睦使鄭在家之人和睦而疾楚以牢固事於晋焉用之何須用此良霄留之於楚　使歸至愈乎　正義曰往者鄭使良霄向楚其意欲得楚執良霄鄭得堅事晋國是鄭本遣良霄其意如此今若放良霄使歸於鄭則鄭不得堅事晋國是廢其本使之意矣藏氏之説亦然也良霄被執久留在楚令若歸之則怨恨其君以憎疾其大夫而相牽引令鄭國大臣不和則事晋之心不固不猶少差乎方言云病差謂之愈後年注以愈為差也服虔云愈猶病愈是愈為差之義也鄭玄論語注云愈猶勝也　十四年注叔老至鄭地　正義

曰叔老穀伯子叔肸孫故以叔爲氏也卿出聘使及盟會皆以大夫爲介禮之常也此會魯使季孫宿與叔老二卿會晉敬事霸國故以卿爲介於例唯征戰重兵詳内略外魯師出征伐則諸將並書其聘與會唯書使主其介不合書也晉人自是輕魯幣而益敬其使叔老雖則爲介而晉爲盟主亦列之於會魯人以其並列於會故並書之也傳稱宋華閲仲江會伐秦向之會亦如之則此會亦二卿華閲猶尚被貶仲江固不在列宋若二卿並敬其事俱得列會亦當並書於策何則盟主列之於會魯史無容略之也故傳言崔杼華閲會伐秦不書隋也向之會亦如之北宫括不書於向書於伐秦攝也是齊宋衞三國之卿於此會也惰慢不自整攝故貶稱人罪其身故去名氏猶序鄭卿之上從其大小舊次也在會惰慢未是大罪即加貶責者此是仲尼豹意蓋欲督率諸侯獎成晉悼霸功故也以吳來在向諸侯就會之故不序吳於列而云會吳于向與鍾離善向道同也　注諸侯至從告　正義曰二十年甯子疾召悼子曰諸

侯之策云云甯殖自為此言明知諸國策書皆云孫林父甯殖
逐衛侯不言衛侯自出奔也仲尼脩春秋以其自取奔亡之禍故
諸失國者皆是被臣逐之悉非其君自出仲尼尤其不能自安
皆不書逐君之賊所以責其君也北燕伯款出奔齊蔡侯朱出
奔楚並書名此不書名從告也釋例曰諸侯奔亡皆迫逐而苟
免非自出也傳稱孫林父甯殖出其君名在諸侯之策此以臣
名赴告之文也仲尼之經更没逐者之名主以自奔為文責其
君不能自安自固所犯非徒所逐之臣也衛赴不以名而燕赴
以名各隨赴而書之義在於彼不在此也杜言在彼不在此
者義在自出為罪不在名與不名以其失國已足罪賤不假
復以名責故史記隨赴而書仲尼依舊為定也曲禮云諸侯失
地名滅同姓名記之所言當據春秋為義滅同姓名春秋既依
用之則失地書名亦是大例而杜云名與不名無義例者案經書
衛侯燬滅邢傳云同姓也故名其言與記符同左氏本有此例也
失地書名則傳無其事且記言失地者謂國被人奪非棄位

出奔者也例云如曹紀侯大去皆是失地之君經不書名亦不發傳知失地之君不以名爲貶也穀伯綏鄧侯吾離來朝公羊傳皆云何以名失地之君也則禮記之文或據公羊之義不可通於左氏故杜不爲此說　傳注四嶽至燉煌　正義曰周語稱堯遭洪水使禹治之共之從孫四嶽佐之胙四嶽國命爲侯伯賜姓曰姜賈逵云共共工也從孫同姓末嗣之孫四嶽官名大嶽也主四嶽之祭焉爲姜姓炎帝之姓其後變易至於四嶽帝復賜之祖姓以紹炎帝之後是四嶽爲姜姓也下傳云謂我諸戎四嶽之裔胄是姜戎爲四嶽之後姜姓故稱姜戎也昭九年傳云先王居檮杌于四裔故允姓之姦居于瓜及伯父惠公歸自秦而誘以來因說此事而云允姓知姜姓之後又別爲允姓也其姜姓是帝堯所賜允姓不知誰賜之也周語云胙四嶽國爲侯伯謂爲諸侯之長下注云四嶽堯時方伯據傳文而知之　被苫蓋蒙荊棘　正義曰被苫蓋言無布帛可衣唯衣草也蒙荊棘言無道路可從冒榛藪也說其窮困之極耳　注蓋苫之別名　正義曰

釋器云白蓋謂之苫孫炎曰白蓋茅苫也郭璞曰白茅苫也今江
東呼為蓋　昔秦至諸戎　正義曰僖二十二年傳云秦晉遷陸
渾之戎于伊川則秦晉共遷之已昭九年傳云惠公皈自秦而誘
以來又似晉侯獨誘之也此云秦人逐之惠公云與田乃是被秦逐
而自歸晉也三文不同者此戎本處瓜及明遠在秦之西北秦貪
其土晉貪其人二國共誘而使遷僖傳是其實也昭傳王專責
晉故指言晉耳此傳宣子施恩於戎故言被逐皈晉駒支順宣子
之言故云秦貪土地逐我諸戎秦本實貪其土地而遷之也譬
如至路之　正義曰角之謂執其角也掎之言戾其足也前覆
謂之路言與晉共倒之　注詩邛至必濟　正義曰此詩本文云
匏有苦葉濟有深涉深則厲淺則揭釋水全引下三句而釋之
云揭者揭衣也以衣涉水為厲繇膝以下為揭繇膝以上為涉
繇帶以上為厲李巡云濟渡也水深則厲水淺則揭衣渡也不
解衣而渡水曰厲孫炎曰揭褰衣也以衣涉水濡褌也詩意
言遇水深淺期之心渡穆子賦此詩言已志在於必濟也魯語云

叔向見叔孫穆子穆子曰豹之業在匏有苦葉矣叔向退召舟虞與司馬曰夫苦匏不材於人共濟而已魯叔孫賦匏有苦葉必將涉矣彼叔向之意取匏有苦葉為義此注取深厲淺揭為義者穆子止賦此詩不言所取之意未必叔向曲得其情杜以厲揭為義切於取匏有苦葉故不從國語而別為此解　不獲成焉正義曰此役止為報櫟之敗非欲求與秦戰而云不獲成者凡興師伐國彼若服罪謝過即當相與和平故注解其意不獲成焉者正謂秦不服也服虔云不得成戰陣之事案傳諸伐國者皆服之而已不是皆成戰陣之事此何以獨云不獲成戰也　注欒黶至女也　正義曰欒鍼自以家有二位恥其無功與士鞅共馳秦師非鞅召之是誣逐士鞅也　注勑戒至宴食　正義曰君之於臣有禮食宴食儀禮云食大夫禮者主國之君食聘賓之禮也其食已之大夫亦當放之而迎送荅拜之儀有差降耳曲禮云凡進食之禮左殽右胾鄭玄云此大夫士與賓客燕食之禮其禮食則宜放公食大夫禮也如鄭之言大夫與賓客禮食尚

放公食大夫禮明知國君與臣禮食亦當放之公食大夫之禮其禮甚大備侯雖則無道不應與臣禮食而得棄之射鴻知是公自勑戒二子欲共為宴食宴食者閒燕無事召臣與之共食耳　注服朝服　正義曰言服而朝明朝服也諸侯每日視朝其君與臣皆服玄冠緇布衣素積以為裳禮通謂此服為朝服宴食雖非大禮要是以禮見君故服朝服公食大夫之禮賓朝服則臣於君雖非禮食亦當服朝服也　注皮冠至與食　正義曰此公射鴻於囿而冠皮冠明皮冠是田獵之冠也旦虞人掌獵昭二十年傳曰皮冠以招虞人又十二年傳言雨雪楚子皮冠以出出田獵也是諸侯之禮皮冠以田獵周禮司服云凡甸冠弁服鄭玄云甸田獵也冠弁委貌也其服緇布衣素積以為裳是服諸侯視朝之服也彼天子之禮故以諸侯朝服而田異於此也昭十二年傳又云右尹子革夕王見之去皮冠杜云敬大臣是君敬大臣宜釋皮冠既不釋皮冠又不與食二子所以怒也　并帑於戚　正義曰孫子備朝大臣食邑於戚其子先

分兩處將欲作亂處禍及其子故令并帶處於戚 從近關出

正義曰聘禮及竟謁關人鄭玄云古者竟上為關以譏異服識異言又周禮司關注云關界上之門也衛都不當竟中其界有遠有近欲速出竟故從近關出也 注云徒至執之 正義曰服虔云執追公徒者公如鄄故鄄人為公執之討孫氏追公徒衆必盛鄄人為公可言與之戰耳不得言執之也且文承敗公徒下豈敗公徒之後乃執之乎下文方說二子追公豈復是鄄人執二子也故杜以為公徒因敗而散亡鄄人為公執散走者 初尹至賈辟

正義曰孟子云鄭人使子濯孺子侵衛衛使庾公之斯追之子濯孺子疾作庾公之斯至曰夫子何為不執弓曰今我疾作不可以執弓庾公之斯曰小子學射於尹公之佗尹公之佗學射於夫子我不忍以夫子之道反害夫子雖然今日之事君事也我不敢廢抽矢叩輪去其金發乘矢而後反其姓名與此略同行義與此正反不應一人之身有此二行孟子辯士之說或當假為之辭此傳應是實也 注軥車軛 正義曰說文云軥軛下曲者

服虔云車軛兩邊叉馬頸者　暴妾使余　正義曰言暴虐使余如妾　有臣不敏　正義曰不敏不達於禮也・余不説初矣　正義曰言余之不説於君初即然矣不得已而從之出耳非是要君而從在道始悔而反也　狐裘而羔袖　正義曰王藻云君衣狐白裘錦衣以裼之又曰錦衣狐裘諸侯之服也是裘之用皮狐貴於羔也　注成國大國　正義曰周禮大宗伯以九儀之命正邦國之位五命賜則七命賜國鄭玄云則地未成國之名王之下大夫四命出封加一等五命賜之以方百里二百里三百里之地者方四百里以上為成國如鄭之言成國者唯公與侯耳伯雖與侯同命地方三百里未得為成國也成國乃得半天子之軍未成則不得也夏官序云大國三軍次國二軍小國一軍當以公侯為大國伯為次國子男為小國也諸侯五等唯有三等之命伯之命數可以同於侯其軍則計地大小故伯國之軍不得同於侯也此據禮正法耳春秋之世鄭置六卿未必不為三軍

注賞謂宣揚　正義曰賞者善善之名也但上之善下則賜

之以財故遂以賞爲賜財之號此言天子以下皆有臣僕以輔佐其上而下之賞上不得奉以貨財唯賞譽延其善耳故知賞謂宣揚也　注謂大至則書　正義曰周禮有大史小史內史外史御史史官有五名知此史謂大史者以傳稱齊崔杼弒其君云大史書之知君舉則書皆大史書也　注瞽盲至風刺　正義曰周禮樂官大師之屬有瞽矇之職鄭玄云凡樂之歌必使瞽矇爲焉命其賢知者以爲大師小師鄭衆云無目眹謂之瞽有目眹而無見謂之矇無目是盲者也詩者民之所作采得民詩乃使瞽人爲歌以風刺非瞽人自爲詩也周語云天子聽政公卿至於列士獻詩瞽陳曲韋昭云公以下至上士各獻諷諫之詩瞽陳樂曲獻之於王是言瞽爲歌詩之事也　注工樂至之辭　正義曰儀禮通謂樂人爲工工亦瞽也詩亂自是箴諫而箴諫之亂或有非詩者如虞箴之類其文似詩而別且諫者萬端非獨詩箴而已詩必播之於樂餘或直讀其言以歌誦小別故使工瞽異文也周語云師箴瞍賦矇誦亦是因

事而異文耳　注規正諫誨其君　正義曰規亦諫也鄭云詩
箋云規者正圓之器以恩親正君曰規然則物有不圓者規之使圓
行有不周者正之使備猶規正物然故云規正諫誨其君　注庶
人至誹謗　正義曰庶人卑賤不與政教聞君過失不得諫爭得
在外誹謗之謗謂言其過失使在上聞之而自改亦是諫之類也
昭四年傳鄭人謗子産周語厲王虐國人謗王皆是言其實事
謂之爲謗但傳聞之事有實有虛或有妄謗人者今遂以謗
爲誣類是俗易而意異也周語云庶人傳語是庶人亦得傳言以
諫上也此有士傳言故别云庶人謗爲等差耳　注旅陳至貴尚
正義曰旅陳釋詁文也商旅于市謂商人見君政惡陳其不正之物
以諫君也易云商旅不行旅亦是商此云陳者彼云商旅不行故
以旅爲商此文連于市若以旅爲商直云商旅于市則文不成
義故以旅爲陳也劉炫云王制言巡守之事云命市納賈以觀民
之所好惡志淫好辟鄭玄云市典市者賈謂物貴賤厚薄也質
則用物貴淫則侈物貴此亦彼類彼上觀民此民觀上商陳此物

自爲求利非欲諫君但觀所陳則貴尚可見在上審而察之其過足以自改故亦爲諫類則齊鬻踊之比是也　百工獻藝正義曰周禮考工記云審曲面埶以飭五材以辨民器謂之百工鄭玄云五材各有工言百衆言之也則工是巧人能用五材金木水火土者也此百事之工各自獻其藝能以其所能譬喻政事因獻所造之器取喻以諫上即夏書所云工執藝事以諫是也

注逸書至之言　正義曰此在胤征之篇其本文云每歲孟春遒人以木鐸徇于路官師相規工執藝事以諫其或不共邦有常刑此傳引彼略去每歲孟春直引遒人以下乃以正月孟春結之殷勤以示歲首恒必然也孔安國云遒人宣令之官木鐸金鈴木舌所以振文教也周禮無遒人之官彼云其或不共邦有常刑是號令羣臣百工使之諫也木鐸徇路是號令之事孔言宣令之官杜必以爲行人之官者以其云徇於道路故以爲行人之官采訪詩謠者與孔宣令之官其事不異劉炫以爲杜不見古文以遒人爲宣令之官徇路求諫而規杜氏不見古文議如劉說

然杜之所解於義自通苟生異見其義非也　注官師至規正
正義曰杜意謂師爲長故以官師爲大夫言大夫是群官之長
大夫自相規正案孔安國云官衆衆官也更相規闕其意以師
爲衆杜必知官師是大夫者此云官師相規上云大夫規誨規文
既同故以爲大夫尚書文各所對故孔云官衆衆官也　師保萬民
正義曰師法也保安也言大公與民爲法而民得以安也尚書泰誓
武王數紂之罪云放黜師保孔安國云可法以安者放退之是謂
良臣爲民之師保之　王室至是賴　正義曰服虔本壞作懷解
云懷柔也翳蒙也賴恃也王室之不懷柔諸侯恃蒙齊桓之
匡正也孫毓云案舊本及賈氏皆作壞杜雖不注當謂王室之不
傾壞者唯伯舅大公是賴也上文不言桓公不得爲賴桓公也
仲虺至道也　正義曰尚書仲虺之誥云兼弱攻昧取亂侮亡推
亡固存邦乃其昌孔安國云弱則兼之闇則攻之亂則取之有亡形
則侮之有亡道則推而亡之　有存道則輔而固之王者如此國乃
昌盛此傳取彼之意而改爲之辭其言非本文也　注析羽至觀

之　正義曰周禮司常掌九旗之物名全羽爲旞析羽爲旌道車載旞遊車載旌鄭玄全羽析羽皆五采繫之於旞旌之上所謂注旄於干首也凡九旗之帛皆用絳道車象路也王以朝夕燕出入游車木路也王以田以鄙是其析羽爲旌王者游車之所建也鄭玄唯言全羽析羽有五采耳猶不辨羽是何羽周禮有夏采之官鄭玄云夏采夏翟羽色禹貢徐及貢夏翟之羽有虞氏以爲緌後世或無故染鳥羽象而用之謂之夏采其職云掌大喪以乘車建緌復于四郊鄭玄云明堂位曰有虞氏之旂夏后氏之緌則旌旗有是緌者或以旄牛尾爲之綴於橦上所謂注旄於干首者釋天云注旄首曰旌李巡曰以旄牛尾著旌首者也孫炎曰析五采羽注旌上也下亦有旒縿據彼諸文言之則羽旄者有五色鳥羽又有旄牛尾也言全羽析羽者蓋有全取其翅或析取其翮故有全析二名也繫此鳥羽牛尾而於干首猶自别有絳爲旒縿縣之於干令之旗纛尚然也此傳直言羽耳注不引全羽而以析羽解之者以全羽尊於析

羽齊人建以赴會當是羽之賤者故以為析羽不然則無以知之
計羽毛所用其費至多晋人自應有之而此年范宣子假羽毛
於齊定四年晋人假羽旄於鄭皆假之他國者或當制作巧
異故假而借觀之　行皈于周　正義曰此詩小雅都人士之
篇也注云城郭之域曰都言都人之士所行要皈於忠信其餘萬
民寡識者咸瞻望而法傚之　十五年　及向戌盟于劉　正義
曰荀庚孫良夫郤犨等來聘且尋盟皆直云及某盟不言
地者由在國與之盟也此言盟于劉者出國與盟故書其盟地猶
如晋侯與公出盟于長樗也釋例劉地闕蓋魯城外之近地也
注劉采至逆女　正義曰宣十年天王使王季子來聘傳稱劉康
公來聘是王季子食采於劉遂為劉氏此劉夏當是康公之
子即前年傳稱劉定公是也釋例曰天子公卿書爵此言季
卿書字又云劉夏非卿其實非大夫而云非卿者以名相配以
劉夏非卿稱名故云天子卿書字以決之傳稱卿不行故云劉
夏非卿以對之皆望經傳為義也或以為無爵卿書字　杜何意

於此獨舉无爵之卿也諸侯之娶言逆女此與桓八年皆言逆王后者天子无外所命則已成后矣故不言逆女也劉炫云例云天子公卿書爵此言卿書字者以其有爵則書爵无則書字傳稱官師即此劉夏釋例以夏爲士則夏此時似未有爵若夏是卿當書字傳言卿不行非禮則此禮本當使卿故以卿決之卿當書字夏非卿故書名例稱天子大夫書字但此禮不使大夫故不以大夫決之 注四同盟 正義曰周以成十八年即位其年盟于虛朾襄三年于雞澤五年于戚九年于戲十一年于亳城北凡五同盟言四者唯數襄公盟也 傳注傳言至其實 正義曰間非也不敢非兄是友于兄也不隱其實者謂怨隱實言無所隱諱故云不隱其實也注官師至非禮 正義曰祭法云官師一廟鄭玄云官師中士下士也釋例云元士中士稱名劉夏石尚是也下士稱人公會王人于洮是也是天子之官師非卿故劉夏從單靖公而譏卿不行也桓八年祭公來遂逆王后于紀經書祭公此云官師從單靖公唯書劉夏知劉

夏獨過魯告魯請公不至魯也祭公言來遂逆此劉夏不言來遂
逆者彼祭公命魯主昏則是因來遂逆此不命魯主昏直過魯告
耳故不言來遂也公羊穀梁赤皆直云過我也此公既行矣唯譏
卿之不行不譏王不親逆是知於禮天子不親昏使上卿逆而公
臨之故唯言卿不行非禮也釋例據此傳知天子當使公卿天子
不親逆也　注子馮叔敖從子　正義曰案今本蔿艾獵是孫叔
敖之兄馮是艾獵之子則馮是叔敖兄之子也杜集解及釋例皆
以蔿艾獵叔敖為一人馮是叔敖之子世本轉寫多誤杜當考得
其真　屈蕩為連尹　正義曰服虔云連尹射官言射相連屬
也若是主射當使養由基為之何以使由基為宮廄尹棄能
不用豈得為能官人也官名臨時所作莫敖之徒並不可解故
杜皆不解之　注詩周至為急　正義曰周南卷耳之篇也序云
后妃之志又當輔佐君子求賢審官故詩人述其意后妃嗟嘆言
我思得賢人置之使徧於列位是后妃之志以官人為急故嗟嘆
思之　王及至行也　正義曰后妃之志志在輔王求賢置之於公

卿以下之位耳非欲更別求賢置之於王位也但公卿以下尚欲使之皆賢豈欲王之不賢乎雖不欲他賢代王而欲使王行益賢也以周訓為徧言徧在列位故自王以下及六服之內大夫以上皆言之各以賢能居其列位是詩人所謂周行者也計后妃之意亦下及士但傳以士卑故指言大夫耳詩注以周行謂周之列位此注云周徧者斷章為義與詩說不同也此云能官人者謂能官用賢人為公侯以下王則天之所命非人所用兼言王者王居天位脩行善政則是為能官人故杜云自王以下各任其職　鄭人醢之三人　正義曰以文承司臣之下嫌其亦醢司臣故言三人不若人有其寶　正義曰我得不貪女得其玉是我與女二人各有其寶　十六年注踰月而葬速　正義曰四年七月夫人姒氏薨八月葬我小君定姒纔別月耳杜云踰月而葬速也今晉悼往年十一月卒此年正月葬積三月也杜亦云踰月而葬者踰越也所越有多有少俱是踰越之義故杜弘通兩解也注不書至故也　正義曰傳於會湨梁之下晉侯與諸侯宴乃言高厚

逃歸則高厚今訖乃逃也於今不書齊者以高厚逃歸晉人
怒之諸侯即有伐齊之志不與高厚得為來會公歸告廟歷
告所會不告高厚故不書也　注諸大夫至可知　正義曰公羊
以為溴梁之盟君若贅旒然穀梁云不曰諸侯之大夫大夫不臣
也皆以為此時諸侯微弱權在大夫諸侯皆在而大夫自盟政教
約信在於大夫其事不曰君也不由諸侯之大夫者刺大夫不臣
也賈服取以為說言惡大夫專而君失權也案傳荀偃怒使諸侯
大夫盟高厚以君臣不敵故使大夫盟之君使之盟非自專
也以齊人既有二心高厚歌詩不類知小國必有從齊者也詩諸侯
大夫本意欲盟高厚高厚雖已逃歸仍恐餘國有二故大夫
遂自共盟使同會之國皆一其志也雞澤之會文隔袁僑如
會故重言諸侯之大夫今此間無異文直言大夫即是上會
諸侯之大夫不言諸侯以可知故也　注邾莒至禮也　正義
曰十二年莒人伐我東鄙十四年莒人侵我東鄙十五年邾人伐
我南鄙是邾莒二國數侵伐魯也凡例云君不道於其民則稱

人以執知此二國君又皆無道於民故稱人以執之也諸侯不得相治故成十五年晉侯執曹伯僖二十八年晉人執衛侯皆書歸于京師此言以歸乃是自歸晉國故非禮也　注荀偃至在下　正義曰春秋之例征伐則主兵者爲先雖大夫爲將詩侯從之亦以主兵爲先僖二十七年楚人陳侯蔡侯鄭伯許男圍宋是其事也但禮卿不會公侯會伯子男可也方亦叔老可以會鄭伯故退荀偃於下所以特見此義故發傳云爲夷故也宋大於衛稱人而在衛下宋使大夫爲將故也　傳羊舌肸爲傳　正義曰成十八年傳士渥濁爲大傳此代士渥濁亦當爲大傳也宣十六年士會將中軍且爲大傳注云大傳孤卿彼以中軍之將兼之故知是孤卿也士渥濁以大夫居之今其後代渥濁亦是大夫也昭五年傳楚子稱叔向爲上大夫明此以上大夫爲傳也諸侯之有孤卿猶天子之有三公無人則闕故隨其本官高下而兼攝之也　而衛冀隆不違此意以士渥濁叔向等皆爲卿故爲大傳若是大夫何得居孤卿之任妄以難杜於義非也

注齊有二心故　正義曰歌古詩各從其恩好之義類高厚所歌之詩獨不取恩好之義類故云齊有二心劉炫云歌詩不類知有二心者不服晉故違其令違其令是有二心也　注齊為至從者　正義曰荀偃不言齊有異志而云諸侯有異志故解之以高厚若此故知小國必當有從者抱疑諸侯有異志不獨疑齊故高厚雖逃猶自諸國共盟也　注夷平至鄭伯　正義曰春秋於魯事所記不與外事同者於外則依實而言於魯則言不以實不實者魯國大小是宋衛之匹其常會序列當在宋下衛上及其書策皆云公會某侯雖會霸主亦魯在其上大夫出會魯亦在先如此者君主之言所以為文其言固當有異耳以主君之故先魯而後他國魯非實在先也傳稱在禮卿不會公侯而魯卿每會公侯春秋無譏文元年公孫敖會晉侯于戚是也杜云體例已舉據用魯史成文是春秋無譏既常不譏無以示可否之義故於此變文以示例特言書曰是仲尼新意舊史當書荀偃在前今仲尼改之不先書其

之荀偃而書後至之鄭伯以當時共伐許者皆是諸侯之大夫義取與鄭伯尊卑皆平得會鄭伯故也言後至之鄭伯者三月會于溴梁夏公至自會則鄭伯亦已歸矣五月之下始書伐許鄭伯聞將伐許乃從諸侯之師是諸侯謀伐已定鄭伯始來從之故杜言後至也　注禘祀至吉祭　正義曰僖三十三年傳云凡君薨卒哭而祔祔而作主特祀於主烝嘗禘於廟如彼傳文則既祔之後可以爲烝嘗也閔二年五月吉禘于莊公以其時未可吉書吉以譏之此年正月晉已烝于曲沃仍云未得禘祀知此禘祀是三年喪畢之吉祭也　圻父　正義曰此詩小雅篇刺宣王之云圻父予王之爪牙朝轉予于恤靡所止居注云宣王之末司馬職廢此勇力之士責司馬云我乃王之爪牙之士當爲王閑守之衛女何移我於憂使我無所止居乎謂見使從軍與姜戎戰於千畝而敗之時也　注鳩集也　正義曰釋詁云鳩聚也聚亦集之義國有兵寇則民人不得集聚也　十七年注宣公也四同盟　正義曰經不書葬故詳言其謚號以成十

八年即位其年盟于虛朾襄三年于雞澤五年于戚九年于戲十
一年于亳城北十六年于溴梁皆魯邾俱在凡六同盟沈氏云
去虛朾之盟又不不數溴梁故為四劉炫以為杜氏誤非也　注
暴亂至來告　正義曰傳說此事文在冬下知其實以冬出經
書在秋故知追以秋告實冬出而告以秋明以華臣始作亂時
來告也但傳因華臣之出本其懼罪之由故於冬之下追言華
閱卒耳其實華閱之卒或在九月之前華臣弱其室殺其宰當
在九月内耳　傳親遂至為厲　正義曰蒯與其父共逐其君
則是身親為惡故言親遂而君爾父為厲者父為惡首故以
惡鬼罵之　注孫蒯不書非卿　正義曰經書他國征伐例書元
帥而已此經已書石買繼蒯是卿亦不書杜為此注者蘇氏云
孫氏世為上卿蒯若是上卿應書蒯不書石買故云非卿也或
可事由孫蒯故決之　君賜不終　正義曰來唁是君之恩賜使
賤者唁是為惠不終也服虔云言君義已故來唁之是惠賜也
謂已無死不以義望已是不終也　不如蓋之　正義曰服虔

云蓋覆蓋之言左師無鷹鸇之志而蓋不義之人故尤之此未必然正是左師諱國惡恥聞於外故蓋之耳非是畏華臣也

為巳短策　正義曰服虔云策馬撾也自為短策逼華臣之門助御者擊馬而馳恐之甚也必為短策者私助御者不欲使人知也

注闔謂門戶閉塞　正義曰月令仲春脩闔扇鄭玄云用木曰闔用竹葦曰扇是闔為門扇所以閉塞廬舍之門戶也

注斬不至升布　正義曰喪服斬衰裳傳曰斬者何不緝也馬融云不緝不緶也謂斬布用之不緶其端也衰用布為之廣四寸長六寸當心故云有衰前也喪服傳曰衰三升鄭玄云布八十縷為升然則傳以三升之布布之最麤故謂之麤也以麤布為衰而斬之故以麤縗斬為文之次

苴絰帶杖菅屨　正義曰喪服云苴絰杖絞帶此傳帶不言絞亦當為絞帶也若要帶則謂之絰故喪服注云麻在首在要皆曰絰喪服傳曰苴絰者麻之有蕡者也苴杖竹杖也絞帶者繩帶也馬融云蕡者枲實枲麻之有子者其色麤惡故用之苴者麻之色鄭玄士

喪禮注云苴麻者其貌苴服重者尚麤悪喪服及此傳経帯杖三者皆在苴下言其色皆苴也経帯用麻杖用竹麻竹雖異而其苴則同故三者共蒙苴也鄭玄云麻在首在要皆曰絰此言絰者謂首絰也凡喪服冠纓帯屨皆象吉時常服但變之使麤悪耳其衰與絰是新造以明義故特為立其名衰之言摧也絰之言實也明孝子之心實摧痛故制此服立此名也衰當心絰在首獨立名於心首者心是發哀之主首是四體所先故制服以表之要絰之下又有絞帯要絰殺首絰五分之一絞帯殺要絰亦然雖大小有三等而同用苴麻喪服杖在帯上此傳杖在帯下者喪服具明其服故杖在上然後言發帯冠繩纓此傳略言其禮欲明帯與絰俱用麻故杖在帯下喪服傳云菅屨者菅菲也菲者屨之別名故杜注云草屨也　注此禮至正文　正義曰喪服傳文及士喪禮記皆云居倚廬寢苫枕由歠粥朝一溢米夕一溢米是此禮與士喪禮略同其異者唯彼言枕由此言枕草耳然枕由者乃是禮記及喪服傳耳亦非喪服正文杜意言古禮来

必無梳草之法也居倚廬寢苫者鄭玄云倚木為廬在中門外東方北戶苫編槀也此初喪為然其既虞之後則每事有變具於禮文鄭玄云二十兩曰溢為米一升二十四分升之一知者古者一斛百二十斤一斗十二斤十二斤百九十二兩一升十九兩二分少八分米充二十兩更取一升分作百九十二分二十四分取一得八分添前十九兩二分是為二十兩也　注時之至譏之　正義曰雜記云大夫為其父母兄弟之未為大夫者之喪服如士服士為其父母兄弟之為大夫者之喪服如士服如彼記文則大夫與士喪服不同記是後人所記記當時之事令此晏子之老亦譏晏子所為非大夫之禮是時之所行士及大夫喪服各有不同也晏子實為大夫而行當時之士禮晏子反時以從正其家老不解謂晏子為失故據時所行而譏之也晏子其父始卒則晏子未為大夫言晏子為大夫者禮喪服大夫之子得從大夫之法　注晏子至家老　正義曰檀弓云魯穆公之母卒使人問於曾申曾申對曰哭泣之哀齊斬

之情饘粥之食自天子達然則天子以下其服父母尊卑皆同無大夫士之異晏子所行是正禮也言唯卿得服大夫服我是大夫得服士服又言已位卑不得從大夫之法者是惡其直已以斥時之失禮故孫辭略荅家老也家語曾子問此事孔子云晏平仲可謂能辟害也不以已是而駁人之非孫辭以辟咎義也夫家語雖未必是孔子之言要其辭合理故王肅與杜皆為此說鄭玄注雜記引此傳言晏子云唯卿為大夫此平仲之謙也言喪服服布麤衰斬衰三升義服斬衰三升半為母服齊衰四升正服齊衰五升義服齊衰六升降服大功七升正服大功八升義服大功九升降服小功十升正服小功十一升義服小功十二升緦麻十五升去其半鄭注雜記云士為父斬衰縷如三升半而三升不緝言縷之精麤如三升半成布而縷三升故云麤衰在齊斬之間鄭又云士為母衰五升縷四升為兄弟衰六升縷而五升鄭玄以雜記之文士為父母兄弟之服不得與大夫同皆縷細降一等其縷數與大夫同但雜記之文

記當時之制以當時大夫與士有異故為此解非杜義也　十八年注禮當至同盟　正義曰僖四年許男新臣卒傳曰葬之以侯禮也凡諸侯薨于朝會加一等諸侯命有三等男加一等葬之以侯禮此曹是伯爵與許男同當葬以公禮也彼許男之卒不書于師此言卒于師者釋例曰若卒于朝會或書師或書地者史之成文非義例所存也負芻以成十四年即位十五年盟于戚十七年于柯陵襄五年于戚九年于戲十一年于亳城北十六年于溴梁凡六同盟不數成公之盟溴梁是大夫去之是為三劉炫以杜為誤非也　傳注獻書至末臣　正義曰王制云五嶽視三公四瀆視諸侯則諸侯於河神其辭不得稱臣故解其意稱臣者以明上有天子言已是天子之臣以謙告神也曾祖曾孫者曾為重義諸侯之於天子無所可重曾臣猶末臣謙卑之意耳　注平陰至書圍　正義曰平陰城南有防有地形猶在杜觀其跡而知之也言塹防門而守之明是齊人自於門外作塹以固守也此平陰齊邑而言圍齊者沈氏云君

在故稱圍劉炫云宋下傳范鞅門于雍門又門于揚門及鄟門于東閭既門其三門即是圍事杜何知不以門于三門爲圍必以衞諸平陰爲圍乎今刪定知不然者宋上九年諸侯伐鄭傳稱門其三門而經不稱圍則攻門非圍也此傳云塹防門而守之則是被圍之道劉以門其三門爲圍而規杜氏非也　注脰頸也　正義曰說文云脰項也考工記云以脰鳴者又曰大體短脰數目顧脰公羊傳稱宋萬搏閔公絶其脰鄭玄何休皆以脰爲頸頸之與項亦一物也　乃弛弓　正義曰下云其右具丙亦舍兵則此是州綽弛弓也　甚雨及之　正義曰楚師南行有大雨從北而南逐及楚師　注歌者至彊弱　正義曰律呂雖有十二其風有八八風者乾風不周坎風廣莫艮風調震風明庶巽風清明離風景坤風涼兌風閶闔八方之風風別先有音曲揔吹律呂以詠八方音曲今師曠以律呂歌南風音曲南風音微不與律聲相應故云不競服虔以爲卯酉以北律呂爲北風以南爲南風與杜八風義違非杜義也　多死聲　正義曰服虔云南風

律氣不至故聲多死　注歲在至西北　正義曰歲星右行於天大率一歲行一次二十八年歲在星紀距此十一年卻而數之此年在豕韋豕韋一名娵訾當亥之次也周十二月夏之十月其月又建亥故曰多在西北　正義曰孟子云天時不如地利地利不如人和　注言天至人和　正義曰此同正義曰往年圍齊今以伐致傳既不說杜亦不解公羊傳曰此圍齊也何以致伐未圍齊也未圍齊則其言圍齊何抑齊也曷為抑齊為其亟伐也其意言往年同圍齊者實非圍齊故以伐致案傳攻平陰齊侯塹防門而守之則是兵實圍齊不得如公羊說也賈逵云圍齊而致伐以策伐勲也伐者加兵之名圍則伐內之別圍伐終是一事不得各有其勲何言策伐勲也但圍是伐內之別此言至自伐齊僖二十九年言至自圍許史異辭無義例　注世子至同盟　正義曰環以成十年即位十五年國佐盟于戚十七年自盟于柯陵十八年崔杼于虛朾襄三年世子光于雞澤五年世子光于戚九年世

子光于戲十一年世子光于亳城北不數成云之世世子光猶四
同盟言三者襄五年戚盟不書經故杜不數劉炫以爲杜誤非
也　傳注邾田至邾田　正義曰邾在魯南田在漷水北令更
以漷水爲界取邾漷北之田歸于魯也十六年命歸侵田此年正
邾魯之界則此田舊是魯界邾人取以爲已有今日使之歸魯
故曰取邾田也公羊傳曰其言自漷水何以漷爲竟也何言乎
以漷爲竟漷移也其意言邾魯以漷水爲竟漷水移入邾界
魯隨而有之賈服取以爲說言刺晉偏而魯貪案傳晉命歸
侵田此田邾先侵魯追令反本何晉偏而魯貪公羊之說不可
通也　注荀偃至之先　正義曰雜記云納幣一束束五兩
兩五尋鄭玄云納幣謂昏禮納徵也十个爲束貴成數兩兩者
合其卷是謂五兩八尺曰尋一兩五尋則每卷二丈也合之則四
十尺今謂之匹猶匹偶之云彼雖主說昏幣但經傳所言束帛
束錦者其束多少皆與彼同故云五匹爲束也吳子乘以十三
年卒乘獻此鼎於魯魯人因以其人名之謂之吳壽夢之

鼎令以此鼎賂荀偃也古之獻物必有以先之老子云雖有拱抱之璧以先駟馬謂以璧爲馬先也僖三十三年鄭商人弦高以乘韋先牛十二犒師謂以韋爲牛先也二十六年鄭伯賜子展先路三命之服先八邑謂以車服爲邑之先也皆以輕物先重物此錦璧可執馬可牽行皆輕於鼎故以璧馬爲鼎之先以輕先重非以賤先貴鼎價未必貴於璧馬也　癉疽生瘍於頭

正義曰說文云癉勞病也疽癰也癰腫也瘍頭創也然則傳言荀偃病此疽腫腫潰遂生創於頭杜云癉疽惡創略言其病創耳　百穀　正義曰穀之種類多言百舉成數也　注林鐘至爲名　正義曰月令季夏律中林鐘是林鐘六月之律名也周語云景王將鑄無射問律於伶州鳩對曰律所以立均出度也古之神瞽考中聲而量之以制度律均鐘百官軌儀賈逵云律謂六律六呂以均鐘大小清濁也考成也成平也平中和之聲度律呂之長短以立均鐘以成和平之聲而百官之道得象而儀之是言度律呂長短然後鐘鑄鐘聲應律遂以律名

鐘此鐘聲應林鐘故以林鍾為名　稱伐則下等也　正義曰
諸侯之銘當言時計功喬之伐齊也借人之力功非己有妨民
農務不可謂時二者既無可稱唯有從行征伐可得稱伐勞耳
伐雖可稱若稱伐則從大夫之例於三者為下等不足為功美
也　注終言之　正義曰知終言之者以云尸諸朝非禮下始
云五月齊靈公卒莊公即位若非即位之後豈得尸戎子於朝於
傳終言之　注無黥刖之刑　正義曰婦人淫則閉之於宮犯
死不得不殺而云婦人無刑知其於五刑之中無三等刑耳三等
墨劓刖也　三等之刑墨輕刖重故舉其輕重而略其劓也周禮謂之
墨尚書　謂之黥　黥墨為一故依尚書言黥也服虔云婦人從
人者也故不為制刑及犯惡從男子之刑也若與男子俱受黥刖
劓亦是婦人刑矣何獨主男子而婦人從之也劉難服云犯淫則
男子割勢婦人閉宮豈得從男子乎　注禮之至君命　正
義曰傳言禮也則兵　不伐　喪必有常禮禮有此法故聞喪即
還公羊傳曰還者何善辭也何善爾大其不伐喪也此受命乎

君而伐齊則何大乎其不伐喪大夫以君命出進退在大夫也何休云禮兵不從中御外臨事制宜唯義所在故善之是與左氏同也穀梁傳曰還者事未畢之辭也不伐喪善之也善之則何爲未畢也君不尸小事臣不專大名善則稱君過則稱已則民作讓矣士匄外專君命故非之也然則爲士匄者宜奈何宜墠帷而歸命乎介其意言待命乃還故杜言不必待君命所以排穀梁也注大路至服路　正義曰二十四年穆叔如周王嘉其有禮賜之大路與此並賜諸侯之卿其文皆云大路知大路天子所賜車之總名也周禮巾車王之五路有玉路金路象路革路木路又有服車五乘孤乘夏篆卿乘夏縵大夫乘墨車士乘棧車庶人乘役車又曰凡良車散車不在等者其用無常周禮有此文耳其封諸侯賜之以車則同姓以金路異姓以象路四衛以革路蕃國以木路其賜諸侯之卿則無文釋例曰周官王之五路及卿大夫士服車各有名又有良車散車不在等者其用無常謂此上五路之良散當以出賜故言其用無常也傳通稱王路金路爲

大路及賜曾穆叔鄭子蟜當是革路若木路所以封四衛及蕃
國之君也而亦曰大路者據變王之殊錫皆舉其摠名或云先
或云次當各自以就數爲差也杜言當是革路若木路者雖疑
不敢質謂當是此二路也必疑然者以服車稱車不稱路王若
賜之夏篆夏縵不應謂之爲大路名之曰大路必在五路之中
矣金路象路乃賜同姓異姓之國君不可以賜其臣而傳稱列國
之卿當小國之君固周制也位當小國之君則車亦可以同之
故疑是革路若木路也革路木路路之卑者亦稱大路者以變
王殊賜皆舉其摠名也若變之於君或稱先或稱次杜云以就
數爲差者三命之卿就數三再命之卿就數二故鄭賜子展先路
三命之服子產次路再命之服是也若其不然王賜叔孫穆子
其車若是夏篆夏縵即與常車無異何故生弗敢乘及死
乃請以葬也鄉飲酒禮者大夫之禮也工人卒歌主人獻工大
師則爲之洗鄭玄云大夫君賜之樂謂之大師爲之洗尊之也
彼尊君賜樂謂工師爲大夫師此尊王賜車謂王車爲大路其意

類於彼也。膏肓何休以天子車稱大路，諸侯車稱路車，大夫稱車。今鄭子蟜諸侯之大夫耳，當與天子士同，賜其車而名之曰大路非正也。孔子曰唯器與名不可以假人，名不正則言不順，於義左氏爲短。案周禮天子袞冕，上公亦稱袞冕；天子析羽爲旌，諸侯及大夫亦稱旌；又天子樂官稱大師，卿飲酒禮君賜樂亦稱大師。此皆名同於上，則卿大夫大路何獨不可同之於天子大路之名乎？何休之難非也。

是衛至乃登

正義曰：杜於此注皆周賈逵之說。服虔引彭仲博云：齊欲誅衛，呼而下，與之言，因可取之，無爲揖之復令登城。仲博以爲齊侯號衛，衛懟而下，云問守備焉，問衛之守高唐者，衛無恩信，故令守者以無備告齊侯，善其言，故揖之，乃命士卒登城。服虔謂此說近之。案傳之次第，衛在城上，號之乃下，是衛下也。問守備焉，問備也。若其別問餘人，當云問其守者，不得云問守備也。若齊侯揖之而命士卒登城，則士於此時已登矣，何故下文方云殖綽、工僂會夜縋納師也？衛已下城，齊侯不即執取者，或有所隔礙，不得取之。漢末曹

操與馬超對語徐晃與関羽對語皆𨿽敵交言而不能相取亦何
怪古之人乎　夜縋納師　正義曰二子因其無備先往城上乃
從城上縣繩納師　注四章至救助　正義曰控于大邦乃是載
馳五章而云四章者文十三年鄭子家賦載馳之四章義取控于
大邦意在五章而并賦四章故注已云四章以下故於此略之詩注
云極至也今衛侯欲求援引之力助於大國之諸侯亦誰因乎由誰
至乎関之故欲歸向之　注蹙猶援也　正義曰蹙者倒也
樹倒必援根故云蹙猶援也又是親之極孝為德之本於文尚猶
不哀必是不能愛人也已不愛人人亦不愛已人皆不愛必將喪家
知其不能保有宗嗣也　二十年注稱弟明無罪也　正義曰傳
言非其罪也則無罪之文明矣而云稱弟明無罪者賈逵以為稱
名罪其偪杜以鄭段有罪去弟以罪段今此存弟非是罪黃之文
也言此以排賈氏也　傳盟于至故也　正義曰於經服異則
稱同盟此齊成而盟不言同者往年齊與晉平盟于大隧是齊已
服於晉矣非於此始服故不言同也晉以齊既平和而召諸侯以

為此會傳解其為盟之意故云齊成也　注稱弟至二慶
正義曰稱弟者止為罪陳侯但陳侯之罪罪在信二慶故杜兼言
二慶耳稱弟不為罪二慶也釋例曰兄而害弟者稱弟以章兄
罪弟又害兄則去弟以罪弟身推此以觀其餘秦伯之弟鍼陳
侯之弟黃皆是兄害其弟者也秦伯有千乘之國而不能容
其母弟傳曰罪秦伯也歸罪秦伯則鍼罪輕也陳侯不能制禦臣
下使逐其弟傳曰言非其罪也非黃之罪則罪在陳侯亦互舉之
文也　賦魚麗之卒章　正義曰魚麗詩小雅物其有矣者謂
言魚有鱨鯊魴鯉并有旨酒也維其時矣者注云大平而後微
物衆多取之有時用之有道則萬物莫不多也　二十一年注二
邑至之辭　正義曰杜解地邑自為其例言在者指知其處言
有者以示不審此言二邑在高平者知其在高平郡界耳又言
有者並不審其處也釋例曰漆高平南平陽縣東北有漆鄉閭丘
高平南平陽縣西北有顯閭亭是二邑知在高平而不審其地故
言有也諸侯之臣入其私邑而以之出奔者皆書為叛衛孫林父

宋華亥宋公之弟辰晋趙鞅荀寅等皆書為叛叛者背其本國之大辭也此及莒牟夷邾黑肱亦以邑叛本國但叛來歸魯據其至魯為文而言來奔内外之辭言俱是叛而辭異耳且傳謂庶其等為三叛人明其亦是叛也

注盈不至罪之

正義曰宣十年齊崔氏出奔衛書其族也文八年宋司城來奔舉其官也十四年宋子哀來奔稱其字也皆為無罪不書其名則書名為罪之文據傳盈無大罪故辯之不能防閑其母以取奔亡稱其名罪之也不能防閑其母詩序文也周禮虎賁氏舍則守王閑又校人謂馬廄為閑則閑是欄衛禁防之名也禮之防失若彼閑然論語云大德不踰閑閑謂禮法言不能以禮法禁防母也

傳注計公至二人

正義曰杜以姑為父之女昆弟姊是已之女昆故計公之年以為寡者二人劉炫云案十二年傳云無女而有姊妹及姑姊妹則古人謂姑為姑姊妹也而知此姑姊是襄公父之姊止一人耳不得云寡者二人今知不然者以襄公成公之子成公即位二年已令大子公衡為質於楚及宋逃歸則公衡年十五六矣成公即位之初

巳三十有餘計至於今七十許歲其姉雖存年極老矣安可以妻庶期劉以為成公之姉而規杜氏非也　子盡　正義曰鄭玄服虔皆以盡為何不也　注給其至之人　正義曰昭七年傳曰皁臣輿輿臣隷隷臣僚僚臣僕僕臣臺馬有圉牛有牧自皁至牧有八等也其次謂庶其從者當給之以八等之人　軌度至徵也　正義曰謂使其臣信有軌則法度可明以為徵驗也劉炫云軌法也行依法度而言有信也　夏書至念也　正義曰念茲在茲謂念此所行之事欲施於他得可施之在於此身然後行之釋茲在茲釋除也謂有所除治於此前人之上亦當在此身無有罪過然後除之名言茲在茲謂名此事言此事亦皆當令可施於此猶若名此除盜言此除盜已能除盜是除盜之事可施於此若已不能除盜遣人除盜是不可施於此也允出茲在茲允信也謂誠信之心出於此身則善亦誠在此身也信由已壹謂信實由已專壹然後善功可念此斷章為義故與。尚書本文稍殊　庶其非卿也　正義曰公羊穀梁皆以邾莒之徒小國不合有卿釋例曰公侯伯子男及其卿大夫士命數周官具有等差當春秋時漸已變改是以仲尼丘明據時之宜仍其行事從而然之不復與周官同而先儒考合周官禮記各致異端今詳推經傳國之大小皆據當時土地人民不復依爵故書秦楚之卿而略於滕薛也諸侯大國之卿皆必有命固無所疑其總名亦曰大夫也故經傳卿大夫之文相涉晉殺三卿而經書大夫邢丘之會傳稱大夫亦皆卿也蜀之盟齊國之大夫湨梁之盟小邾之大夫此不命一命之大夫故不書也命者謂其君正爵命之於朝其宮室車旗衣服禮儀各如其命數則皆以卿禮書之於經衛之於晉不得比次國則邾莒杞鄫之屬固以微矣此等諸國當時附隨大國不得列於會者甚衆及其得列上不能自通於天子下無暇於備禮成制故與於會盟戰伐甚多唯曹之公子首得見於經其餘或命而禮儀不備或未加命數故皆不書之也邾畀我之等其奔亡亦多所書唯數人而已知其合制者少也又邾庶其等傳皆言非卿以地來雖賤必書紀裂繻來逆女

傳曰卿爲君逆知此等微國亦應有卿有卿則應書於經從以卑陋制不合禮失禮之例杞降爲夷華耦具官君子貴之至於此等卿而不備禮亦所以見其略賤也諸儒以爲邾莒無命卿既自違傳列貫又云春秋之序三命以上乃書於經穎氏以爲再命稱人傳曰叔孫昭子三命踰父兄昭公十年昭子始加三命而先此叔孫皆自見經知所書皆再命也是杜大明春秋書卿名氏之例以邾莒自當有卿若有再命則書名氏其不書於經皆爲禮不備故應其非卿謂非再命之卿也 注繭緜衣 正義曰玉藻曰纊爲繭縕爲袍鄭玄云衣有著之異名也纊謂今之新緜縕謂今纊及舊絮也然則繭是袍之別名裯衫緜著袍故云緜衣也置冰牀下使有寒氣其上加緜衣暑月多衣所以示疾 以范至政矣 正義曰柏是黶之謚大史稱主誣欒盈言盈以范氏爲死柏主逆范氏之意以柏主已死其家衰弱故陵侮欒氏而專晉國之政矣 秋欒至叔羆 正義曰如此傳文則欒盈出奔之後宣子始殺十子也晉語云平公六

衰 欽 未詳

年箕遺及黄淵嘉父作乱不克而死云乃召陽畢陽畢對曰論逞志而虧君以乱國者之後而去之是遂威而遠權也欒氏之誣晋國久矣欒書實覆宗殺厲公以厚其家若滅欒氏則民威矣云許諾盡逐羣賊而使祁午及陽畢曲沃逐欒盈如國語則先殺十子後逐欒盈與此異者賈逵云十子皆欒盈之黨知范氏將害欒氏故先為之作難討范氏不克而死然則欒盈城著十子在國謀殺宣子不克宣子先殺之乃使適著逐欒盈此傳先言欒盈後言其黨耳非是欒盈既奔之後殺十子也此傳言城著而遂逐之則是就著逐欒盈國語言適曲沃逐欒盈者曲沃是欒氏之采邑蓋就著逐其身適曲沃逐其家也　優哉游哉　正義曰此小雅采菽之篇案彼詩云優哉游哉亦是戾矣與此不同者蓋師讀有異　有覺至順之　正義曰此詩大雅抑之篇　惠我至保之　正義曰此詩周頌烈文之篇　注逸書至安之　正義曰此引書曰夏書徵征之文也彼作聖有謨訓此云惠訓

不僭則本當作訓但杜以傳作聖有謩勲故順傳文解之劉背傳文而規杜氏非也　鯀殛而禹興　正義曰尚書稱堯使鯀治水九載績用不成乃求得舜而徵用之歷試三年乃禪以位舜典美舜之功象以典刑之下始云流共工于幽洲放驩兜于崇山竄三苗于三危殛鯀于羽山四罪而天下咸服孔安國云作者先叙典刑而連引四罪明皆徵用所行於此揔見之是言舜初被徵用先誅鯀而後舉禹故言鯀殛而禹興僖三十三年傳曰舜之罪也殛鯀其舉也興禹洪範云鯀則殛死禹乃嗣興皆言誅鯀乃舉禹而鄭玄注尚書以爲禹治水既畢乃流四凶言其先舉禹而後誅鯀既違經傳之文且復於理不當故王肅難云禹治水而後以鯀爲無功而殛之是爲用人子之功而流放其父則爲禹之勤勞適使父殛舜失五典克從之義禹陷三千莫大之罪進退無據過亦甚哉　注大甲至大德　正義曰大甲湯孫也本紀文也書序云大甲既立不明伊尹放諸桐宮三年復歸于亳思庸伊尹作大甲三篇是大甲能自改悔伊

尹復之事也　注大君謂天王　正義曰進言於王而稱大君知大君謂天王也大君君之大者故以為天子易云大君有命亦謂天子也　注尉氏討姦之官　正義曰歸死尉氏猶言歸死於司敗明尉氏主刑人故為討姦之官周禮司寇之屬無尉氏之官蓋周室既衰官名改易於時有此官耳其司敗亦非周禮之官名也　使司至氏者　正義曰周官司寇掌詰姦慝刑暴亂當使司寇而此云司徒者以司徒掌會萬民之卒伍以起徒役以此追胥以此追寇盜是其所掌獲得罪人乃使司寇刑之耳會朝至亂也　正義曰經訓常也法也會以訓上下之則朝以正班爵之義是會朝為禮之常法也政待禮而行猶人須車以載禮是政之車輿也禮運云政者君之所以藏身也言政行於外身藏其中政是身之所守也怠慢於禮則政無車無車則政不行是失政也君既失政則身無所守失政則身不立是其所以亂也　注四子晉大夫　正義曰國語陽畢對公許諸盡逐群賊謂此之子為至勇也　正義曰子乍宣子也子能為彼

禀氏待遇其人如禀氏彼荷子之恩乃亦為子之勇矣　識其枚數　正義曰十八年傳云以枚數闔枚謂馬檛以馬枚數門扇之枚此云識其枚數枚謂門扇之枚彼　時數得其數則二枚不同令人數物猶云一枚二枚也　二十二年傳注公頻至不書　正義曰經書正月公至自會則武仲初發云仍未至傳言武仲如晉正為御叔傲使不論聘晉之意故杜原公之未歸而遣使使又不書於經知是魯之守臣使適晉也二十六年鄭伯朝晉而歸使公孫夏謝不敢知此亦是為公謝不敢非公命故不書也服虔云武仲非卿故不書前年傳武仲為司寇後年出奔書於經此年不得云非卿也　注武仲至之聖　正義曰周禮大司徒以鄉三物殺萬民一曰六德知仁聖義忠和鄭玄云聖通而先識也尚書洪範云睿作聖是聖者通識之名時人見其多知故以聖人言之非為武仲實是大聖人也尚書稱惟狂克念作聖惟聖罔念作狂詩稱人之齊聖皇父孔聖毋氏聖善皆非大聖　注古者至用殺（教）　正義曰周禮大司徒云凡建邦國諸公之地方五百里其

食者半諸侯之地方四百里諸伯之地方三百里其食者三之
一諸子之地方二百里諸男之地方百里其食四之一鄭玄云
其食者半三之一四之一者土均均邦國地貢輕重之等必
足其國禮俗喪紀祭祀之用乃貢其餘大國貢重正之也
小國貢輕字之也此是諸侯之國貢王之差也司勳職云凡頒賞地三
之一食鄭玄云賞地之稅三分計稅王食其一二全入於臣此采
邑貢王之數也然則諸侯之臣受其采邑者亦當三分之一而
歸於公故云古者家其國邑言以國邑為已之家有貢於公
者是減也而貢之故以重賦為罰言重倍其賦當以三分而
二入公也　注少正鄭卿官也　正義曰十九年傳云立子產為
卿知少正是鄭之卿官名也春秋之時官名變改周禮無此名也
注朝正　正義曰言以會歲終則歲事終以至正月朝正也朝
正二十九年傳文也　注酒之至嘗酎　正義曰月令孟夏天
子飲酎用禮樂鄭玄云酎之言醇也謂重釀之酒也春酒至此
始成與群臣以禮樂飲之於朝正尊卑也彼言飲酎當是夏祭

之後此言嘗酎謂見於夏祭故云與執膳焉謂祭未受胙肉也　注口實至而已　正義曰但有徵責之言實於口也服虔云實謂謰讓也　注四時至盛也　正義曰少牢饋食禮者諸侯之大夫時祭之禮也是時祭用少牢令公孫黑肱使黜官薄祭故時祭用特羊殷祭乃少牢諸侯之大夫止用少牢而禮器云君子大牢而祭謂之禮匹士大牢而祭謂之攘鄭玄云君子謂大夫以上是大夫之祭有用大牢時也又雜記云上大夫之虞也少牢卒哭成事附皆大牢據此二文大夫得用大牢者禮器之文據天子大夫故也雜記據喪祭故進用一等士喪禮士遣奠用少牢是也大夫無禘祫而云殷三年祭者禮記言大夫有善於君祫及五世是大夫有功或得禘祫也劉炫云禮器云君子大牢而祭謂之禮匹士大牢而祭謂之攘鄭玄云君子謂大夫以上是大夫祭有用大牢時也雜記云大夫之虞也皆少牢卒哭與祔皆大牢喪祭有大牢明吉祭亦有也此言特羊必是時祭殷以少牢明是三年一為大祭猶天子諸侯禘也禮大夫時祭少牢大祭大牢

令黑肱全滅之也　詩曰至有𠶷　正義曰詩大雅抑之篇侯

雅也言謹慎尒身唯在依法度用此以戒不億度之事鄭子

張其有此詩之義𠶷言生在敬戒是慎法度也貴而能貧是

戒不虞也　注父殺至明也　正義曰若游氏報殺此人則

人知其父被殺其父所以見殺爲奪人妻故也報殺則人知其

父非是父之行不備益明也

春秋正義卷第二十二

計一万九千四百四十四字

之後此言嘗酎謂見於夏祭故云與執燔焉謂祭末是時

肉也　注曰實至而已　正義曰但有微直之言實責曰也服虔云

實謂譴讓也　注四時至盛也　正義曰少牢饋食禮者諸

侯之大夫時祭之禮也是時祭用少牢令公孫黑肱使黜官薄祭

故時祭用特羊殷祭乃少牢諸侯之大夫止用少牢而禮器云君

春秋正義卷第二十三

國子祭酒上護軍曲阜縣開國子臣孔穎達等奉

勑撰

襄公

二十三年注五同盟　正義曰匃以七年即位九年盟于戲十一年于亳城北十六年于溴梁十九年于祝柯二十年于澶淵皆魯杞俱在是五同盟　注畀我至故書　正義曰杜從賈說以為庶其之黨同有竊邑叛君之罪劉炫規過云杜此注云庶其之黨庶其奔魯三年若是其黨邾人即應討之何因至今始大奔庶其以邑奔嘗魯人還以賜之畀我不得彼邑竊邑之狀復何在焉釋例又曰小國之卿或命而禮儀不備或未加命數故不書之邾畀我之等其奔亡亦多所書唯數人而已知其合制者少也如彼所說又以畀我是卿何為兩說自相矛楯乎炫以為釋例是集解非今刪定知不然者原杜之意以二十一年邾庶其竊邑來奔去此既近邾更無變今畀我來奔必是庶其之黨同有竊邑叛君之罪春秋之例命卿有罪出奔皆書名畀我書名罪其與庶其同黨非謂畀我非命

卿與釋例不達劉不曉杜旨妄爲規過非也　注書名至義例

正義曰被殺書名是罪之文故以專國殺君爲二慶罪狀成十七年晉殺其大夫郤錡郤犨郤至襄四年蔡殺其大夫公孫姓公孫霍皆不言及文九年晉殺其大夫士穀及箕鄭父與此並言及傳無其說知是史異辭無義例也　注兵敗至言叛　正義曰案傳欒盈潛入曲沃乃率曲沃之甲以入晉都及敗又入于曲沃潛入之時晉人不覺及敗後更入晉人以其狀告故先書復入于晉後言入于曲沃謂其敗而後入故云兵敗奔曲沃也不言叛者叛謂以邑叛屬他國欒盈既入曲沃據曲沃之衆與君戰爭兵敗而死終亦不附他國故不言叛也然則昭二十一年宋華亥入于宋南里以叛定十一年宋公之弟辰入于蕭以叛十三年晉趙鞅入于晉陽以叛荀寅入于朝歌以叛皆非叛屬他國而並書叛者彼皆與國相拒不勝而即出奔得歸乃言復國皆有叛屬他國之意故本國皆以叛告此欒盈與君爭勝不勝即死未有叛屬他國之意故晉人不以叛告也

注兩事故言遂　正義曰遂者因上事生下事之辭是兩事故曰遂

僖二十八年晉侯侵曹晉侯伐衛亦是一舉而為兩事不言遂者於彼注云再舉晉侯者曹衛兩來告然則此言遂者齊人來告以齊告為文故言遂也　注書名至罪之　正義曰書名是罪之文案傳紇為孟氏所譖其奔非紇之罪故杜以阿順季氏廢長立少為紇之罪狀也　注輕行至有事　正義曰莊二十九年傳例曰凡師有鐘鼓曰伐無曰侵輕曰襲是輕者舍其輜重倍道輕行掩其不備曰襲傳言齊侯還自晉不入遂襲莒經不言遂者閒有他事故也若然僖六年夏公會齊侯云云伐鄭秋楚人圍許諸侯遂救許二十八年公會晉侯云云于溫天王狩于河陽云云諸侯遂圍許彼亦閒有他事而言遂者兩事言遂取其省文彼二者公皆親在事不待告故遂承上文揔言諸侯遂行此書齊事雖告稱遂行襲莒亦不可書遂為閒有數事與前文隔絶故也

傳注禮諸至責之　正義曰杞孝公晉平公之舅也尊同則相為不降平公於禮為舅當服緦麻三月但緦服既輕其恩不過鄰國故傳言禮為鄰國闕也杜言諸侯絶期者據禮之正法言諸侯尊

降其親雖有本服期者亦當為之闕故以鄭國責之禮父在為母服期喪絕旁期非母也　君子至于常　正義曰杜言慶氏以陳叛叛不書不以告則傳載君子之言其意不為經也君子自論慶氏之罪所為不義不可放肆以為宜其誅滅故引尚書康誥言天命之不于常有義則存無義則亡慶氏族有二卿為不義之故而並喪亡故君子論其事傷之也服虔以為傳發此言為不書慶氏以陳叛為楚所圍稱國以殺不成惡人肆其志也服意見元年圍宋彭城追書繫宋不登叛人謂此亦宜然故為此解然叛是大罪若書為叛其惡益明何當匿其罪名謂之不可肆也若慶氏不可放肆故不書其叛則林父華亥趙鞅荀寅之徒豈皆可使放肆而書其叛乎且傳文不言書經之意知其不為經也故杜以為叛不告故不書耳　晉將至媵之　正義曰晉將嫁女為吳之夫人齊以女為媵使析歸父送媵女於晉令與適俱行也禮媵同姓適異姓今晉嫁女於同姓齊以異姓為媵皆非禮也而不言非禮者但傳本主說樂盈不言事之可否　注悼子至聽從　正義曰十三年傳云

荀罃卒十四年傳言盈生六年而武子卒是其少也知悼子荀首
之孫中行吳荀林父之曾孫首是林父之弟首爲知氏林父爲中
行氏是同祖也悼子是荀吳二從叔父故相聽從計悼子年十六
不得爲十七是故沈氏云後人傳寫誤劉炫以此而規杜氏非也
程鄭嬖於公 正義曰鄭雖非卿亦是彊族言嬖於公見其不助
欒氏 注七輿官名 正義曰傳十年傳言七輿大夫杜云侯伯七
命副車七乘謂副車每車有一大夫主之則此七輿大夫亦爲
主副車之官也劉炫云若是主公車則當情親於公不應曲附欒
氏服虔云下軍輿帥七人炫謂服言是 且欒至民柄 正義曰
欒氏多怨言易克既有爲利之權又執民之八柄 注賞罰爲民
柄 正義曰周禮大宰以八柄詔王馭群臣一曰爵二曰祿三曰予
四曰置五曰生六曰奪七曰廢八曰誅此八者爵祿予置生是賞也
奪廢誅是罰也賞罰二事分爲八名此時臨與敵戰唯賞罰而已
故以賞罰言之鄭玄云柄所秉執以起事者也然則柄以器物爲喻
若用斧之執其柄也 注夫人有杞喪 正義曰隱元年傳說葬

之節云士踰月外姻至則姻是外親之揔名杞孝公卒夫人有兄弟之服是有杞喪也傳言云有姻喪注言夫人有杞喪者下文欒王鮒使宣子墨縗冒絰詐為夫人故也案經葬杞孝公之下始書欒盈復入于晉則欒盈之入在孝公葬後杜解諸侯既葬除服而夫人有服者葬杞孝公書魯使去之日欒盈入晉當在葬杞孝公之前故夫人猶有服故得詐為之也　墨縗冒絰　正義曰夫人為其兄弟當大功喪服大功布衰裳牡麻絰冒絰者言以絰冒其首也欒王鮒使宣子詐為夫人孝服也　奉公以如固宮正義曰晉語云范宣子以公入于襄公之宮蓋襄公有別宮牢固故謂之固宮　注蓋犯至其罪　正義曰周禮司厲職云其奴男子入于罪隷女子入于舂槀鄭玄云奴從坐而没入縣官者男女同名杜用鄭說以無正文故云蓋以斐豹請焚丹書知以丹書其籍近世魏律緣坐配没為工樂雜戶者皆用赤紙為籍其卷以鉛為軸此亦古人丹書之遺法　注豹欒氏族　正義曰服虔云豹盈之子俱無文也計欒盈宣子之外孫胥午謂為孺子未得有子已堪戰

十九年欒魴已帥師伐齊必非欒盈子故杜以為欒氏族請欒魴為欒氏族以欒樂為雜人不知杜意何故也　申鮮虞之傳摯為右　正義曰俗本多云申鮮虞之子今定注云傳執摯申鮮虞之子若傳先有子字無煩此注故今定本皆無　注左翼曰啟　正義曰左翼曰啟右翼曰胠賈逵以為此言或當有成文也且此傳上下先驅申驅是前軍也大殿是後軍也明啟胠是在旁之軍說文云胠掖下也胠是在旁明矣凡言左右以左為先知啟是左也名之曰啟或使之先行詩云以先啟行服虔引司馬法謀帥篇曰大前驅啟乘車大晨倅車屬焉大晨大殿也音相似如服言古人有名軍為啟者　注張武軍謂築壘壁　正義曰宣十二年傳稱楚既戰勝潘黨請築武軍昭十三年傳子干帥陳蔡之師入楚陳蔡請為武軍蔡公曰欲速且役病矣請藩而已乃藩為軍以此知武軍謂築壘壁也張謂張設築作之具服虔云張設旗鼓也　注趙勝至大夫　正義曰昭二十二年傳曰荀吳略東陽遂襲鼓滅之鼓在鉅鹿居山之東山東曰朝陽知東陽是寬大之語總謂晉之山東

故爲魏郡廣平以北二年齊晏弱城東陽以偪萊襄八年吴伐魯克東陽而晉齊魯皆有東陽名同而實異服虔以東陽爲魯邑繆之甚矣東陽之師謂下文叔孫豹所帥者也　注救盟主故曰禮

正義曰公羊傳曰曷爲先言救而後言次先通君命也僖元年齊師宋師曹師次于聶北救邢公羊傳曰曷爲先言次而後言救君也其意言君則進止自由故先次後救臣則先通君故先救後次賈氏取以爲説謂此傳云禮者言其先救後次爲得禮也釋例曰所記或次在事前次以成事也或次在事後事成而次也皆隨事實無義例也叔孫豹次于雍榆傳曰禮者善其宗助盟主非以次爲禮也齊桓次于聶北救邢亦存邢是其器用師人無私見善不在次也杜以此故言救盟主故曰禮所以明異舊説也　注獻酬至爲旅　正義曰案鄉飲酒禮主人席於阼階上西面賓席於堂户西南面介席於西階上東面衆賓席於上賓之西南面初賓介及衆賓至立於門外東面主人出迎于門外西面主人延賓入及介衆賓等立於西階下主人揖賓升主人酌酒於阼階上拜獻賓賓西階上拜受飲卒爵酌酒以

酢主人主人阼階上飲卒爵又酌酒先自飲以酬賓賓拜受醻
酒奠于薦東賓降主人又酌酒於西階上獻介介於西階上受爵
飲卒爵酌以酢主人主人於西階上受爵飲卒爵介降主人又酌酒
於西階上獻衆賓衆賓飲訖降引樂工入歌詩主人獻樂工又引笙入
立於堂下主人獻笙師訖主人及賓介衆賓等皆升就席乃立相者
為司正使弟子一人舉觶於賓賓醻主人主人酬介介酬衆賓是為
旅也杜言獻酬禮畢者謂獻醻賓介及衆賓禮畢也言通行為
旅者謂一人舉觶於賓旅衆相醻通至於下案鄉飲酒禮未旅以
前賓介皆立氏傳云大夫皆起則季氏飲大夫酒未必純如鄉飲酒
禮則獻酬事訖大夫皆坐然則既獻召悼子者謂獻醻紇及大夫
訖而召悼子至旅醻之時而召公鉏　若能至民可也　正義曰
悼子既為適將承季氏之後故謂悼子為季氏下言為孟孫其子
意亦然富倍季氏言可過悼子也女之田不軌更獲罪戾非徒貧賤
而已是為倍下民故杜云禍甚於貧賤也　孟氏之御騶　正義曰
成十八年傳曰程鄭為乘馬御六騶屬焉使訓羣騶知禮注云六騶

六閑之騶則騶是掌馬之官蓋兼掌御事謂之御騶　信有力於臧氏矣　正義曰不應得而得之則彼荷其恩故功力多也　立于戶側　正義曰喪大記云大夫之喪主人坐于東方或立于戶側則在室戶之東西面立也禮記云坐此云立者以季孫來故立耳　孟孫至石也　正義曰治病藥分用石本草所云鍾乳礬磁石之類多矣　夫石猶生我　正義曰服虔云夫謂孟孫也桓十三年傳夫固謂君夫豈不知服虔云夫謂鬭伯比也二十六年傳夫不惡女乎服杜並云夫謂太子也其年又曰夫獨無族姻乎杜云夫謂晉也三十一年傳夫亦愈知治矣杜云夫謂尹何皆謂所斥前人為夫此言之類也　注正夫遂正　正義曰七年傳稱叔仲昭伯為隧正謂南遺請城費吾多與而役是役是役夫遂正所主知此正夫是遂正也遂正當屬司徒臧氏為司寇而借之於臧氏者蓋當時臧氏兼主掌之　注魯南城東門　正義曰蓋舊名猶在相傳如此也且邾在魯之東南奔邾出此門為便　注姪娣至昆弟　正義曰釋親云妻之姊妹同出為姨孫炎曰同出俱已嫁也然則據父言之謂之姨

據子言之當謂之從母但子效父語亦呼爲姨姨子昆弟即喪服從母昆弟是也故曰姨昆弟　注大蔡大龜　正義曰漢書食貨志云龜爲蔡論語云臧文仲居蔡家語稱漆彫平對孔子云臧元氏有守龜其名曰蔡文仲三年而爲一兆武仲三年而爲二兆是大蔡爲大龜蔡是龜之名耳鄭玄云出蔡地因以名焉非也　注言應有後　正義曰禮天子封諸侯以國諸侯賜大夫以族天子不滅國諸侯不滅族有小罪則廢其身擇立次賢使紹其先祀論語云興滅國繼絶世謂此也必有大罪乃得滅之周禮大司馬云外内乱鳥獸行則滅之是也武仲自言罪輕不及於不祀言其應有後也　注二勲文仲宣叔　正義曰哀二十四年傳曰晋侯將伐齊使來乞師曰昔臧文仲以楚師伐齊取穀臧宣叔以晋師伐齊取汶陽寡君欲徼福於周公願乞靈於臧氏是二勲謂文仲宣叔也　季孫召外史　正義曰周禮外史掌書外令掌四方之志今季孫召外史蓋嘗亦立此官也　夜入旦千[于]之隧　正義曰既入而又得出宿知所入非城邑也故杜以爲狹道檀弓説此事云齊莊公襲莒于奪杞梁死焉

言于奪則當爲地名鄭玄引此傳云隧奪聲相近言其與此一事則謂此亦爲地名若是地名不得云旦于之隧即如記文蓋當旦于之旁別有奪地非此旦于之隧也　注婦人至賤也　正義曰檀弓云哀公使人弔蕢尚遇諸道辟於路畫宮而受弔焉曾子曰蕢尚不如杞梁之妻之知禮也　鄭玄云行弔禮於野非也然則男子亦不得受野弔而言婦人無外事者檀弓云君遇柩於路必使人弔之鄭玄云君於民臣有父母之恩是男子從柩在野則得野受弔婦人無外事雖從柩亦不得野受弔耳若男子得受野弔而曾子非蕢尚者以蕢尚在朝顯著故宜弔於其家若君遇柩於路使人弔之者謂庶人及微小之臣也檀弓因蕢尚而說此事云杞梁死其妻迎其柩於路而哭之哀則杞梁之妻於時從杞梁柩雖從柩而辭不受弔是由異於男子故也服虔以下從上讀言繳廬在下禮記無下知下猶賤謙言賤妾也　不穴於寢廟　正義曰一解鼠不敢穿寢廟墉以爲穴者即畏人故也但寢則近人廟則幽靜鼠不穿廟豈是畏人故知寢廟間雅鼠不即以爲穴必須穿壁始

敢安處止爲畏人故也計燕巢鼠穴自是其常假喻言之不可執
此爲難也　作不至怨也　正義曰服虔云不順謂阿季氏廢
長立少也不怨謂思孟氏立庶也然則作而不順當如服言傳無思
孟氏之事故不取當謂知其不可而爲之是不怨也　二十四年秋七
至之既　正義曰漢書律歷志載劉歆三統之術以爲五月二十三
分月之二十乃爲一交以爲交在望前朔則日食望則月食交在
望後望則月食後月朔則日食交正在朔則日食既前後望不食
交正在望則月食既前後朔不食而二十一年九月十月頻日食
此年七月八月頻月日食凡交前十五度交後十五度並是食竟
去交遠則日食漸少去交近則日食漸多正當交則日食既若前
月在交初一度日食則至後月之朔日猶在交之末度未出食竟
月行天既而來及於日或可更食若前月日在交初二度以後則
後月復食亡理今七月日食既而八月又食於推步之術必無此
理蓋古書磨滅致有錯誤劉炫云漢末以來八百餘載考其注記
莫不皆爾都無頻月日食之事計天道轉運古今一也後世既無

其事前无理亦當然而今有頻食於術不得有交之所在日月必食日食在朔月食在望日月共盡一體日食少則月食多日食多則月食少日食盡則前後望月不食月食盡則前後朔日不食以其交道既不復相揜故也此與二十一年頻月日食理必不然但其字則變古爲篆改篆爲隸書則縑以代簡紙以代縑多歷无代年數遥遠喪乱或轉寫誤失其本真先儒因循莫敢改易執文求義理必不通後之學者宜知此意　注陳鍼子八无孫正義曰无本文也　傳注陶唐至以上　正義曰如杜此注陶唐共爲一名即是晉陽縣也釋例云晉大鹵大原大夏參虚晉陽六名大原晉陽縣也唯載六名而言不及唐釋例又別記小國所都唐大原晉陽縣也亦云唐是晉陽而言不及陶則以陶與唐別不是共爲一名也史記云帝堯爲國陶唐氏韋昭云陶唐皆國名猶湯稱殷商也案經傳契居商故湯以商爲國號後盤庚遷殷故殷商雙舉歷檢書傳未聞帝堯居陶而以陶冠唐蓋地以二字爲名所稱或單或複也張晏云堯爲唐侯國於中山唐縣然則唐是中山

縣名非晉陽也堯自唐侯而升爲天子既爲天子乃治於晉陽故杜於晉陽亦名言不及唐記其諸國之都乃云唐是晉陽言堯爲天子號曰陶唐其治在晉陽耳唐非晉陽縣內之地名也舜受堯禪封堯子丹朱爲王者之後猶稱爲唐其名不易終虞之世以陶唐爲號故曰自虞以上也　注謂劉至九年　正義曰昭二十九年傳曰陶唐氏既衰其後有劉累學擾龍于豢龍氏以事孔甲夏后嘉之賜氏曰御龍　注豕韋至韋城　正義曰鄭語云祝融之後八姓大彭豕韋爲商伯矣又曰彭姓彭祖豕韋則商滅之矣賈逵云大彭豕韋爲商伯其後世失道殷德復興而滅之然則商之初豕韋國君爲彭姓也其後乃以劉累之後代之亦不知殷之何王滅彭姓而封累後也昭二十九年傳稱夏王孔甲嘉劉累賜氏曰御龍以更豕韋之後則賜劉累身封豕韋而比云在商爲豕韋氏者杜於彼注云劉累代彭姓之豕韋累尋遷魯縣豕韋復國至商而滅累之後世復承其國爲豕韋氏是杜解劉累及其世再封豕韋之事　注唐杜至杜縣　正義曰以國語杜伯文不連唐知唐杜二國

名又以豕韋爲一嫌唐杜亦一故辨之也昭元年傳稱堯還實沈于
大夏唐人是因以服事夏商其季世曰唐叔虞及成王滅唐而封
大叔是言周成王滅唐也周語曰周之衰也杜伯射宣王於鎬是周
有杜國故杜以爲成王滅唐還之於杜爲杜伯也晉語訾祏對范
宣子云昔隰叔子違周難奔於晉生子輿爲司空世及武子佐文襄
爲卿以輔成景後之人可則是以受隨范賈逵云宣王殺杜伯其
子逃而奔晉子輿士蔿字武子士會也今士蔿之孫是隰叔四世
及士會食邑於范爲范氏也劉炫云案杜於昭元年注人唐人若劉
累之等累還魯縣此在大夏即如彼言則居唐之人非累之裔此
注何云豕韋國於唐也又據何文知初封於唐後封於杜乎今知
劉說非者彼注雖似有異其義與此不殊彼傳云唐人是因杜以
唐人非一人之稱故云劉累之等謂累之子孫故云之等也累還
魯縣傳云唐人是因因居大夏則累之子孫還居大夏也杜知殷
末封之於唐者以周成王滅唐故也知後封於杜者以宣王時有杜
伯故也是成王之時有唐無杜宣王之時有杜無唐故杜爲此解劉

炫又規云唐非豕韋之胤杜亦未必是後安知滅唐還於杜也賈逵注國語云武王封堯後為唐杜二國以為並時為國非滅唐封杜列以為唐非列累之後又取賈逵注國語武王封堯後為唐杜二國以為二國並封而規杜氏非也炫謂宣子歷言已之宗族於上古有國有家未必継體相承炫於虞秦為列禮非兵明之業豕韋唐杜不信元愷之言已遠祖數自識許或閔此豕必將見嗤之但傳言於人懼誤後學意之所見不敢有隱唯賢者裁之

大上至立言　正義曰大上其次以人之才知淺深為上次也大上謂人之最上者上聖之人也其次次聖者謂大賢之人也其次又次大賢者也立德謂創制垂法博施濟衆聖德立於上代恵澤被於無窮故服以伏羲神農杜以黃帝堯舜當之言如此之類乃是立德也禮運稱禹湯文武成王周公後代人主之選計成王非聖但欲言周公不得不言成王耳禹湯文武周公與孔子皆可謂立德者也立功謂極厄除難功濟於時故服杜皆以禹稷當之言如此之類乃是立功也祭法云聖王之制祭祀也法施於民則祀之以死勤事

則祀之以勞定國則祀之能禦大菑則祀之能捍大患則祀之法施
於民乃謂上聖當是立德之人其餘勤民定國禦災捍患皆是立
功者也立言謂言得其要理足可傳記傳稱史逸有言論語稱周
任有言及此臧文仲既没其言存立於世皆其身既没其言尚存
故服杜皆以史佚周任臧文仲當之言如此之類乃是立言也老莊
荀孟管晏楊墨孫吳之徒制作子書屈原宋玉賈逵楊雄馬
遷班固以後撰集史傳及制作文章使後世學習皆是立言者
也此三者雖經世代常不朽腐故穆子歷言之 注祊廟門
正義曰釋宮云祊謂之門李巡曰祊故廟門名也孫炎曰詩云祝祭
於祊謂廟門也 詩云至名也夫 正義曰詩小雅南山有臺之篇
首美也言有樂美之德君子以有樂美之德故爲邦家之基本也
此詩所言言此君子有令德也夫又引詩大雅大明之篇詩人謂武王
云上天之意臨視女武王矣言武王爲天所臨不敢懷貳於女之
心此詩所言言武王有令名也夫樂美君子者言君子有可樂可美
之德也劉炫云詩人謂武王云上天之意臨視女武王故在下臣民無

懷貳於女之心也　毋寧至生乎　正義曰無寧寧也言人等作
二事為不取人財寧使人謂子實能生養我民也為多取人財使
人言子不能自活而須我民財以生活乎此二者孰勝也　注焚
斃也　正義曰焚是燒也象不燒死故訓為斃服虔云焚讀曰
僨僨僵也為生齒牙僵仆其身　無有至一也　正義曰射犬
之意言象與彼俱是大夫無有國士大小人民衆寡之異其在我
上彼此一也其意言我下鄭卿亦下晉卿彼若是卿我當下之
彼是大夫象不下之　注部婁至大國　正義曰釋地云大陸曰阜
大阜曰陵李巡曰大陸謂土地高大名曰阜阜最大為陵則阜地
之高者是丘陵之類也部婁小阜相傳為然大山有松柏小阜無
松柏小阜異於太山喻小國異於大國不得與大國之人等也服虔
云喻小國無賢材知勇之人而與大國等也　注轉衣裝　正義
曰踞謂坐其上也戰車所有可坐其上明是衣囊耳當是盛衣甲
之囊也下云取冑於櫜當別有小囊盛冑定本作衣裝
曩者至怯也　正義曰曩猶向也向者志入前敵而馳馳入遇怯

而出非是故不告也　注郟王至城之　正義曰傳稱成王定鼎于郟鄏周公就而營之謂之洛邑亦名王城其地舊名爲郟故以郟爲城名周語云靈王二十二年穀洛鬬毁王宮計靈王以二年即位往年爲二十二年往年毀壞其城故齊人今歲爲王城之也　注向自降下之道　正義曰下注階猶道也知向降階者向自降下之道程鄭既得爲卿以卿是高位欲降意下人故向自降下之道　其有至憂也　正義曰程鄭忽問降階然明議其將死故云此程鄭身有罪禍懼奔亡之釁而輒問降階也若不然則有迷惑之疾將死而憂乎何休難此云善言者君子所尚有小人道之輒爲死徵是善言不可出口此未得傳之意也然明者鄭之知人知程鄭以佞媚嬖幸得升卿位非有謙退止足之心今忽向降階是改其常度以其改常知其將死故疑其知將有亡釁惑疾而憂故能出此語耳善言非其常所以知其死非謂口出善言即當死也趙文子賢人也將死其語偷程鄭小人也將死其言善俱是失常無所怪惑也　二十五年注子産至詳之

正義曰釋例曰陳蔡楚之與國鄭欲求親於晉故伐而入之晉士莊伯詰其侵小問陳之罪子產荅以東門之役故免於譏及其侵蔡既会晉命又会直辭君死主少與師以求媚於晉蒙取乱略不能以德懷親又不能以直報怨故二大夫異於子產也陳之見伐本以助晉晉不逆勞而以法詰之得盟主遠理故仲尼曰晉為伯鄭入陳非文辭不為功善之也　注夷儀至經誤　正義曰僖五年公及齊侯云云會王世子于首止秋八月諸侯盟于首止公羊傳曰諸侯何以不序一事而再見者前目而後凡也是言前序後摠取省文之義故此直言諸侯猶是上夷儀之諸侯也　劉炫云定四年公會劉子云云于召陵五月公及諸侯盟于皐鼬杜云復稱公者會盟異處故此亦異處而不言公者　炫謂史異辭於彼有煩傳云七月經言八月杜以長歷校之七月十二日有己巳知是經誤也

注夷儀至之例　正義曰僖元年邢遷于夷儀是夷儀本是邢地僖二十五年衛滅邢而有之還名其地為夷儀故為衛之邑也釋例曰春秋稱入其例有二施於師旅則曰不地在於歸復則曰國

逆國逆又以立為例逆而不立則皆非例所及諸在例外稱入直是自外入内記事者常辭義無所取而賈氏雖夫人姜氏之入皆以為例如此甚多是杜以先儒妄以入例故顯言非國逆也於時剽為衛君非國逆又不得位而稱侯者晉人稱為衛侯以告晉故書侯也桓十五年鄭伯突入于櫟與此同也　吴子至巢卒　正義曰諸侯不生名此吴子名在伐楚上者為卒書名上之以省文猶鄭伯髡頑如會丙戌卒于鄵也　傳注棠公至大夫　正義曰楚僭號稱王故縣尹稱公齊不僭號亦邑長稱公者蓋其家臣僕呼之曰公傳即因而言之猶伯有之臣云吾公在壑谷也　注丁公　正義曰謚法遠義不克曰丁　遇困之大過　正義曰坎下兑上為困兑為澤坎為水水在澤下則澤中無水也易困象曰澤無水困澤以鍾水潤生萬物今澤無水則萬物困病故名其卦為困也巽下兑上為大過彖曰大過大者過也陽大陰小二陰而夾四陽大者過也史皆曰吉　正義曰史者筮人也史有多人皆言為吉阿崔子之意也服虔云皆二卦妄也　注坎為至以動　正義曰坎彖云習坎重

險也說卦坎爲水水之險者爲石也石不可動往而遇石是往不濟
也注坎爲至則傷　正義曰兌爲澤說卦文也釋草云茨蒺蔾
郭璞曰布地蔓生細葉子有三角刺人蒺蔾有刺是草之險者
踐之則被刺故恃之則傷也　注易曰至所歸　正義曰所引易
曰易下繫辭文也孔子引此爻之辭而以此言述之非所困而困者謂
六三是坎坎爲水水之險者爲石遇石當須辟之非合所困而乃
困之故名必辱也非所據而據謂六三在坎之上澤之下於蒺蔾之間
應當辟之非合所據而乃據之故身必危也石末即害身之物所以
云名必辱蒺蔾害體之物故云身必危既有困辱且復傾危此
死時其將至矣妻其可得見乎孔子述此爻之義如是今卜昏而
遇此卦是不吉之象也六三以陰居陽位是失位也三應在上亦
陰爻是無應也動而無應是喪失所歸故不見其妻也劉炫云困
卦六三上承九四四非三應而三欲附之附之不入自取其困不宜爲
此困而爲之名必辱也六三失位而下乘九二以柔乘剛非安身之
道不宜據而據之身必危也　不爲至冠乎　正義曰公意言冠

易得不足惜雖使餘人不為崔子者其可無冠乎況崔子富貴其當自有冠也劉炫云冠是首服之大名周禮司服卿玄冕弍崔子之冠蓋玄冕也今知非者以禮運云冕弁兵革藏於私家非禮也崔子冕在公府非助君祭不得用之將以賜人非是卿何處施用案傳云驟如崔氏以崔子之冠賜人當謂就崔子家以崔子冠賜人當是玄冠也或冠模制作有異故以賜人也　注干掫至他命

正義曰昭二十年傳說齊公孫青聘衛之事云賓將掫主人辭賓曰若不獲扞外役是不有寡君也乃親執鐸終夕與於燎燎即是掫之事扞外役即是干之義也故先儒相傳皆以干掫為行夜說文云掫夜戒守有所擊從手取者夜扞寇盜手有所擊故以干掫為行夜官名也服虔云一曰干扞也諏謀也言崔子命扞禦謀淫之人有此謬說故掫字或誤從言也今定本作干掫受崔子之命又受公命是為二命故云受崔子命討之不知他命也又射之中股　正義曰上未有射公之文而云又射之者以公未踰牆必已射公但射公不中傳文不載以踰牆射之中股故傳言其事

而云文也　注喪車至六翣　正義曰周禮縫人掌衣翣柳之材
鄭玄云必先纏衣其木乃以張飾也喪大記云飾棺君黼翣二黻
翣二畫翣二鄭玄云漢禮翣以木爲筐廣三尺高二尺四寸方兩
角高衣以白布畫者畫雲氣其餘各如其象柄長五尺車行使
人持之而從既窆樹於壙中檀弓曰周人牆置翣是也是説翣之
制也方言云自関而東謂扇爲翣則翣是扇之類也禮器云天
子八翣諸侯六翣大夫四翣鄭玄云八翣者加龍翣二　不蹕
正義曰禮喪車乘人專道而行無貴賤一也蹕者止行人也此不
止行人略賤之　注下車至降損　正義曰服虔云下車遣車也
雜記云遣車視牢具鄭玄云言車多少各如所包遣奠牲體之
數也然則遣車載所包遣奠而藏之者與遣奠天子大牢包
九个諸侯亦大牢包七个大夫亦大牢包五个士少牢包三个大夫以
上乃有遣車如鄭之所言遣車者乃是明器塗車芻靈載所
包遣奠藏之於壙中下車若是明器則甲兵亦是明器當云無
甲兵不得云不以甲兵也杜言遣葬之車則謂此爲貳車非遣車

也言下車者蓋謂農惡之車非良車也周禮大行人云上公貳車九乘侯伯貳車七乘子男貳車五乘則齊是侯爵法當車七乘耳今傳舉七乘言其不依舊法知齊舊依上公之禮貳車九乘其送葬又有甲兵今皆降損也用甲兵者葬是送終大禮法當備列軍陳若漢葬霍光發材官輕車北軍伍校士軍陳至茂陵以送其葬所以榮之也　注以弑莊公説晉也　正義曰劉炫云杜意晉謀代齊齊人乃弑莊公以説晉也炫謂莊公死後晉始謀代齊齊人以莊公伐晉晉欲報伐莊公既以此説晉晉讎既死令新君服從晉也　男女以班　正義曰劉炫云哀元年蔡人男女以辨與此同杜意男女分别將以賂晉也炫謂男女分别示晉以恐懼服罪非以為賂也　注五吏至屬官　正義曰此齊以晉將來伐就令賂之則五吏三十帥皆軍內之官也三軍將佐有六與六正數同故也六正為六卿也其五吏三十帥皆是軍內之官以三軍與六正數同必是在軍之官但軍官不復可知下句言三軍之大夫百官之正長則軍內群官足包之矣於大夫之上言五

吏三十帥此吏帥未必貴於大夫當以有所掌故先言之耳以吏者治也故為文職帥者有所率領故為武職杜氏以意而解不能審悉故云皆軍卿之屬官略言之耳既以帥為武職則帥是大帥下句復云師旅明當小於此帥故杜以下師旅為小將帥董遇云五吏謂一正有五吏為三十帥之長亦以意言之耳俗本三十帥為三十師非也　注皆以男女為賂　正義曰杜以上句男女以班與賂建文故云皆以男女為賂劉炫以為男女以班示降服於晉有賂者皆有貨財賂之非以男女為賂與杜異也　注晉侯至宜退　正義曰案傳會于夷儀伐齊以報朝歌之役齊人以莊公說則晉初伐齊之日未知莊公已死齊人以說方始知之齊既有喪師自須退縱令受賂未合致譏故杜為此解而劉以為齊弒君之後晉始來伐而規杜氏非也　崔子至五鹿　正義曰衞侯本以妻子奔齊令衞侯將入夷儀崔子止其帑於齊所以止之以求五鹿故也衞侯若得衞國望以五鹿與齊故止其妻子以質之以　注衆自至侍命　正義曰宣十二年楚子入鄭鄭伯肉袒牽羊所以不

别以男女因繫以待命者此雖降服猶望國存故以因繫男女擬
為鄭之僕隸彼則恐其遂滅請俘江南國已亡滅男女非已之有
故與此不同　注彼陳至還也　正義曰周禮女巫掌歲時祓除
釁浴鄭玄云歲時祓除如今三月上巳如水上之類釁浴謂以香
薰草藥沐浴彼言祓除知此祓社是祓除也其祓除之事當如鄭
之言也周禮有掌節之官節為兵符若今之銅虎符竹使符也
陳國既亂致使官司廢闕民人分散符節失亡故令陳之司徒招
致民人司馬集致符節司空檢致土地使各依其舊師乃迴還也
劉炫云陳國既亂民節與地非復陳有子展子產心不滅陳各使
已之官屬各依其職事致之於陳使民依職領受其衆官備其
所職以安定之乃還也諸官皆鄭人在軍有此官者蓋權使攝為
之未必是正官服虔以為祝與司徒等皆是陳人各致其所主於
子產案傳陳侯擁社抱以逆又何須祝祓之子美數俘獲尚不
取何當取其民地使陳致之既致乃還則是滅矣何以云入陳也
注伐齊至同盟　正義曰杜以經言同盟傳言伐齊直書諸侯同

盟齊人不序於列故據同盟之言以明齊亦與盟劉炫以爲齊直

遣慶封如師齊侯不與盟今知非者以五月齊弒莊公之後即立

景公及七月始盟傳言齊成故也明齊侯在會莊十六年同盟于幽

傳云鄭成也二十七年同盟于幽傳云陳鄭服也並與此文同又傳稱

重丘之盟未可忘也故知齊亦同盟劉以爲齊侯不與盟而規杜氏

非也　注令尹屈建　正義曰趙文子初始爲政與令尹相知望其

在後兵息知是彼令尹也下文始言屈建爲令尹者因伐舒鳩而追

序之其實蔿子馮卒在此盟前故服杜皆以令尹爲屈建也

注墊隘處水雨　正義曰成六年注云墊隘羸困也方言云墊下也

吳地下溼久駐於此處水雨大至民將困病故恐爲人所禽制也

注獻入至其俘　正義曰上云數俘而出不將以歸知其空獻功不

獻俘也　注戎服至朝服　正義曰周禮司服云凡兵事韋弁服

鄭玄云韋弁以韎韋爲弁又以爲衣裳也諸侯之朝服玄冠緇布

衣素積以爲裳是戎服異於朝服也　注庸用至滿也　正義曰

庸者近用故爲用也史記陳世家云陳胡公滿者虞帝舜之後也

舜傳禹而舜子商均為封國夏后之時或失續周武王克殷求舜後得媯滿封之於陳以奉帝舜祀是為胡公　注周得至三恪

正義曰樂記云武王克殷未及下車而封黃帝之後於薊封帝堯之後於祝封帝舜之後於陳下車而封夏后氏之後於杞投殷之後於宋郊特牲云天子存二代之後猶尊賢也尊賢不過二代鄭玄以此謂杞宋為二王之後薊祝陳為三恪杜今以周封夏殷之後為二王後又封陳并二王後為三恪杜意以此傳言以備三恪則以陳備三恪而已若遠取薊祝則陳近矣何以言備以其稱備知其通二代而備其數耳二代之後則各自行其正朔用其禮樂王者示尊之深也舜在二代之前其禮轉降恪敬也封其後示敬而已故曰恪雖通二代為三其二代不假稱恪唯陳為恪耳　何故侵小

正義曰陳大於鄭而謂之侵小者言陳對晉為小不言小於鄭也子展代陳此言侵謂侵陵之非用兵之侵也　列國一同　正義曰周法大國五百里此為一同者引夏殷時國小以詰晉國之寬大權以拒晉耳　衰差降　正義曰中國七十小國五十是降差

注樞機至之主　正義曰易繫辭文也鄭玄云樞戶樞也機弩牙
也戶樞之發或明或闇弩牙之發或中或否以譬言語之發有榮
有辱傳言子産善爲文辭於鄭有榮也　注夗治　正義曰夗
訓爲具而言治者以下說治賦之事治之使具故以夗爲治也
治鳩聚至之處　正義曰鳩聚釋詁文也釋地有十藪李巡曰藪澤
之別名也周禮澤虞有大澤大藪小澤小藪鄭玄云澤水所鍾也
水希曰藪其職云若大田獵則萊澤野是藪爲田獵之處或焚其
草則散失澤藪之用故聚成使不得焚燎之也　注辨別至之地
正義曰釋丘云絶高爲之京非人爲之丘李巡曰丘高大者爲京也
孫炎曰爲之人所作也則京爲丘類人力所作也　釋地云大陸曰阜
大阜曰陵李巡曰大陸謂土地高大名曰阜阜最大爲陵也檀弓
称趙文子與叔誉觀于九原觀晉諸大夫之墓也僖三十二年傳
云殽有二陵焉其南陵夏后皐之墓也故知別丘陵以爲葬墓
之地　注淳鹵至賦税　正義曰賈逵云淳鹹也說文云鹵西方
鹹地也從西省象鹽形安定有鹵縣東方謂之斥西方謂之鹵呂

氏春秋稱魏文侯時吳起為鄴令引漳水以灌田民歌之曰決漳水以灌鄴旁終古斥鹵生稻粱是鹹薄之地名為斥鹵禹貢云海濱廣斥是也薄鹵地薄收穫常少故表之輕其賦税　注疆界至租入　正義曰賈逵以疆為彊檃境埆之地鄭衆以為疆界内有水潦者案周禮草人凡糞種彊檃用蕡鄭玄云彊檃強堅者則彊地猶堪種植非水潦之類故從鄭衆之説數其疆界有水潦者計數減其税租也孫毓讀為疆潦注云砂礫之田也　注偃豬至多少　正義曰禹貢徐州大野既豬孔安國云水所停曰豬檀弓云有弑其丈者洿其宮而豬焉是豬者停水之名偃豬謂偃水為豬故為下溼之地規度其地受水多少得使田中之水注之　注廣平至頃町　正義曰廣平曰原釋地文李巡曰謂土地寛博而平正名曰原釋丘云墳大防孫炎曰謂隄也隄防之間或有平地不得平正以為井田取其可耕之處別為小頃町也説文云町田踐處曰町史游急就篇云頃町界畝是町亦頃類故連言之也謂廣平為原者因爾雅之文其實此原謂隄防之間

也刘炫云廣平曰原土地寬平當與隰相配非是不得為井田也釋地於陸阜陵阿之下云可食者曰原孫炎曰可食謂有井田也陵阿山田可種穀者亦曰原也謂彼陵阿之間可食之地非廣平也　注隰皐至之地　正義曰釋地云下溼曰隰李巡曰下溼謂土地窊下名為隰也詩云鶴鳴于九皐毛鄭皆以皐為澤之坎是皐為水岸也下溼與水岸不任耕作故使牧牛馬於中以為芻牧之地　注衍沃至為井　正義曰周禮大司徒以土會之法辨五地之物生四曰墳衍五曰原隰衍地高於原也傳稱郇瑕氏之地沃饒魯語云沃土之民逸則衍沃俱是平美之地衍是高平而美者沃是下平而美者二者並是良田故如周禮之法制之以為井田賈逵云下平曰衍有溉曰沃所指雖異俱謂良美之田也六尺為步以下皆司馬法之文自度山林以下至此有九事賈逵以為賦稅差品其注云山林之地九夫為度九度而當一井也藪澤之地九夫為鳩八鳩而當一井也京陵之地九夫為辨七辨而當一井也淳鹵之地九夫為表六表而當一井也疆潦之地九夫

為藪五數而當一井也偃豬之地九夫為規四規而當一井也原防之地九夫為町三町而當一井也隰皐之地九夫為牧二牧而當一井也衍沃之地畝而為夫九夫為井周禮小司徒云乃經土地而井牧其田野鄭玄云隰皐之地九夫為牧二牧而當一井今造都鄙授民田有不易有一易有再易通率二而當一是之謂井牧是鄭賈同此說也案周禮所授民田不易再易唯有三當一耳不得有九當一也山林藪澤京陵偃豬本非可食之地不在授民之限雖九倍與之何以充稅而使之當一井也且以度鳩之等皆為九夫之名經傳未有此目故杜不用其說 量入脩賦 正義曰量其九土所宜觀其收入多少乃準其所入脩其賦稅其九土之內偃豬京陵無物可入而言九土之所入者揔言之 賦車籍馬 正義曰賦與籍俱是稅也稅民之財使備車馬因車馬之異故別為其文 賦車兵徒兵 正義曰車兵者甲士也徒兵者步卒也知非兵器者上云數甲兵下云甲楯之數故知此兵謂人也劉炫云兵者戰器車上甲士與步卒所執兵各異也司兵掌五兵鄭衆云

五兵者戈殳戟酋矛夷矛又曰軍事建車之五兵鄭玄云車之五兵鄭司農所云者是也步卒之五兵無夷矛而有弓矢疑或當然

我躬至我後　正義曰詩小雅小弁之篇　書曰至不困　正義曰尚書蔡仲之命云慎厥初惟厥終終以不困此所引者蓋是彼文學者各傳所聞而字有改易或引其意而不全其文故不同也

注弈圍棋　正義曰方言云圍棋謂之弈自關東齊魯之間皆謂之弈蓋此戲名之曰弈故說文弈從廾言竦兩手而執之孟子稱弈秋善弈秋人自以善弈而著名也棋者所執之子故云弈者舉棋不定不勝其耦謂舉子下之不定則不勝其耦是棋爲子也以子圍而相殺故謂之圍棋沈氏云圍棋稱弈者取其落弈之義也

春秋正義卷第二十三

計一萬二千八百五十五字

春秋正義卷第二十四　襄公

國子祭酒上護軍曲阜縣開國子臣孔穎達等奉

勅撰

傳注在二至伐鄭　正義曰凡傳却言前事者皆舉時事爲驗二十四年二十五年頻年會于夷儀恐其事无以相別故復言舟人城郟以明秦晉爲成在二十四年也不直言舟人城郟者以其非經故也此已連經舉之故下文烏餘奔晉直舉城郟之歲不言會于夷儀注注不結至失之　正義曰漢晉藝文志云左氏傳三十卷則丘明自分爲三十也丘明作傳使文勢相接爲後年之事而年前發端者多矣文十年傳云厥貉之會麇子逃歸十一年云楚子伐麇宣十一年傳云厲之役鄭伯逃歸十二年而云楚子圍鄭皆傳在前卷之末豫爲後卷之始此爲後年脩成發其前成不結其事与彼相類不宜獨載卷首知其當繼前年之末也而特跳出在於此卷之首者是傳寫失之也学者以此語字多欲令与下相接故輙斷彼末寫於此首後人因循不敢改易故失之言失其本

真也說文云跳躍也謂足絕地而高舉也魏晉後注寫章表別起
行頭者謂之跳出故杜以跳言之　二十六年注衎雖至叛也
正義曰叛者背君之名嫌先君不得爲叛故注明之林父畏衎入
殺己以邑先叛故衎今雖未居位林父以背國之故猶爲叛也
注復其至義例　正義曰復其位曰復歸成十八年傳例也僖二
十八年衛侯鄭復歸于衛曹伯襄復歸于曹与此衛侯衎皆書其
名成十六年曹伯歸自京師不書名復歸国立文不同傳無義
例史異辭也　注鄉會至貶之　正義曰僖二十九年傳曰在禮
卿不會公侯會伯子男可也是卿會公侯皆合貶良霄亦當貶也
俱向戍會公已自當貶而文有後期之責仲尼書經方責向戍後
期故書良霄以駮之書良霄所以責向戍非是舍霄罪也若良霄
与晉宋皆貶稱人則嫌向戍直以會公被貶其後期之責不見故
書良霄名退宋班明向戍有二罪也案春秋諸国之會後至者多
唯退班在下不襃進先至之人此直退宋人在鄭人之下於文自
足必特書良霄以駮向戍者以向戍宋之執政上卿魯公親自在

會後期而至惰慢之甚故特書良霄深責向戌異於他例也注
未同盟而赴以名　正義曰宣十七年許男錫我卒箋即錫我之
子嗣立以來未与魯會盟而赴以名也　傳注御進至爲行　正
義曰言當進侍君爰君命也行人非一更遞進御此日次朱當御
次而不使是黜之也　注拂衣褰衣裳也　正義曰拂者振迅之義
以其將鬬知拂衣即褰衣裳也對則上衣下裳散則可以相通故以
褰裳衣解拂衣　平公至卑乎　正義曰平公見其臣鬬而言其庶
乎者以其臣爭爲國々交必與故庶冀於治也劉炫云不必競而
力爭不務德而爭善皆道子朱之心非叔向之罪杜言二子不必
競似亦并責叔向者以鬬雖一曲一直乃是兩人爭理故以二子
言之拠其鬬而言力爭則叔向亦爭々善則叔向无之叔向以子
員无私欲令應客級子員應客亦非叔向爭善叔向无可爭杜云
爭謂辰行爲善唯言子朱之心也　殺子叔及大子角　正義曰服
虔云殺大子角不書舉重者案晉侯宋公殺其世子及陳侯之弟
招殺陳世子皆書經則世子不輕於大夫也孔父荀息之徒弑君

之下并亦言大夫々々既書於經則弑君并殺世子々々亦當書不得為舉重也杜既不解當以不告故耳　注子叔至謚故　正義曰此劃是穆公之孫黑背之子於獻公為從父昆弟成十年衛侯之弟黑背帥師侵鄭傳云衛子叔黑背侵鄭是黑背字子叔即以子叔為族也元年衛侯使公孫劃來聘傳云衛子叔來聘是舉族而稱之也今云殺子叔亦是舉其族為劃无謚故稱族也　書曰至戮也　正義曰春秋叛者有此孫林父與宋華亥宋公之書弟辰晉趙鞅晉荀寅五者經皆書叛邾庶其莒牟夷邾黑肱皆以地來奔無文不稱叛傳謂此三人為三叛人則三者亦是叛也所言叛者或據邑而距其君或竊地（往ヒ徒ヒ奔ヒ）他國皆為有地隨已故稱為叛昭二十二年宋華亥向寧華定自宋南里出奔楚定十四年宋公之弟辰自蕭來奔地不隨已則不稱叛是叛無反背之辭皆由地以生名也叛者判也欲分君之地以他國故以叛為名寫德叛无凡例傳言書曰是仲尼書為叛也人君賜臣以邑以為祿食臣之祿謂所食邑也君實有之言其不得專以為已有也君臣以

義而合義則進以受君爵此祿食否則奉身而退適身奔他國而
以祿啟君專君之祿以周旋從己於法為罪戮之人故書入於戚
以叛罪孫氏也釋例曰古之大夫或錫之田邑或分之都城故有
千室之邑百乘之家君之祿義則進否則奉身而退若專祿以周
旋雖无危國害主之實皆書曰叛々者反背之辭也庸賤之人不
齒於列故雖有善惡不章顯名氏若乃披邑害國則以地重必書
其名且終顯其惡也適魯則書地曰來奔來奔則叛可知蓋記變
外內之辭也劉賈記三叛人以地來奔不書叛謂不己專也以直
外內之辭既以地來妻之姑姊還其大邑不得復言不己專也
是杜以庸其之等皆為叛也專祿者謂專君之祿以為己有東西
隨己謂之為專服虔云專祿謂以戚叛也既叛衛亦不臣於晉自
謂若小國是為專祿其意言專獨有之不屬人也若不屬晉何故
被衛侵而愬於晉地若不入晉晉壞何以伐之傳言以戚如晉服
言不臣於晉是反丘明以解傳也　注公閱至之言　正義曰沈
氏云大叔文子閱甯喜許公之言而發歎本非面答甯喜之言而

云荅者時閔甯喜之言遂自評論不許於甯子與對面相荅无異故言荅也　注先路至於王　正義曰周禮巾車云服車五乘孤乘夏篆卿乘夏縵大夫乘墨車則礼於卿大夫所當乘者名車不名路也而傳称王賜叔孫豹鄭子蟜者皆云大路知此先路次路皆王所賜車之摠名也賜車称路從王賜之名必是稟王之命故云蓋請之於王也宣十六年傳云晋侯請于王以黻冕命士會知諸侯命臣有請王之法故云蓋也　注以路至二升　正義曰礼遺人以物皆以輕先重後故以路及命服為邑之先也周礼小司徒四井為邑故杜以八邑為三十二井劉炫云案論語有千室之邑又杜注免餘邑為一乘之邑又宋鄭之間六邑嵒戈錫等杜何以知此邑非彼等之邑必以為四井之邑今知不然者邑之為名大小无定子展子産為卿日久先有采邑今以入陳有功加賜田土不應更以八个大邑而又与之至於免餘辭邑云唯卿備百邑故杜以為一乘之邑合論語百乘之家甚實一乘称邑文无所出周礼称四井為邑杜以正邑解之故云三十二井得為漸賜土

田之義又八邑六邑爲節級之差刘以爲大邑而規杜氏非也
注上卿至在四　正義曰十五年傳云鄭人以子西伯有子產之
故納賂于宋是伯有在子西之下也十九年傳曰子展當國子西
聽政當國謂攝君事聽政謂爲上卿是子西次子展故此注以子
西爲二良霄爲三二十七年鄭伯享趙孟于垂隴子展伯有子西
子產子大叔二子石從如彼文次伯有在子西之上二十九年裨
諶論子產位次云天又除之奪伯有魄子西即世政焉辟之先言
伯有後言子西又是子西在伯有之下者擬十九年傳子西必在
伯有之上蓋其後更有進退杜擬傳上文以次之耳　秦不其然
正義曰秦不肯其如是也　注戚城至井也　正義曰傳言西鄙
懿氏則西鄙之地以懿氏爲名也謂之懿氏則以懿爲氏族之名
蓋上世有大夫姓懿氏食邑於此地因以其姓名其城也杜以懿
氏既爲邑名而云取其六十故以爲取田六十井服虔云六十邑
刘炫以服言爲是今知非者此六十之文總屬懿氏懿氏不見經
傳則卑細可知既非卿大夫何得廣有土地分六十之邑而与孫

氏且直言六十本无邑文故杜以為六十井刈疑服說以規杜氏非也　趙武至所也　正義曰僖二十九年諸侯之卿會公于翟泉皆貶之称人傳曰卿不書罪之也八年諸侯之卿會晉侯于邢丘亦貶称人傳曰大夫不書尊晉侯也然則尊公侯罪大夫其義一也傳文互相見耳此言趙武不書尊公也亦是罪武也故杜云罪武會公侯也其會公侯之罪向戌良霄与趙武亦同但為別有見義不貶良霄不得揔云卿不書罪之故特言趙武不書尊公明良霄向戌亦為尊公不應書也向戌不書後也言既為會公後為後會期故不得如良霄書名氏也會之班次以国大小為序諸會鄭在宋後此會鄭先於宋為鄭依期而至不失所也如不失其所自是常事非有善可褒而得進其班者鄭班常在衛下此會尋衛不至无常班宋自當次晉此直退宋耳非進鄭也言其不失所直是不失常處非褒文也討良霄會公亦應合貶所以得書名者方責向戌後期故書良霄以駮向戌非為舍霄罪也釈例曰澶淵之會趙武向戌良霄以大夫而會魯侯違在礼之制其罪一也戌

加後會之尤胥有不失所之進文不得並言卿不書罪之故特言
尊公明公尊非三人之所敵三人之罪既正而二人獨以他義別
敘也以是杜言良霄合公亦合貶也言霄有不失所之進者正謂
不使與宋俱退得進後其本班耳非有升進異於常也宋以後至
退班不在曹人下者宋是大國退居鄭下足以為責故令仍在曹
上此會曹國最小其班正當居末曹人非後至也案翟泉之盟諸卿
敵公則設公此亦諸卿敵公不設公者翟泉之盟杜注云魯侯諱
盟天子大夫是以設公然則此大夫敵公非公有罪是以不設公
也　注晉將至不書　正義曰下云衛侯如晉晉人執而囚之是
於此會為將執之不得與會也不得與會而傳云衛侯會之言其
至會所耳　注嘉樂至於天　正義曰嘉樂君子以下皆詩之文
也晉侯賦此言己嘉樂二君也二君以晉侯樂己之故々存賦蓼
蕭言澤及於己鄭賦緇衣言不敢遠晉厭以答嘉樂也服虔云晉
侯自嘉樂愚之甚也　叔向至貳也　正義曰沈氏云賦蓼蕭
喻晉侯德澤及諸侯言晉侯有德是安我宗廟也其言與注合緇

衣首章云緇衣之宜兮敝予又改爲兮適子之館兮還予授子之
粲兮欲常進衣服献飲食是其不二心也劉炫云蓼蕭首章云
既見君子燕笑語兮是以有譽處兮言晋侯有聲譽常處位是
得宗廟安也　注逸詩至剛馬　正義曰漢書藝文志充周書篇
目其書今在或云是孔子删尚書之餘案其文非尚書之類彼引
詩云馬之剛矣轡之柔矣馬亦不剛轡亦不柔志氣麃々取与不
疑此詩餘充所見故謂彼文是也　注子展至七穆　正義曰居
身儉而用心壹叔向自以察良觀言而知之其知不由賦詩也子
然二子孔三族已亡十九年傳文也子羽不爲卿者案成十三年
郑公子班自訾求入于大宮不克殺子印子羽不書於經故知不
爲卿也杜注彼云皆穆公子也又世族譜云子羽穆公子其後爲
羽氏即羽師頡是其孫此非行人子羽公孫揮也世族譜以公孫
揮爲雜人自外唯有罕駟豐游印国良七族見於經傳皆出穆公
故称七穆也　注惠牆氏伊戾名　正義曰服虔云惠伊皆發声
實爲牆戾杜以下文單称伊戾是舍族称名故以惠牆爲氏伊戾

為名也内師者身為寺人之官公使之監知大子内事為在内人之長也　大子知之　正義曰知之謂与楚客舊相知故請野享之　注聒讙也　正義曰声乱耳謂之聒多為言語讙譊亂其耳故聒為讙也　左師至受之　正義曰夫人氏者氏猶家也言夫人家之馬也痤死佐為大子棄即位為夫人步馬之時夫人名已定矣故對云君夫人氏也但棄本是妾左師欲令夫人重已故佯不知之夫人聞之懼已不得為夫人故自称為妾饋之錦馬也左師喜得其賜故今使者改命曰君夫人而後拜受之使棄成為夫人傳言左師之諛也　注声子至举也　正義曰声子則經傳所云蔡公孫歸生是也傳言其子伍举足明举為參之子声子文不繫朝故云子朝之子以辨明之　伍举至復故　正義曰楚語云椒举將奔晉蔡声子遇之於鄭郊饗之以璧賄曰子尚良食尚能事晋君以為諸侯主辭曰非所願也若得歸骨於楚死且不朽声子曰子尚良食吾歸子故椒举降三拜納其乘馬声子受之是杜所云共謀歸楚之事傳云言復故謂此也　注平在明年　正義

曰明年声子始說子木傳於王言之者蓋伍挙以此年去楚故傳記之於此年也　賞不僭而刑不濫　正義曰僭謂僭差濫謂濫佚賞不僭所賞必有功不僭差也刑不濫所刑必得罪不濫佚也　詩曰至謂也　正義曰詩大雅瞻卬之篇也言国内賢人之既云已喪亡矣則邦国尽皆困病此詩之意言无善人之謂也　故夏至善也　正義曰此在大禹謨之篇皐陶論用刑之法也經常也言若用刑錯失等与其殺不罪之人寧失於不常之罪謂實有罪而失於妄免也此書之意懼失善也　注為下至天子　正義曰此商頌殷武之篇詩注謂天命湯於在下之国此云為下国所命謂下国諸侯推命湯為天子則商書云東征西夷怨南征北狄怨又云室家相慶曰后来其蘇是也　将刑至徹条　正義曰周礼膳夫職云王日一挙鼎十有二物皆有俎以楽侑食鄭云云殺牲盛饌曰挙又曰大喪則不挙大荒則不挙大札則不挙天地有災則不挙邦有大故則不挙鄭衆云大故刑殺也荘二十年傳曰司寇行戮君為之不挙是礼法将刑為之不挙也挙則以楽勸食不

舉故徹去系縣大司系云大札大凶大災大臣死凡國之大憂令
弛縣鄭玄云弛釋下之釋下即是徹縣也大司樂弛縣之內不言
刑殺大故文不具耳 射御驅侵 正義曰教之驅車侵伐人也
注塞井夷竈以為陳 正義曰成十六年傳說此事云范匄趨進
曰塞井夷竈陳於軍中則此謀范匄所為今以為苗賁皇之計
者鄭衆云此范匄所言苗賁皇亦言之故邑子引以為喻 欒
范易行以誘之 正義曰賈逵鄭衆皆讀易為變易之易賈以
行為道也衆為將范為統二人分中軍別將之欲使衆與范易
道令范先誘楚衆以良卒從而擊之鄭謂易行中軍與下軍易
卒伍也計設謀之時軍既未動道未定分何以言改道也將卒相
附繫屬久矣无容臨戰而改易將卒且言易行行非卒伍之名
安得為易卒伍也二者之說皆不可通杜以傳言誘之則謂贏師
毀軍示弱以誘敵故讀易為簡易之易謂簡易行陳少其兵備令
楚之貪已不復顧二穆之兵使中行二郤得克二穆也楚語說此事
云雍子謂欒書曰楚師可料也在中軍王族而已若易中下楚必

歆之韋昭云中下中軍之上下也歆猶貪也簡易棄范之行亦
之弱以誑楚也是韋昭已讀為簡易之易故杜從之也此与楚語
俱述壹子之言傳言鄢陵之敗苗賁皇之為楚語亦論鄢陵之
役而云雍子之為二文不同或丘明傳聞兩說兩記之也劉炫以為
國語非丘明所作為有此類往々与左傳不同故也注四萃四面
集攻之　正義曰楚語云三萃以攻其王族必大敗之韋昭云時
晉有四軍言三集者中軍見入而上下及新軍乃三集以致攻
之韋昭見彼為三字故說之使通耳蓋二文不同必有一誤　注
夷傷至為熠　正義曰月令云瞻夷察傷知夷亦傷也於時呂錡
射王中目是王傷也吳楚之間謂火滅為熠相傳有此語也言軍
師之敗若火滅然　子木至逆之　正義曰楚語說此事云子木
愀然曰夫子何如召之其來乎對曰亡人得復何為不來子木曰
不來則若之何對曰資東陽之盜殺之其可乎子木曰不可我為
楚卿而賂盜以賊一夫於晉非義也子為我召之吾倍其室乃使
椒鳴召其父而復之　夫小至復之　正義曰於時鄭國勇夫皆

貪欲徼冦望敗楚以成已名故子產爲此言以破之夫。鄭国欲此
得戰者小人之性奮動於勇貪於禍乱冀得戰鬭以足滿其性而
自求成武勇之名焉欲得徼冦者皆自爲其身非国家之利也若
何得從之言徼冦之計不可從也　注釁勤至從也　正義曰賈
鄭先儒皆以釁爲動也王肅云釁謂自矜奮以夸人王延壽魯
靈光殿賦云佗奮釁以軒鬐是釁爲奮動之意也啚是吝惜
之名故爲貪也詩云民之貪乱寧爲荼毒是小人之性貪禍乱也
言鄭人欲得与楚戰者皆是奮動於勇貪求名譽之人欲望因
有禍乱以成已名非已爲国家計慮希長久之利不可從也定
本云啚養也非也　注於汜至南皈　正義曰杜檢汜是地名
非水名而云涉于汜是於汜地涉水耳叔例土地名云楚伐鄭師
于汜襄城縣南汜城是也汝水出南陽魯縣東南經襄城是知於
汜城下涉汝水而南皈也　注起宣至所尊　正義曰周礼大国
之卿三命天子上士亦三命曲礼云列国之大夫入天子之国曰
某士是諸侯大夫入天子之国礼法當称士也以其人官卑故下

士独得旅称周礼大宰之属官有旅下士三十有二人是知宰旅為冢宰之下士也刘炫云知時変四時貢職者小行人云春入貢秋献功王親受之郑玄云貢謂六服所貢功謂考績之功是諸侯大夫貢時変之義也　注烏餘至城是　正義曰釋例土地名以廪丘為斉地条廪丘地在東郡則是衛之邦域斉竟不至此也羊角高魚皆在東郡廪丘与之相近斉不得别有廪丘烏餘斉之大夫得以廪丘奔晋者蓋斉人往前取得衛邑以賜烏餘如郑公孫段之得州宋余大心之有原也宋郑大夫得以晋地為采邑是知斉大夫得以衛地為采邑杜見斉人以之奔晋故釈例以為斉地明年討烏餘皆取其邑而皈諸侯蓋以廪丘皈斉也　注取魯至未聞　正義曰服虔云取魯高魚及反之皆不肯蓋諱之杜以被人取邑无所可諱故云其義未聞莊十八年公追戎于济西傳云不言其来諱之也戎来不覺国以為諱盗竊魯邑而云无可諱者所言諱者諱国悪礼也候不在疆戎来不覺是国无政令故諱之此守高魚者不覺介於其庫直是守者罪耳非国之恥故諸

被伐取魯邑皆不諱也昭二十五年齊侯取鄆書而不諱知失邑
先可諱也此亦戰于麻隧之鄣蓋經文脱漏耳　於是至詔之
正義曰烏餘以二十四年奔晉二十五年范宣子卒趙文子代之
為政至明年始討烏餘故云乃卒詔之傳先言詔之下乃述其詔
之夏也　二十七年注案傳至惡下　正義曰案傳諸国大夫及
諸侯之身至宋者有晉楚齊秦魯衛陳蔡鄭許曹邾滕并宋為
主人凡十四国也齊秦不交相見邾滕為人私屬皆不与於盟為
盟而為此會故不盟者會亦不序也宋為地主法當不序於列故
經唯序九国大夫也案傳楚先晉歃則當先晉書楚之傳言書先晉々
有信也是仲尼責晉有信故先書趙武也釈例班序譜晉合諸侯
二十国起僖二十八年盡哀十四年大率皆陳陵次蔡々後次衛
是陳于晉會常在衛上也今孔奐乃降於蔡衛在石惡之下故知
奐非上卿故也成三年傳曰次国之上卿當大国之中々當其下
是討卿位為班也知非奐後至者以傳稱与蔡公孫皈生同至故
也案傳七月之下乃云庚辰子木等至自陳々孔奐蔡公孫皈生

至則諸侯大夫七月始集於宋而此會書在夏者夏雖在秋行还
乃告追以叔孫豹豢時書之十年夏會于相而經書在春注云經
書春書始行此亦彼之類也　注甯喜至從赴　正義曰大夫見
殺書名者皆是罪之文案此殺喜之傳乃爲專而殺之喜之於衎
未爲罪當死也故杜跡其應死之狀弒君之賊於法當誅衎雖不
以弒剽致討其於大義宜追討之故雖非國人討賊因其被殺亦
以國討爲文書其名以罪喜也不以弒君之罪討之故言追也
注衛侯至罪兄　正義曰釋例曰仲尼因母弟之例以與義鄭伯
懷害弟之心天王縱群臣以殺其弟夫子探書其志故顯書二兄
以首惡使夫称弟不関反謀也鄭段去弟身爲謀首也然則兄而
害弟者称弟以章兄罪弟又害兄則去弟以罪弟身也推此以
觀其餘秦伯之弟鍼陳侯之弟黄衛侯之弟鱄皆是兄害其弟者
也統論其義兄弟二人交相殺害各有曲直書弟則示兄曲也是
杜以鱄之出奔非鱄之罪故跡其意以爲衛侯罪狀也衛侯始者
使鱄与甯喜言云苟得反國政由甯氏祭則寡人如是則甯喜專

權未爲負約而令公患其專政故免餘請殺公復綏荅免餘任令
殺喜既負其言信又不乞友于賢弟使至出奔故書其弟以罪兄
也昭元年秦伯之弟鍼出奔晉傳曰罪秦伯知此亦罪衞侯也
注反舍至備矣　正義曰杜云夏會之大夫者因經書在反故云
夏舍其實舍在秋年諸國朝會而因有弛事者皆前自而後凡
故此不復序而總云諸侯之大夫還是反舍之大夫也豹去叔孫
者傳言季孫以公命々豹使視邾滕而叔孫不從不書其族言違
公命故貶之也從公之命於理順也不視邾滕其是小也順君之
命其禮大不視邾滕爲是小豹不倚此順道以顯弱命之君而辨
小是以自從故以違命貶之也於時魯國君弱臣強政令出於季
氏魯君不得有命臣之理臣之小者季氏以己意命之皆不敢不
從也叔孫豹秉心強直季氏厭憚恐不從己意故假以公命々之
諸傳言以公命者實非公命而假稱公耳其時魯君未嘗有命
只稱公命是假可知豹雖心知是假若其即以爲負共敬從命則
國內義士皆將生心必相告云豹是國之大賢我等仰以取法閔

是公命雖非亦從則知公之取命奚不可違豈不使季氏懼而公
室尊也從公之命是爲順也如此雖實非公命豹但倚此順道以
從公命則弱命之君命得顯矣尊君卑臣在此一舉比視邾滕未
爲大夫豹乃辯其小是以從已心違君之命故貶之釋例曰季氏
專魯祿之去公室三世矣制命出於私門非國取知也叔孫豹魯
之賢臣猶用雅以矯時故季孫憚之不敢以已意假公命以敎叔
孫也邾滕之班不列於會豹不登朝國請受命而行邾滕降次是
非抗危既不馳請又不辭會而率意改命失命之甚其君民負
於深宮令一出命共命之使所宜崇長雖有小失遂而伸之國內
國知我君之命不可以違則季氏有懼而義士生心君子以豹不
倚順以顯弱命之君而辯小是以自從故以違命貶之也杜言辯
小是者豹云宋衛吾匹不視邾滕於理是也但比於申弱君之命
使臣卑而君尊此爲小耳　注今長至經誤　正義曰此經言十
二月而傳言十一月今杜以長歷推之乙亥是十一月朔非十二
月也傳曰辰在申再失閏矣若是十二月當爲辰在亥以申爲亥

則是三失閏非再失也推歷与傳合知傳是而經誤也　傳使烏
餘具車徒　正義曰必使烏餘具車徒者以三國皆具車徒若不
使亦具車徒恐其驚而覺也且烏餘竊邑諸侯不亡治之則烏
餘之衆強也慮其逆鬬勠聚以執之下云盡獲之是也　皆取至
於晉　正義曰古本亦有不重言諸侯者今定本重有諸侯若重
言諸侯則天下諸侯以此事故皆睦於晉也劉炫云晉宋古本皆
不重言諸侯則唯謂齊魯宋三國睦耳不重是也　注獻公至所
殺　正義曰十四年傳曰公使子蟜子伯子皮与孫子盟于丘宮
孫子皆殺之彼所殺者皆是公子而此臣是公孫公言臣也无罪
父子死余知是亦時死耳亦不知彼所殺者誰是臣之父也　子鮮
至難乎　正義曰逐我者應死而得生出納我者有功而更身死
章明也沮止也罰有罪所以止人為惡賞有功所以勸人為善今
賞罰既无章明何以得為止勸乎刑法也君失其信違信而殺
甯喜而國无法賞罰无所章明以此為國不亦難乎言治國難
也　注自誓不仕終身　正義曰終身不仕敘其辭也言自誓不

仕以終其身故傳言終身不仕也此終身者子鮮之身終也下云
公喪之終身者獻公之身終也獻公以二十九年夏卒其子鮮之
卒蓋差在獻公之前耳故公喪服以終身也　注稅即至終身
正義曰傳云公喪之者言公為之服喪服也礼无稅服之名如稅
服者不知何服也服虔云衰麻已除日月已過乃閔喪而服是為
稅服々々服之輕者案礼記過而追服實名為稅以閔凶之日為
服喪之始其服追過而服之衰麻不為有異何云服之輕者公若
依彼稅服法其兄弟之服則述是齊衰期耳何以得云如也杜以
其義不通故云稅即繐也蓋是聲相近而字改易耳喪服有繐
衰裳牡麻絰既葬除之其章唯有諸侯大夫為天子以外无人
服此服也喪服傳曰繐衰者小功之繐也鄭玄云治縷如小功而
成布四升半細其縷者以恩輕升數少者以服至尊凡布細而踈
者謂之繐是繐者縷細而布踈也喪服之文在大功之下小功之
上是非五服之常也既葬除之是本无月數也礼天子諸侯絶旁
期討公於子鮮不應為之服獻公痛愍子鮮特為服此服也此服

既无月數獻公服之不自云免月當止獻公尋自身薨至死未釈此服故云終身也兄弟之服本服期耳獻公驕謡之君不應過其常月杜言獻公尋薨謂此子鮮之卒差在獻公前耳　注此一至通称　正義曰司馬法成方十里出革車一乘此一乘之邑每邑方十里也論語云百乘之家大夫称家邑有百乘是百乘為采邑之極此云唯卿備百邑知所言邑者皆是一乘之邑非四井之邑也杜以一乘名邑書傳无文故引論語千室十室明其大小通称邑也　注蠹害物之虫　正義曰釈虫云蝎桑蠹李巡云蝎木中虫也穆天子傳云天子蠹書於羽陵曝去書内簡中之虫是虫在木中謂之為蠹昭三年傳云公聚朽蠹則在諸物之中皆名為蠹故云害物之虫也害物之虫既名為蠹故害於物者皆以蠹言之孫子兵書云與軍十万日費千金是兵為財用之蠹也　注折俎至之宴　正義曰折俎謂体解節折升之於俎周語文也宣十六年傳曰王享有体薦宴有折俎公當享卿當宴王室之礼也彼傳之意言享公當依享法有体薦也享卿當如宴法有折俎也彼王自

言之故云王室礼耳其諸侯之待公卿礼法亦當然也故此享趙孟而置折俎合卿享宴之礼故曰礼也周礼大司馬云大會同則帥士庶子而掌其政令大祭祀饗食羞牲魚是司馬掌會同薦羞之事故宋人享令司馬置折俎也　仲尼至文辞　正義曰此文甚略本意難知蓋於此享也賓主多有言辞時人跡而記之仲尼見其事善其言使弟子举是宋享趙孟之礼以為後人之法丘明述其意仲尼所以特举此礼者以為此享多文辞以文辞可為法故特举而施用之　注宋向至文辞　正義曰杜以賓主之辞礼有定式於此享也何以独多故觧其多辞之意服虔云以其多文辞故特举而用之後世謂之孔氏聘辞以孔氏有其辞故傳不復載也所言孔氏聘辞不知事何所出實享礼而謂之為聘举旧辞而目曰孔氏事亦不必然也　注趙武命盈追已　正義曰沈氏曰知非晋侯命者若是晋侯應云甲寅荀盈至令云從武至故知趙武命也杜云從武還盈如楚見此意耳　以藩為軍　正義曰古人行兵止則築為壘塹以備不虞此以藩籬為軍

者方欲殞矣以示不相忘也　注伯夙荀盈　正義曰伯夙即是
荀盈於傳亦无明擬未測何以知之服虔云伯夙晉大夫其意以
為別有伯夙非荀盈也　志將至及三　正義曰志將逞乎言其
不得逞也在心為志出口為言志有所之言乃出口故志以發言
也与人為信必言以告之故言以出信也於人有信志乃得立故
信以立志也人之處身於世常恐不得安定參即三也言也信也
志也三者俱備然後身得安定欲安其身用此三者以定之信也
則志不立失志必死不久何以得及三年　匹夫至其死　正義
曰匹夫謂賤人也賤人一為不信猶尚不可況國卿也不信之人
盡踣其死言无得生者前覆曰踣謂倒地死也　食言者不病
正義曰不病者不唯病害而已必至於死也言之不用若食之消
散故謂死信為食言也　夫能至及是　正義曰夫謂宋也宋能
致死助我令晉師与宋致死不但唯敵於楚更力倍於楚可也
子何須懼焉又想楚之人之情不應及是之惡　注西亶至敦之
正義曰案傳上文六月戊申叔孫豹至丁卯向戌如陳從子木成

言於楚子木乃請晉楚之從交相見則叔孫豢魯之時未有此交相見之議也子木既有此請季孫在國聞之季孫使謂叔孫者使人就宋謂之也於時季氏專魯國之利害季孫所量自慮兩屬貢賦必重疑邾滕將為人之私故令豹比視小國此直季孫意耳非公意也若是餘人為使季孫以己意命之无敢違者但叔孫強直季孫所憚告以己意恐不見從故假可公命以敦勸之望其敬稱公命而遂己志也長歷丁卯是六月二十一日也辛巳是七月五日也丁卯已有此議辛巳方始結盟則叔孫既得公命其去盟日猶遠反魯覆請足得往來但叔孫知非公命不復更請臨盟則率己之意自從所欲故釋例云豹不登朝國請受命而行邾滕降次更非抗危既不馳請又不辭會季意改命失命之甚是言其問足得反請而叔孫不請故責之也　注季孫至貶之　正義曰季孫專政於國魯君非得有命此以公命非公可知叔孫亦知非公命故不肯從之其實叔孫違命止違季孫意耳但季孫假以公命謂之叔孫無內知非公而其辭稱公即須從命叔孫既得此命

宜應内自思省我君由來无命今君唯以此命〻我事雖非理亦
宜聽從如是則敬君之情深矣豹宜崇此大順之道以顯弱命之
君而乃校計公言是非不肯同於小国遂其小是以忘大順故貶
之此義至妙唯杜始得之矣賈逵云叔孫義也魯疾之非也服虔
云叔孫欲尊魯国不為人私雖以違命見貶其於尊国之義得之
案經去其族是文貶也傳言違命是實惡也賈服違經反傳背
左氏異孔子〻〻貶之賈逵賞之丘明言其違命服虔善其尊
国是不以丘明之言解左傳不以孔子之意説春秋也　旦晉至
久矣　正義曰陳蔡鄭許乍南乍北成二年楚公子嬰齊為蜀之
盟諸夏之国大夫皆在是晉楚之更代主諸侯之盟實久也　注小
国主辨具　正義曰盟實大国為主而此云小国主盟知其主辨
具也哀十七年公會齊侯盟于蒙孟武伯問於高柴曰諸侯盟誰
執牛耳季羔曰鄫衍之役吳公子姑曹發陽之役衛石魋武伯曰
然則彘也所言主辨具者如彼執牛耳之類皆小国主備之法
當小国執牛耳鄫衍吳公子執之者於時吳為盟主夷不知礼故

自使其人執之也盟法大国制其言小国尸其叓此盟爭先歃不
爭主備叔向以小国主盟為言者叔向以久爭不決或將戰因盟
時小国有所主歃令趙孟下楚之假此以勸之耳　注客一至為客
正義曰享宴之礼賓旅雖多特以一人為客燕礼者諸侯燕臣之
礼也經云小臣納卿大夫々々々々皆入門右北面東上乃云射人
請賓公曰命某為賓々出立于門外更使射人納賓公降一等揖
之賓即客也是客一坐所尊也季孫飲大夫酒臧紇為客二十三
年傳也魯語云公父文伯飲南宮敬叔酒路堵父為客羞鼈小堵
父怒相延食鼈辭曰將使鼈長而食之遂出文伯母聞之怒曰吾
聞之先子曰祭養上尸享養上賓鼈於何有而使夫人怒也是一
坐所尊敬之叓也案燕礼記曰公与卿燕則大夫為賓与大夫燕
亦大夫為賓又聘礼燕聘賓則以上介為賓此宋公享大夫以趙
孟為客者燕礼謂与已之臣子燕嫌卿敵公故以大夫為賓聘礼
擬特來聘者敬其使人故使介為賓此則兼享晉楚之大夫異於
常礼以尊敬霸主之国故令趙孟為客服虔云楚君恒以大夫為

賓者大夫卑無尊之猶遠君也楚先歃為盟主故尊趙孟為客案
此享宋為主非楚之為主服之妄也劉炫云兼享晉楚之大夫不以
屈建為賓者賓唯一人出自當時意耳　子木至對也　正義曰
上云晉御不如楚其大夫則賢是也　注五君謂文襄靈成景
正義曰晉語訾祏對范宣子曰武子佐文襄諸侯无貳心為卿以
輔成景軍无敗政及為元帥居大傅國无姦民是以受隨范是其
光輔五君也服虔云文公為戎右襄靈為大夫成公為卿景公為
大傅　注鶉之至君也　正義曰伯有賦此詩者義取人之无善
行者我以此為君是伯嫌君之意於時鄭簡公是穆公之玄孫良
霄是穆公之曾孫君非良霄之兄杜言并取人之无良我以為兄
者周詩成文故連言之劉君以為非兄而規杜非也　注第簀也
正義曰釋器云簀謂之第孫炎曰床也郭璞曰牀版也然則牀是
大名簀是床版檀弓云大夫之簀与簀名亦得統床故孫炎以為
床也　保家之主也　正義曰大夫稱主言是守家之主不亡族
也下云數世之主亦然　詩以至賓榮　正義曰在心為志發言

為詩是稱所以言人之志意也鄭君實未有罪伯有稱人之死良是誣其上也但伯有不臣被公之所怒以公怒怒當自須掩蓋而賦詩道公死良反將公之所怨以為賓之榮寵劉炫云而公顯然將比來之怨以為對賓之榮樂也　樂以至可乎　正義曰印段賦蟋蟀義取好樂无荒无荒卽不淫也好樂則用樂以安民也其使民也又不淫以使之民皆愛之守位必固在人後亡不亦可乎　注欲宋至邑也　正義曰服虔云向戌自以止兵民不戰鬭自矜其功故求免死之賞也如服此言免死謂止兵不鬭民免死也杜以為謙則向戌自以為已免死也若使討謀不當則罪合死自矜其功言已得免死故請賞邑也　廢興至諸侯　正義曰言之術者謂德刑禮義是興存盛明之法術也驕淫殘虐是廢亡昏闇之法術也皆兵之由者謂皆畏懼此兵行善不行惡畏之則興不畏則亡故云皆兵之由也言不亦誣乎者謂廢興存亡悉皆由兵向戌之意以廢興存亡不須用兵是實須而誣罔云不須故云不亦誣乎服虔云斃踣也一曰罷也則知服本作弊王肅董遇本

皆作蔽謂以誣人之道掩諸侯也杜本作蔽當如王董為蔽掩之
也削而投之　正義曰宋公賞邑啓之於札向戌執之以示子
罕々々削其字而又投之於地也向戌初謀此事子罕不即止之
而至此始怒者蓋初謀子罕不知或子罕初亦不覺久思乃知其
非也　注有惡疾也　正義曰若非惡疾猶堪為後以疾而廢明
是惡疾々々疾之惡者也不知其何疾也論語稱伯牛有疾不欲
見人淮南子云伯牛癩此崔成猶邑作亂未必是癩也強死疾亦
不得立者愛後妻欲立明故也　文兄莫得進矣　正義曰成強
是崔杼之子而云文兄者成彊之意以崔杼任无咎与偃棄遠宗
族不可自斥於已故舉宗族文兄也　崔氏堞其宮　正義曰謂
新築女牆而守之　注謂斗至詳矣　正義曰斗建從甲至癸十
者謂之日從子至亥十二者謂之辰傳言辰在申者謂其日昏時
斗柄所指於十二辰為在申也九月當建戌而建申故為再失閏
也文十一年三月至今七十一歲應有二十六閏者歷法十九年
為一章々有七閏從文十一年至襄十三年凡五十七年已成三章

當有二十一閏又從襄十四年至今為十四年又當有五閏故為應有二十六閏也長歷推得二十四閏者杜以長歷實於其間分置二十四閏釈例云閏者會集數年餘日因宜以安之故閏月无中氣斗建斜指兩辰之間也魯之司歷漸失其閏至此年日食之月以儀審望知斗建之在申斗建在申乃是周家九月也而其時歷稱十一月故知再失閏也於是始覺其謬遂頓置兩閏以應天正以敘事期然則前閏月為建酉後閏月為建戌十二月為建亥而歲終焉是故明年經書春无冰傳以為時災也若不復頓置二閏則明年春是今之九月十月十一月也今之九月十月十一月无冰非天時之異无緣總書春也尋案今世所謂魯歷者不與春秋相符殆末世好事者為之非真也今俱不知其法術具依春秋經傳反覆其終始以求之近得其實矣杜言以儀審望者大史鑄銅作渾天儀列二十八宿之度設杭關候望以測七曜所在故於彼鑄銅儀而審望之知此月斗建申也長歷稱大凡經傳有七百七十九日漢末宋仲子集七歷以考春秋魯歷得五百

二十九日失二百五十日是其不与春秋相符也刘炫云遠取文十一年三月甲子者以三十年絳縣老人云臣生之歲正月甲子朔以全日故又云言通計者若總前閏以来短計不得有再失之理今遠従文十一年以来計之是為通計也　二十八年注十二至日誤　正義曰甲寅之後四十二日始得乙未則甲寅不得同月長歷推此年十二月戊戌朔甲寅是十七日其月无乙未也經有十一月十二月々不容誤知日誤也　傳注梓慎至其變　正義曰此年傳鄭游吉云歲之不易宋向戌云飢寒之不恤是今年言之也明年傳云鄭飢子皮餼国人粟於是宋亦飢子罕請於平公出公粟以貸是詳其變也　注歲々至失次　正義曰龍傳及国語所云歲在者皆謂歲星所在故云歲々星也五星者五行之精也歷書称木精曰歲星火精曰熒惑土精曰鎮星金精曰大白水精曰辰星此五者皆右行於天二十八宿則著天不動故謂二十八宿為經五星為緯言若織之經緯然也天有十二次地有十二辰丑子亥北方之辰也次之与辰上下相值故云星

紀在丑玄枵在子釈天云星紀斗牽牛也玄枵虛也孫炎曰星紀
日月五星之所終始也故謂之星紀虛在正北々方色玄故曰玄
枵々之言耗々虛之意也漢書律歴志云星紀初斗十二度終於
婺女七度玄枵初婺女八度終於危十五度是星紀為斗牛之次
玄枵為虛危之次也九年傳稱晉侯問公生歲乃曰十二年矣是
謂一終一星終也言歲星大率十二年而一周天也十八年晉董
叔曰天道多在西北是言其年歲星在亥也歲星右行於天至此
年十一年耳行未及周故此年歲星常法當在星紀明年乃當在
玄枵今年已在玄枵是其遥行失次也漢書律歴志載劉歆三統
歴歆以為歲星一百四十四年行天一百四十五次一千七百二十
八年為歲星歲數言數滿此年剩得行天一周也三統之歴以庚
戌為上元此年距上元積十四万二千六百八十六歲置此歲數
以歲星歲數一千七百二十八除之得積終八十二去之歲餘九
百九十以一百四十五乘歲餘得十四万三千五百五十以一百
四十四除之得九百九十六為積次不尽一百二十六為次餘以

十二除之得八十三去之盡是為此年更發初在星紀也欲知入次度者以次餘一百二十六乘一次三十度以百四十四除之得二十六度餘是歲星本平行此年之初已入星紀之次二十六度餘當在婺女四度於法未入於玄枵也傳言淫於玄枵未知已在玄枵先度此舉其大率耳而五星之行有遲有疾有留伏逆順於歷法更自別有推步之術此不可詳也注時菑至發洩正義曰傳先言无冰乃載梓慎之語則梓慎之語為无冰而發知時菑謂春无冰也言以有時菑者以其歲星淫行之年而有天時溫暖之菑四時之序冬月當寒故溫則為菑害也冬月盛陰用事陰寒在地而遏陽使不出時應寒而溫无冰是陰陽相競陰氣不能勝陽故陽氣出地地氣發洩而使時溫无冰也歲星自淫行天時自溫暖其溫不由歲星梓慎以其年有二變而總言其占耳服虔云歲為陽玄枵為陰歲乘陰進至玄枵陰不勝陽故溫无冰案下云蛇乘龍乃謂玄枵乘歲星非歲星乘玄枵也若必以其无冰謂歲乘玄枵所致則成元年春无冰者豈謂歲星乘玄枵

寺成十六年雨木冰者陰是玄枵（隷）歲星也　注蛇玄至所乘
正義曰虫獸在地而有象在天二十八宿分在四方方有七宿共成一象東方為青龍之象西方為白虎之象皆南首北尾也南方為朱鳥之象北方為玄武之象皆西首東尾也曲礼説軍陳象物云前朱鳥後玄武左青龍右白虎是玄武在北方也亀蛇二虫共為玄武故蛇是玄武之宿虚危之星也七星共為玄武但此星隣在虚危之分故特指虚危言之耳傳言蛇乘龍龍即此星也此星木精木位在東方方之宿為青龍之象故此星亦以龍為名寫龍行疾而失次出於虚危宿下龍在下而蛇在上是龍為蛇所乘也此星天之貴神福德之星今被乘勢屈是木不能祐其本國之象故知宋鄭饑也　注此星至之星　正義曰此星屬木木位在東方方之次皆是龍分天之分野卯為大火辰為壽星大火房心為宋分壽星角亢為鄭分故龍為宋鄭之星也然則寅為析木之津析木燕之分野梓愼言不及燕別當有以知之非吾徒所能測也　枵耗至何為　正義曰枵虚近耗

故枵是耗之名也次有三宿虛爲其中土虛不實而人民耗損不
饑何爲也地氣發洩而使時溫無冰卽是土虛之变也於時魯國
無冰是魯亦地氣發洩下子服惠伯言飢寒之不恤是魯亦饑矣
經不書饑々國差於宋鄭故梓慎唯言宋鄭饑耳　注陳侯至薊
縣　正義曰傳言宋之盟故魚文在諸國之下止爲楚屬發傳故
杜明之陳蔡胡沈爲宋盟朝晉其齊燕杞狄先非楚屬其朝不爲
宋之盟也譜云北燕姬姓召公奭之後也周武王封之於燕居薊
陽薊縣其國辟小不通諸夏自召公至簡公款二十九世始見經
簡公子獻公十二年獲麟之出也獻公子孝公七年春秋之傳終
矣孝公立十五年卒孝公以下六世始大称王十二世二百二十
五年秦滅之　小事至礼也　正義曰言小國之事大國也每
事順從若未獲大國所命之事但如其志之所欲卽不待彼命逆
卽從之如其志意礼也礼者自卑而尊人故先彩意志是事大之
礼也　君小國事大國　正義曰晉宋古本及王肅注其文皆如
此君國謂爲國君言其爲君之難也今定本作小國　今執至敢

憚　正義曰執事謂楚也楚人詰大叔唯有上述之語耳今游吉述使鄭伯來故游吉原其意為此辭作甚之言而執事有不利焉違盟言闕君德是於楚為不利也小國是懼懼楚不利耳不敢自憚勞也　注復上至故凶　正義曰卦從下起從下而盡陰爻至上六為純坤爻將從下變之故復為極陰反陽之卦也上處極位位極更无所往故為迷也既迷而復反本從下積而至迷是為失道已遠上應在三三亦陰爻遠而无應故凶也復易注云復反也還也陰氣侵陽陽失其位至此始還反起於初故謂之復陽君象君失國而還反道德更興也頤養也易注云頤者口車輔之名震動於下艮止於上口車動而上因輔嚼物以養人故謂頤為養也　注謂欲至其處　正義曰楚之子本意願鄭伯來朝全不顧道理唯欲復其本處　注元近至亦難　正義曰元近釋詁文也十者數之小成言失道遠者復之亦難故舉成數以言之周易復卦上六爻云迷復凶有災眚用行師終有大敗以其國君凶至于十年不克征是易有十年之語故游吉期之以十年服虔云此行

也楚康王卒至昭四年楚灵王合諸侯于申距今八年故曰不幾
十年是謂十年不克征也　注旅客至所在　正義曰易有旅卦
傳言羇旅々々皆是客故為客処也歳星常行之度廿年當在星紀
々々是其所居之次也今歳星棄其所居星紀之次乃客処在於
明年所居之次言其未應往而往向彼玄枵之次為客寄也
昭三十二年傳云越得歳而呉伐之必受其凶是歳星所在其國
有福為福之衝其國有禍今失次於北故禍衝在南子午之位南
北相衝謠於玄枵衝當鶉火南方為朱鳥之宿帑者細弱之名於
人則妻子為帑於鳥則鳥尾曰帑妻子為人之後鳥尾亦鳥之後
故俱以帑為言也天之分野鶉火周分鶉尾楚分歳星之衝当以
周楚之分故周王楚子受其咎也歳星客在玄枵唯衝鶉火而鶉
尾亦有咎者蓋以歳星漸西衝則漸東尾之於鳥猶是一身故衝
其身而及其尾此則裨竈能知亦非吾徒所測也廿与上文俱論
歳星乙次所占不同其叓俱驗而丘明兩載之是傳故備挙以示
卜占效驗惟人所在言其知之在於人各自有意見也　注至敵

至郊勞　正義曰聘禮賓至于近郊君使卿用束帛勞先設壇之法下云先君適四國未嘗不爲壇盖以朝禮君親行是重故有之也禮有壇墠者先儒以爲除地曰墠封土曰壇此并言除地封土者尚書金縢云三壇同墠是作壇在除地之内故除地封土并言之服虔本作墠解云除地爲墠王肅本作壇而解云除地坦坦者則讀爲墠也案下云作壇以昭其功以昭其禍若是除地草穢尋生不足以昭示後人杜言壇是也下言中舍者不爲壇則不除地故爲草舍耳　亦皆猶之　正義曰言國猶不廢也國近朝旨　正義曰慶封雖與舍政使舍知政是耳封猶有國之重故國之卿大夫皆近就盤家朝旨　使諸至反之　正義曰崔氏之亂但是莊公之黨崔氏以之爲賊當時辟難並悉出奔崔氏既亡慶封召令近國故言使諸逃亡之人得賊名而出者以己情告而悉反之　宗不余辟　正義曰男女辨姓則女亦辟宗癸謂慶舍爲宗言彼宗不於我處相辟也　公膳日雙雞　正義曰案禮記玉藻云天子日食少牢朔月大牢諸侯日食特牲朔月少牢其大夫

則日食特豚朔月特牲今膳日雙雞者齊国臨時之宜不如礼也
更之以鶩　正義曰釋鳥云舒鳧鶩舍人曰鳧野名也鶩家名也
李巡曰野曰鳧家曰鶩郭璞曰鴨也然則謂之舒者舒遲也家養
馴不畏人故飛行遲以遲別野名耳其為鴨一也　以其洎饋
正義曰說文云洎灌釜也周礼士師職云祀五帝則洎鑊水鄭玄
云洎謂增其沃汁也然則洎者添釜之名添水以為肉汁遂名肉
汁為洎去肉而空以汁饋欲其怨之深也　注二子皆恵公孫
正義曰昭三年傳云二恵競爽猶可又十年傳曰齊恵欒高氏皆
耆酒是知皆恵公孫也　注慶封至之道　正義曰釋宮云大逹
謂之莊注爾雅者皆以為六道旁出杜以九逹並九軌故亦以莊
為六軌也　慶奊為上献　正義曰祭祀之礼主人先献下文慶
舍死公懼而飯則於時公親在矣又以此祭慶舍涖事公与慶舍
不為上献而奊為上献者慶舍使為之不可以礼責也奊即繩也
為下殺慶繩張本　注優俳　正義曰優者戲名也晉語有優施史
記滑稽傳有優孟優旃皆善為優戲而以優著名史游急就篇云

倡優俳笑是優俳一物而二名也今之散樂戲為可笑之語而令人之笑是也宋大尉袁淑取古之文章令人笑者次而題之名曰俳諧集　慶氏之馬善驚　正義曰善驚謂數驚古人有此語今人謂數驚為好驚好亦善之意也　注魚里至觀之　正義曰杜以優在魚里士往觀之刘炫以為國人從旁為優引行以至魚里以規杜氏但傳文不顯古叓難知刘輒以為規一何煩碎　注甍屋棟　正義曰先儒相傳為然也張衡西京賦曰甍宇齊平言諸屋桷簷高下等也說文云甍棟梁也是又名為梁此是屋上之長材椽所以馮依者也今俗謂之屋脊　注礼食至不共　正義曰礼法食必先祭々古之先食以示有所先也公食大夫礼云賓升席坐取韭菹以辯擩于醢上豆之間祭又言祭鉶羹於上鉶之間祭飲酒於上豆之間是祭食之礼各有其処論語云汎愛衆汎是寬博之語故知汎祭為遠散所祭言其不共也　注句餘至吳邑　正義曰此時吳君是餘祭也明年餘祭死乃夷末代立昭十五年吳子夷末卒是也服虔以句餘為餘祭社以為夷末者以慶

封此年之末始来奔魯齊人来讓方更奔呉明年五月而閽弑餘
祭計其閒未得賜慶封以邑故以句餘為慶未也　注六十邑
正義曰傳直言六十社知六十邑者下云与北郭佐邑六十則此
亦是六十邑也　外不得宰　正義曰外猶以外宰猶益也以邶
殿為外也言吾先有邑更不得益邶殿耳　夫民至幅之　正義
曰人皆欲生計重厚而多財用利益心既无厭於是乎用正德以
幅之言用正德以為边幅使有度也　武王有亂臣十人　正義
曰尚書泰誓文也亂治也以武王自言我有治理政事者十人鄭
玄論語注云十人謂文母周公大公召公畢公榮公大顛閎夭散
宜生南宮适　不十人不足以葬　正義曰案武王有亂臣十人而始
天下崔子若有十人唯得葬者武王聖人十人皆大德故有天下
崔子是罪人又有十人是凡人故唯可以葬也所引武王十人者唯
取月心之義　与我其拱璧　正義曰其者其崔杼也故云崔氏
大璧拱謂合兩手也此璧兩手拱抱之故為大璧　注始求至知
之　正義曰始求崔杼尸不得嫌以他尸代之傳言國人猶知之皆曰

崔子言猶尚識其形知是真崔子也　濟澤至敬也　正義曰此
意取采蘋之詩也詩云于以采蘋南澗之濱于以采藻于彼行潦
于以奠之宗室牖下誰其尸之有齊季女彼詩采蘋於澗采藻於
潦此并言行潦之蘋藻又別言濟澤之阿者以其本是出菜之処
故先言之也独言濟者以濟在魯国故穆叔独举所見而言也女
将行嫁就宗子之家教之以四德三月教成設祭於宗子之廟此
詩述教成之祭寘諸宗室謂薦於宗子之家廟也詩言季女而此
言季蘭謂季女服蘭草也案宣三年傳曰蘭有国香人服媚之
如是々女之服蘭也　向戌至楚也　正義曰魯宋俱是朝楚而向
戌与叔仲昭伯言不同者二者並為楚是大国故朝其君昭伯欲
令公行故以国大勸公言大国可畏也向戌欲令公还故以君身規
公言君死且反也意異故言異耳　注徵審至発例　正義曰昭
三十年傳云非公且徵過也杜云徵明也則此徵之訓亦為明々審
此襚告者非有变故宜襚直是臣子怠慢耳杜序以故書為新意
故此発新例以明諸非变故而襚来告者皆是譏其怠慢也

春秋正義卷第二十四

計一万六千一百四十六字

春秋正義單疏本爲世間罕見之書，日本宮內省圖書寮藏有傳鈔本，不知何日流出二冊，爭於己酉年得之書肆，不悲令此秘笈歸於散佚，因以之歸圖書寮，俾成完璧，亦藝林佳話也。

宣統二年　田吳炤記於古硯盦

得圖書寮假鈔秘本以爲酬　潛山又記

春秋正義 廿五之廿七

九

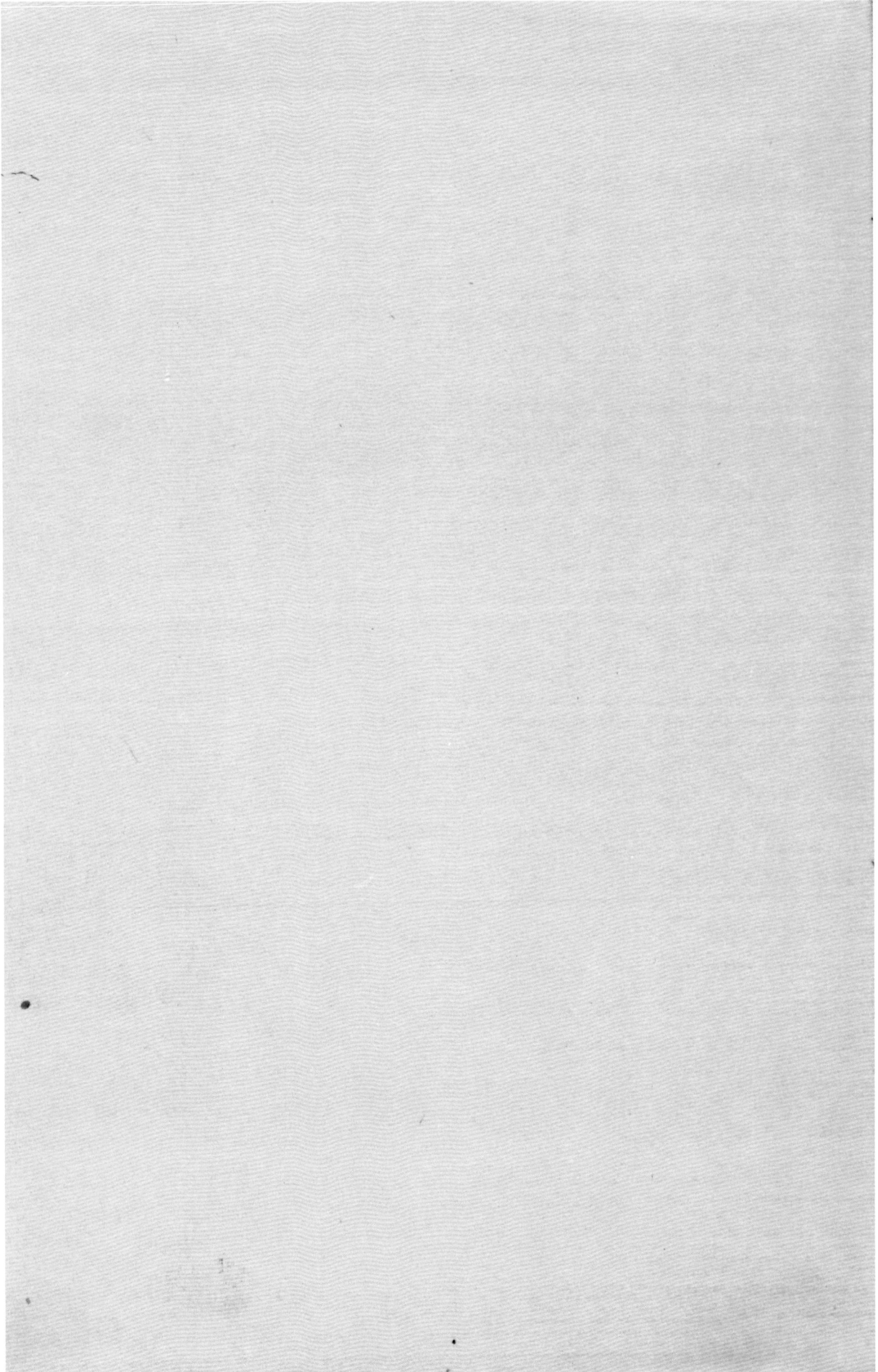

春秋正義卷第二十五　　襄公

國子祭酒上護軍曲阜縣開國子臣孔　穎達　等奉

勅撰

二十九年注公在至明常　正義曰僖十六年冬公會諸侯于淮十七年秋九月公至自會宣七年冬公會諸侯于黑壤八年春公至自會成十年秋公如晉十一年春公至自晉十二年冬公如晉十三年春公至自晉此等正月公皆不在其類多矣是公在外闕朝正之礼甚多而皆不書唯書此一年者魯公如楚之云々釋例曰襄二十九年春正月公在楚之凡公之行始則書所如還則書公至今中復書公在楚者明國之守臣每月亦以公不朝之故告於廟也每月必告而特於正月釋之者蓋歳之正也月之正也日之正也三始之正嘉礼所重人理所以自新故特顯以通他月也公之在外所以闕朝正之礼甚多唯書此一年釋此一事者斯礼為常非義例所急故因公遠出踰年存此一事以示法也　注四月盟

正義曰衎以成十五年即位其年盟于戚十七年于柯陵十八年于虛

打襄三年于雞澤五年于戚七年及孫林父盟九年于戚十一年于亳城北二十七年于宋衎自前即位及後復歸凡与曹九同盟剡炫以為杜云四同盟者誤今知不然者以其与成公三盟不數五年盟戚經不書不數七年林父是大夫又特共曹盟亦不數故為四同盟也劉不尋此理而規杜過非也　注閽守至言盜　正義曰周禮閽人王宮每門四人鄭玄云閽人司昏晨以啓閉者刑人墨者使守門既服墨刑使之守門是下賤人也哀四年盜殺蔡侯申此爲下賤非士故不言盜也穀梁傳曰不稱名姓閽不得齊於人不稱其君閽不得君其君也　注公孫至卿行　正義曰公孫段即伯石也於三十年傳伯有死始命伯石爲卿則此時未爲卿矣未爲卿而得書其名故疑之云蓋以攝卿行也以隱公攝位爲君而國人君之諸侯与之知攝位爲卿者諸侯亦即以爲卿序之於列故史得以卿書也文七年傳稱晉使先蔑如秦逆公子雍荀林父諫蔑曰攝卿以往可也何必子是知有使大夫攝卿之法也　注杞復至禮也　正義曰杞入春秋書爵稱侯又稱伯依二十

三年二十七年稱子傳曰用夷礼故曰子自尔来常稱為伯今以復稱子傳云書曰子賤之也明為用夷礼故賤之知杞復稱子用夷礼也　注呉子至上国　正義曰上云閽弑呉子使札聘傳曰其出聘也通嗣君也不知通嗣君通誰嗣也賈逵服虔皆以為夷末新即位使来通聘案隱三年武氏子来求賻文九年毛伯来求金並不言王使傳皆云王未葬也是知先君未葬嗣君不得命臣此与閽弑呉子文不隔月呉魯相去經塗至遠豈以君死之月即命臣乎而得書呉子使也且傳稱季札至魯偏觀周樂至戚聞鍾聲説孫文子云君又在殯而可以樂乎自請觀樂説人聽樂曠世大賢豈当若是故杜以為通嗣君通餘祭嗣也二十五年遏為巣牛臣所殺餘祭嗣立至此始使札通上国呉子未死之前命札出使既遣札聘而後身死札以六月到魯未及聞喪故每事皆行吉礼也經傳皆无札至之月知以六月到者以城杞在五月之下城杞既訖乃有士鞅来聘杞子来盟若共在月中則不容此事下文有秋知札以六月至也札去之後呉始告喪告以五月被弑故追書

在聘上介札賓公子不書公子者吳是東夷其礼来同於上国故史不書氏以札是卿故書其名耳釈例曰吳晩通上国故其君臣朝會會不同於例亦猶楚之初始也昭二十七年傳称延州来季子聘于上国是吳謂諸夏為上国也 傳注釈解亦朝正 正義曰公本在国每月之朔常以朝享之礼親自祭廟今以在外之故闕於此礼国之守臣於此朔日告廟云公在楚之史官因書於策傳解其告廟之意告云公在楚者解釈公所以不得親自朝正也

楚人使公親襚 正義曰檀弓云襄公朝于荊康王卒荊人曰必請襲魯人曰非礼也荊人強之巫先拂柩荊人悔之記之所言即是此事所異者此言請襚彼言請襲此言祓殯彼言拂柩雖復說此事先後不同礼死而浴浴即襲襲之後始小斂大斂乃殯案往年傳公及漢聞康王卒公欲反則康王之卒公未至楚楚人使公親襚傳在此年言之則此年始令公親襚襚不得為襲也卒已踰月不得拂柩仍在地足知殯是而柩非記虛而傳實也然則襚衣所以衣尸既殯而使公襚者致襚所以結恩好其衣不必充用雜記云致

襚之礼云委衣于殯东是既殯猶致襚也　文九年秦人来皈僖公
成风之襚僖薨十年猶致之况既殯也　注諸侯至之比　正义
曰雜記云弔者含襚賵臨是諸侯之臣使於隣国之礼也楚人以
諸侯相於有遣使賵襚之礼今以公身既在意在輕魯欲以公依
遣使之比使公親行之也　祓殯至幣也　正义曰案雜記諸侯
使臣致襚之礼云委衣于殯东今楚人以公身在意欲輕魯令公
依遣使之比公以楚人輕已所以恵之故穆叔云若使巫人先往
祓殯則是君臨臣喪之礼祓除既了而行襚礼布陳衣物与行朝
之時布陳幣帛无異有何可恵刘炫云朝礼两君相見先授玉然
後致享乃布陳幣帛於庭也祓殯者君臨臣喪之礼先使祓殯行
臨喪之礼然後致襚則全是布幣之礼言与朝而布幣无異也
君臨臣喪者由先見臣故以祓殯比行朝礼自然致襚似布幣楚
以親襚屈魯々以祓殯自尊令賛曰既云以殯有凶邪是恩恵之
本肯親襚穆叔云先使巫人祓除殯之凶邪々々既无而行襚礼
布陳衣物与行朝之時布陳幣帛无異言俱无咎有何可恵

乃使巫祓殯　正義曰巫者接神之官周礼男巫王弔則与祝前
檀弓云君臨臣喪以巫祝桃茢執戈惡之也鄭玄云爲有凶邪之
氣在側桃鬼所惡茢萑苕可埽不祥君臨臣喪礼有此法故使巫
以桃茢先祓殯若以楚子爲臣然所以厭楚也茢是帚蓋桃爲棒
也詩毛傳曰苕爲萑〻苕謂苕穗也杜云茢黍穰者今世所謂苕
帚者或用苕穗或用黍穰是二者皆得爲之也　注兵死至北郭
正義曰周礼冢人掌公墓之地辨其兆域凡死於兵者不入兆域
注璽印也　正義曰蔡邕獨斷云璽印也信也天子璽白玉螭虎
紐古者尊卑共之月令曰固封璽季武子使公冶問璽書追諸侯
大夫印稱璽也衛宏云秦以前民皆以金玉爲印唯其所好自秦
以來唯天子之印獨稱璽又以玉群臣莫敢用也案周礼掌節貨
賄用璽節鄭玄云今之印章也則周時印已名璽但上下通用
公曰祇疏也　正義曰武子書云聞卞將叛則是叛形未著故公
猜之言武子自欲得之而誣言其叛多見疏外我也多見疏猶論
語云多見其不知量也服虔本作祗見疏解云祗適也晉宋杜本

皆作多古人多秖同音張衡西京賦云炙炮夥清酤多皇恩溥洪
德施〻与多為韻式彰衆矣　注以卿禮賞之　正義曰公治先為
大夫公今以恩加賜知以卿服玄冕賞之也周礼司服云卿大夫
之服自玄冕而下是卿与大夫同服玄冕也其旒蓋以命數為異
耳　葬灵王至段往　正義曰鄭之上卿即子展也有事謂君適
楚而代守国也計於時鄭卿在国猶有子西伯有不使彼行而使
印段者蓋別有所掌共子展守国故不得行也　注詩小至跪處
正義曰小雅四牡之章盬亦蠱也昭元年傳曰於文皿虫為蠱穀
之飛亦為蠱〻是虫之害物故為不牢固也釈言云皇暇也啓跪
也李巡曰皇間暇也啓小跪也言王事无有不牢固己為牢固之
故不得間暇而跪處也　以子展之命　正義曰蓋死日近死時
民已飢故假其生時之遺命也　隣於善民之望也　正義曰隣
近也近於善民亦望君為善也　注治理至其城　正義曰經書城杞[illegible]
杞城耳下使女叔侯来治杞田知治杞〻之地非徒修其城也　夏肄是屏
正義曰方言云肄枿餘也秦晋之間曰肄鄭玄云斬而復曰

肆杞是夏後滅而復存猶木之枿生小栽也　射者三耦　正义
曰燕礼云若射則大射正為司射如鄉射之礼是燕有為射之時
也此云公享之則享法亦有射也周礼射人云諸侯之射以四耦
此三耦者彼是畿内諸侯故四耦此及儀礼大射畿外諸侯故三
耦或當臣与君異也　注不尚取貨　正义曰服虔云不尚〻
也尚當取女叔侯殺之下文叔侯云先君而有知也毋寧夫人而
焉用老臣服虔云毋寧〻也寧自取夫人將焉用老臣乎杜以其
言大悖充復君臣之礼故改之以為夫人云不尚取之者先君不
高尚此叔侯之取貨也毋寧夫人謂先君當怪夫人之所為也刘
炫以夫人慍而出辞則其言當悖直言不尚此意所譏大輕淺非
是慍之意昭八年穿封戌云若知君之及此匿恨不殺灵王其意
乃悖於此蓋古者不諱之言服虔之説未必非也　好善而不能
择人　正义曰昔有南筌貴邸国公薄威常尚曰知人是善
然後好之何以言其不能择人有曰好善仁择人鑒虽有仁心鉴
不周物故好而不能择也刘炫以此言亦有所切於彼　注曹以

至礼条　正義曰明堂位云成王以周公爲有勲勞於天下是以封周公於曲阜命魯公世々祀周公以天子之礼条又曰凡四代之服器魯兼用之是魯以周公故有天子之礼条也　歌周南召南　正義曰歌周南召南之詩而以条音爲之節也周南召南皆文王之詩也周召者岐山之陽地名周之先公曰大王者自豳始遷焉而脩德建王業大王生王季王季生文王於時雍梁荊豫徐揚之民皆歸文王々々三分天下有其二以服事殷文王改都於豐乃分岐邦周召之地賜周公旦召公奭以爲采邑使此二公施教於己所職之国爲文王行先公賢化与己聖化使二公雜而施行之但南土感化有深有淺其作詩也或感聖化或感賢化及武王伐紂定天下巡守述職陳諸国之詩以觀民風俗其六州所作詩其得聖人之化者謂之周南其得仁賢之化者謂之召南其實皆是文王之化而分繫周召二公耳必分繫者文王以諸侯之身行王者之化詩人述其本志爲作聖賢之風此詩体實是風不可以雅名之文王身有王号不可以風繫之名々所繫詩不可棄因

二公為王行化是故繫之二公周公聖以聖化繫之召公賢以賢化繫之周南十一篇召南十四篇季札此時徧觀周樂詩篇三百不可歌盡或每詩歌一篇兩篇以示意耳未必盡歌之也劉炫云不直言周召者以其實非二公身化也言南者詩序云言化自北而南也謂從岐周南被江漢也 注此皆至音曲 正義曰詩人觀時政善惡而發憤作詩其所作文辭皆準其樂音令宮商相和使成歌曲樂人采其詩辭以為樂章述其詩之本音以為樂之定聲其聲既定其法可傳雖多歷年世而其音不改今此為季札歌者各依其本國歌所常用聲曲也由其各有聲曲故季札聽而識之言本國者變風諸國之音各異也 注美其聲 正義曰先儒以為季札所言觀其詩辭而知故杜顯而異之季札所云美哉者皆美其聲也詩序稱詩者志之所之也在心為志發言為詩情動於中而形於言言之不足故嗟歎之長歌以申意也及其八音俱作取詩為章則人之情意更復發見於樂之音聲出言為詩各述己情聲能寫情情皆可見聽音而知治亂觀樂

而曉盛衰神瞽大賢師曠季札之徒其當有以知其趣也
注未已至怨怒　正義曰詩序云治世之音安以樂亂世之音怨
以怒此作周召之詩其時猶有紂存音雖未已安樂已得不怨怒
矣　注武王至之化　正義曰邶鄘衛者商紂畿內之地名也漢
書地理志云周既滅殷分其畿內為三国詩風邶鄘衛国是也邶
以封紂子武庚鄘管叔尹之衛蔡叔尹之以監殷民謂之三監故
書序曰武王崩三監叛周公誅之盡以其地封弟康叔故邶鄘衛
三国之詩相與同風此注取漢志為說也漢世大儒孔安国賈逵
馬融之徒皆以為然故杜亦同之鄭玄詩譜云武王伐紂以其京
師封紂子武庚為殷後庶殷頑民被紂化日久未可以建諸侯乃
三分其地置三監管叔蔡叔霍叔使尹而監教之自紂城而北謂
之邶南謂之鄘東謂之衛武王崩後五年周公居攝三監導武庚
叛成王既黜殷命殺武庚後伐三監更於此三国建諸侯以殷餘
民封康叔於衛使為之長後世子孫稍強兼并彼一国混其地而
名之先儒唯鄭言然康叔以後七世至頃侯仁人不遇邶人作柏舟

之詩以刺之以後継作十九篇為邶風十篇為鄘風十篇為衛風皆美刺衛君而為三耳此三国之風實同是衛詩而必分為三者鄭玄云作者各有所傷從其本国分而異之故為邶鄘衛之詩焉其意以為邶鄘衛各是大国土風不同作者雖俱有美刺而各述土風故大師各從其本国而異之 注康叔至疑言 正義曰康叔周公弟武公康叔九世孫世本世家文也魯為季札作楽為之歌声曲耳不告季札以所歌之楽名也札言吾聞康叔武公之德如是今先聞其善今声合其意雖不知其名而疑是衛風也言是其衛風乎疑之辞也直聽声以為別不因名而後知故有疑言焉注王黍至為雅 正義曰王詩黍離為首王非国名故挙首篇以表之王者周東都王城畿内方六百里之地也始武王作邑于鎬是為西都周公攝政営洛邑謂之王城是為東都成王既居洛邑後還歸西都十一世至幽王遇西戎之禍平王東遷王城於時王政不行於天下其風俗下同諸侯王畿内之人悪刺者以其政同諸侯皆作風詩不復為雅其音既是風体故大師別之謂之王国

之変風也謂之王者以王當周猶春秋之王人天命未改尚尊之故不言周也　為之歌鄭　正義曰周宣王封母弟友於西都畿内是為鄭桓公於漢則京兆郡鄭縣是其都也幽王之時桓公為大司徒見幽王政荒問於史伯曰王室多故余懼及焉其何所可以逃死史伯教之謂洛河潁之間有虢鄶之国取而守之唯是可以少固及幽王為犬戎所殺桓公死之其子武公与晋文侯定平王於東都王城卒取史伯所云虢鄶之地而居之於漢則河南郡新鄭縣是其都也武公又作鄭士国人作緇衣之篇以美之以後凡二十一篇皆鄭風也　曰美哉其亡乎　正義曰樂歌詩篇情見於聲美哉者美其政治之音有所善也鄭君政教煩碎情見於詩以樂播詩見於聲内言其細碎已甚矣下民不能堪也民不堪命国不可久是国其將在先亡乎居上者寛則得衆為政細密庶事煩碎故民不能堪也　為之歌齊　正義曰齊者古少皞之世爽鳩氏之虚也武王伐紂封太師吕望於齊是為齊太公其封域在禹貢青州岱山之陰濰淄之野於漢則齊郡臨淄縣是其都也

大公後五世哀公荒淫怠慢国人作雞鳴之詩以刺之以後凡十一篇皆齊風也　為之歌豳　正義曰豳者禹貢雍州岐山之北原隰之野其地西近戎北近狄豳是彼土之地名於漢則扶風郡栒邑縣是其都也周室之先后稷之曾孫曰公劉者自邰而遷彼乎田能脩后稷之業教民以農桑民咸歸之而成國積九世至大王乃入処於岐山世々脩德卒成王業武王崩成王幼周公攝政管蔡流言云公將不利於孺子周公於是舉兵東伐之乃陳后稷先公風化之所由致王業之艱難作七月之詩以表志大師以其主意於先公在豳時之事故別其詩以為豳国之變風凡七篇皆是周公之事也　曰美哉東乎　正義曰美哉蕩々寬大之意好樂不已則近於荒淫故美其樂而不淫也先閔周公之德此事因於所閔故疑之云其周公之在東乎言在東之時為比事也　為之歌秦　正義曰秦者隴西山谷之名於漢則隴西郡秦亭秦谷是也堯時有伯益者佐禹治水有功帝舜賜之姓曰嬴氏其後世之孫曰非子事周孝王孝王使之養馬於汧渭之間

封之為附庸邑之於秦谷非子曾孫秦仲宣王又命以為大夫始有車馬礼樂侍御之好国人作車隣之詩以美之秦仲之孫襄公平王之初興兵討西戎以救周王既東遷乃以岐豊之地賜之始列為諸侯更有駟驖以下凡十篇皆秦風也　注詩箋至不同

正義曰此為季札歌詩風有十五国其名皆与詩同唯其次第異耳則仲尼以前篇目先具其所刪削蓋亦無多記傳引詩亡逸甚少知本先不多也史記孔子世家云古者詩三千餘篇孔子去其重取三百五篇蓋馬遷之謬耳　為之歌魏　正義曰魏者虞舜夏禹所都之地在禹貢冀州雷首之北析城之西於漢則河東郡河北縣是其都也周以封同姓世本無魏君名謚不知始封之君何所名也鄭玄以為周王平桓之世魏君儉嗇且褊急不務施德国人作葛屨之詩以刺之後凡七篇皆魏風也　為之歌唐

正義曰唐者帝堯旧都之地於漢則大原郡晋陽縣是也周成王封母弟叔虞於堯之故虛曰唐侯其地南有晋水虞子燮父改為晋侯燮父後六世至僖侯甚嗇愛物儉不中礼国人閔之作蟋蟀

之詩以刺之以後凡十二篇皆唐風也詩序云此晋也而謂之唐
本其風俗憂深思遠有尭之遺風又叔虞初国亦以唐為名故名
其詩為唐風　曰思至若是　正義曰陶唐之化遺法猶在歌之
民与唐世民同故察此歌曰思慮深遠哉見其思深故疑之云其
有陶唐氏之遺民乎若其不是唐民何其憂思之遠也非承令德
之後誰能如此深慮也令德謂唐尭也　為之歌陳　正義曰陳
者大皡伏犧氏之虚也於漢則淮陽郡陳縣是其都也帝舜之冑
有虞遏父者為周武王陶正武王頼其利器用又以其人是聖舜
神明之後乃封其子満於陳使奉虞舜之祀賜姓曰媯是為陳胡
公後五世至幽公荒淫无度国人作宛丘之詩以刺之以後凡十
篇皆陳風也　注鄶第至微也　正義曰言以下知兼有曹也鄶
者古高辛氏火正祝融之虚也国在禹貢豫州外方之北滎波之
南居溱洧之間於漢則河南郡密縣竟内有其都也祝融之後分
為八姓唯有妘姓為鄶国者処祝融之故地焉鄶是小国世本无
其号謚不知其君何所名也鄭玄以為周王夷厉之時鄶公不務

政衰而好衣服大夫作羔裘之詩以刺之凡四篇皆鄶風也其後鄭武公滅其國而處之曹者禹貢兖州陶丘之地名於漢則濟陰郡定陶縣是其都也周武王封其弟叔振鐸於曹後十一世當周惠王時昭公好奢而任小人國人作蜉蝣之詩以刺之以後凡四篇皆曹風也鄶曹二國皆國小政狹季子不復譏之以其微細故也

爲之歌小雅　正義曰詩序云言天下之事形四方之風謂之雅雅者正也政有小大故有小雅焉有大雅焉則小雅大雅皆天子之詩也立政所以正下故詩序訓雅爲正又以政解之天子以政教齊正天下故民述天子之政還以齊正而爲名故謂之雅也王者政教有大有小詩人述之亦有大小故有小雅大雅焉擬詩以小雅所陳有飲食賓客賞勞群臣燕賜以懷諸侯征伐以強中國樂得賢者長育人材於天子之政皆小事也大雅所陳有受命作周代殷繼伐受先王之福祿尊祖考以配天醉酒飽德官人用士澤被昆蟲仁及草木於天子之政皆大事也詩人歌其大事制爲大體述其小事制爲小體體有大小故分爲二焉詩體既異

条音亦殊其音既定其法可傳後之作者各從其旧二雅正經述小政為小雅述大政為大雅既有小雅大雅之体亦有小雅大雅之音王道既衰変雅並作取小雅之音歌其政事之変者謂之変小雅取大雅之音歌其政事之変者謂之変大雅故変雅之美刺皆由音制有大小不復由政事之大小也凡述諸侯之政非无大小但化止一国不足分别頌則功成乃作皈美報神皆是大事无侯小体故風頌不分唯雅分為二也周自文王受命發跡肇基武王伐紂功成業就及成王周公而治致升平頌声乃作此功成之頌本由此風雅而来故録周南召南之風鹿鳴文王之雅以為諸之正經討周南召南之風鹿鳴文王之雅所述文王之事亦有同時者也但文王実是諸侯而有天子之政詩人所作立意不同述諸侯之政則為之作風述天子之政則為之作雅就雅之内又為大小二体是由体制異非時節異也詩見積漸之義小雅先於大雅故魯為季札亦先歌小雅　曰美哉民寡　正義曰杜以此言皆歎正小雅也言其時之民思文武之德不有二心也虽怨時政而已

怨而不言其是周德衰小之時乎猶有殷先王之遺民故使周德未得大也服虔以為此歎變小雅也其意言思上世之明聖而不貳於商時之王怨當時之政而不有背叛之志也其周德之衰微乎疑其幽厲之政也劉炫以服言為是而謂杜解錯謬令知不然者以小雅大雅二詩相對令歌大雅云其文王之德乎是歌其善者以大雅準之明知歌小雅亦歌其善者也若其不然何意大雅歌善小雅歌不善且魯為季札歌詩不應揚先王之惡以示遠夷劉不達此旨以服意而規杜非也　注衰小也　正義曰衰者差也九章算術謂差分為衰分言從大漸差而小故杜以衰為小也服虔讀為衰微之衰謂幽厲之時也　注大雅至天下　正義曰大雅亦有武王成王之詩杜唯言文王者以下云其文王之德乎故也　注頌者至神明　正義曰鄭玄云頌之言容也天子之德光被四表格于上下无不覆燾无不持載此謂之容也詩序云頌者美盛德之形容以其成功告於神明者也言天子盛德有形容可美々々之形容謂道教周備也成功者營造之功畢也天之所

營在於命聖〻之所營在於任賢〻之所營在於養民〻安而財豐衆和而定濟如是則司牧之功畢矣故告於神明也列炫又云干戈既戢夷狄来賓嘉瑞悉臻遠近咸服群生遂其性万物得其所即功成之驗也万物本於天人本於祖天之所命者牧人祖之所本者成業人安業就告神明使知雖社稷山川四嶽河海皆以民為主歆民安樂故作詩歌其成功徧告神明所以報神明恩也王者政有興廢未嘗不祭群神祖廟政未太平則神无恩力故太平德洽始報神功也頌詩止述祭祀之状不言德神之力者美其祭祀是報德可知言其降福是荷恩可知此王小雅云先祖非人胡寧忍予則於時之意豈復美其祭乎故美其祭則報情顯以成功告神明之意如此止謂周頌也其商頌則異於是祭祀之歌祭先祖王廟述其生時之功乃是死後頌德非以成功告神意同大雅與周頌異魯則止頌僖公纔如變風之美者文体類小雅又與商頌也此當是歌周頌杜解盛德所同蓋殷魯三頌皆歌也曰頌〻同也　正義曰頌矣哉言其美之至也以王道周備故為

至美也自直而不倨至行而不流凡十四叓皆音有此意明王者之德季札或取於人或取於物以所見此德每句皆下字破上字而美其已不然也人性直者失於倨傲此直而已不倨也謂王者体性質直雖富有四海而不倨傲慢易在下物有曲者失於屈橈此曲而已不屈也謂王者曲降情意以尊接下恒守尊嚴不有屈橈相去近者失於相偪此近而已不偪也謂王者雖為在下与之親近能執謙退不陵偪在下相去遠者失於乖離此遠而已不攜也謂王者雖為在下与之踈遠而已不有攜离精疑在下數近從者失於淫泆此近而已不淫也謂王者雖有近動流去已以德自守不至放蕩去而復反則為人所厭此復而已使不厭也謂王者政教日新雖反覆而行不為下之厭薄哀者近於憂愁此哀而已不愁也謂王者雖遇凶災知運命知此不有憂愁樂者失於荒廢此樂而已不荒廢也用之不已物將匱乏此用而不可匱也志寬大者多自宣揚此雖廣而不自宣揚也好施与者皆費財物此已施而不費損也取人之物失於貪多此雖取而不為貪多也處而

不動則失於留滯此雖久處而已不底滯也謂王者相時而動時未可行雖復止處意不底滯行而不已則失於流放此雖常行而能不流放也謂王者量時可行施布政教能制之以義不妄流移五聲之音皆和八方之風皆平八音之作有節其節皆有常度音之所守有分其守各有次序周魯與商皆有盛德此上諸文盛德之所同也　注八音至序也　正義曰八音克諧無相奪倫殊異文也倫理也言八音能和諧是其音有節度也八音不相奪道理是音各守其分有次序也　注頌有至所同　正義曰杜以爲之歌頌言其亦歌商魯故以盛德之所同謂商魯與周其德俱盛也劉炫以爲魯頌只美僖公之德本非德洽之歌何知不直據周頌而云頌有商魯乎今知不然者但頌之大体皆述其太平祭祀告神之事魯頌雖非太平經稱皇皇后帝皇祖后稷又云周公皇祖亦其福女美其祭神獲福與周頌相似且季子請周作頌取其美名又季札至魯欲褒崇魯德取其一善故云盛德所同若直歌周頌宜加周字不得唯云歌頌故杜爲此解劉以爲魯頌不得與周

頌同而規杜氏非也　見舞象箾南籥者　正義曰樂之為樂有歌有舞歌則詠其辭而以聲播之舞則動其容而以曲隨之歌者樂器同而辭不一聲隨辭變曲盡更歌故云為之歌風為之歌雅及其舞則每樂別舞其舞不同季札請觀周樂魯人以次而舞每見一舞各有所歎故以見舞為文不言為之舞也且歌則聽其聲舞則觀其容歌以主人為文故言為歌也舞以季札為文故言見舞也樂有音聲唯言舞者樂以舞為主周禮大司樂云以樂舞教國子舞雲門大卷大咸大磬大夏大濩大武文云乃分樂而序之以祭以享以祀舞雲門以祀天神舞咸池以祭地祇舞大韶以祀四望舞大夏以祭山川舞大濩以享先妣舞大武以享先祖凡六樂者文之以五聲播之以八音鄭玄云播之言被也是其以舞為主而被以音聲故魯作諸樂於季札皆云見舞也禮法歌在堂而舞在庭故鄭特牲云歌者在上匏竹在下貴人聲也以貴人聲樂必先歌後舞故魯為季札先歌諸詩而後舞諸樂其實舞時堂上歌其舞曲也　注象箾至之樂　正義曰賈逵云箾舞曲名言

天下樂箾去无道杜云箾舞者所執二者俱无所據各以意言之耳詩述碩人之善舞云左手執籥右手秉翟籥是舞者所執則箾亦舞者所執杜說當得其實但不知箾是何等器耳杜云皆文王之樂則象箾与南籥各是一舞南籥既是文舞則象箾當是武舞也詩云維清奏象舞則此象箾之舞故鄭玄注詩云象用兵時刺伐之舞是武舞可知其名之曰南其義未聞也知是武王制者以为人子者貴其成父之業文王既有大功武王无容不述其父之時已象伐紂之功作大武之樂不應復象文王之伐制为別樂故知此舞是武王制但王者之作礼樂必太平乃得为之武王未及太平亦得作此樂者一代大典須待太平此象文王之功非为易代大法故雖未制礼亦得为之周公太平更作大武尊重文王之功留播之以为別樂故六代之樂不數此象也周礼分樂而序之象舞不以祭祀或有祈告所用故魯今亦有之劉炫云知是文王樂者詩云維清緝熙文王之典此象樂之所舞故知是文王樂也鄭玄注象又云此樂名象而已以其象變有舞音故詩序謂

之象舞々非此糸名故此直言舞也其箾籥是可執之物司馬相如上林賦曰拂翳鳥捎鳳皇則捎亦拂之類今人謂拂為拂捎此必傳於古其箾捎字同也杜不解南刘炫謂南如周南之意南在箾籥之間蓋二者共為南義　注美哉至大平　正義曰歌聽聲而舞觀形故知美者美其容也歌詩由口而出糸音以詩為章人歌君德情見於音聽聲知政容或可尒討聖人之德非舞容可象而季札觀舞皆知其德者聖人之作糸也各象當時之事時事見於舞故觀之可以知也糸記稱賓牟賈問大武之糸云敢問遲之遲而又久何也答曰夫糸者象成者也總干而山立武王之事也發揚蹈厲大公之志也武亂皆坐周召之治也且夫武始而北出再成而滅商三成而南四成而南国是疆五成而分周公左召公右六成復綴以崇天子夾振之而四伐盛威於中国也分夾而進事早濟也久立於綴以待諸侯之至也彼言大武之舞是象武王之事則知諸糸之舞皆象時王功德也聖王功德見於舉動之容故觀其舞容各知其德也　見舞大武者　正義曰鄭玄周礼注

云大武々王樂也武王伐紂以除其害言其德能成武功也此舞四代之樂從後代而稍前也象是文王之樂文在大武之先々舞象而後舞武者以象非一代大樂故先舞之　見舞韶濩者

正義曰周禮謂之大濩鄭玄云大濩湯樂也湯以寬治民而除其邪言其德能使天下得其所也然則以其防濩下民故稱濩也此言韶濩不解韶之義韶亦紹也言其能紹繼大禹也　見舞大夏者

正義曰樂記解此樂名夏大也鄭玄云言禹能大堯舜之德又周禮注云禹治水敷土言其德能大中國也季札見此舞歎禹勤苦為民而不以為恩德則鄭周禮注是也　見舞韶箾者

正義曰樂記解此樂名云韶繼也鄭玄云韶之言紹也言舜能繼紹堯之德杜不解箾義箾即簫也尚書曰簫韶九成鳳皇來儀此云韶箾即彼簫韶是也孔安國云言簫見細器之備也蓋韶樂兼簫為名簫字或上或下耳　注魯用至篇數　正義曰明堂位云四代之服器官魯兼用之是魯之所用四代而已唯用四代之樂不得用雲門大咸故舞及韶箾而季札知其終也先儒以為季

札在吴未嘗經見此樂為歌諸詩其所歎美皆以詩辭之内求所
歎之意故杜辨之在吴雖已見此樂歌之文但未聞中国雅音其
所言者皆聽音而知非察其文辞故取傳文證之明是素知其
篇數也　注大帶至貨利　正義曰玉藻說大帶之制大夫以
素為帶裨其紐三尺者外以玄内以華居士錦帶弟子縞帶季
札吴卿也而以縞帶與子産者是其尚時之所有耳吴始通上国
未必服章依礼也杜以縞是中国所有紵是南邊之物非土所有
各是其貴知其示損已耳不為彼貨利也若其不然傳不須載明
其有此意也孔安国云縞白繒也鄭玄礼記注云白經赤緯曰縞
黒經白緯曰纖　注後謂伯有　正義曰按二十七年傳伯有次
子展之下此年子展卒故伯有執政也上文云子展卒子皮為政
者蓋鄭人以子展有夫功使子皮代父為上卿耳其父始卒国政
猶在伯有下去伯有使公孫黒如楚是伯有執政之意也
君後而多良　正義曰謂多以惡人為良而善之　注寳放至示
罪　正義曰釋例云奔者迫窘而去逃死四隣不以礼出也放者

受罪黜免宥之以遠也迫窘而奔及以禮見放俱去其國故傳通
以違為文仲尼脩春秋又以所稱為優劣也夫立功立事者國之
厚益而身之表的也表高的明雖婦人猶欲彎弓而況當塗之士
是以君子慎之道乩貴善行者无轍跡功遂而身退高止既犯其
殆又專以終之免死為幸斯乃聖賢之篤戒故變放言奔又致其
罪以示過晉甲之放余陳招之首惡矯厉以篤教也杜以高止之
罪輕於陳招晉甲而變放言奔以止為重故厚聖意欲以申之
奔人邪仲也
正義曰依世本敬仲生莊子々々生傾子々々
生宣子々々生厚々々生止々是敬仲玄孫之子也世本又云
敬仲生莊子莊子生傾子々々之孫武子偃擬世本則偃為敬仲
玄孫今傳云曾孫必有一誤也此鄭即後所云高偃是也世族譜
以高武子為鄭偃為一人蓋鄭偃聲相近而字為二耳董遇注
此亦作偃劉炫云擬世本高止敬仲玄孫之子不立止近親遠取
敬仲曾々孫者奔人賢敬仲故繫之言敬仲曾孫則此人祖父皆非
正適今別立之遠繼敬仲後高止祖父皆絶其祀也　禪諶曰

善之代不善云々　正義曰案傳伯有死後子皮授子産致云虎
帥以聽命則子皮於時位在子産上矣此裨諶論鄭卿位次其言
不及子皮者蓋以子皮非旧卿虽継父而居高位民望政次未之
許也及伯有既死子西亦卒子皮位為上卿故鄭人使知政耳
三十年注称弟為骨肉　正義曰傳言罪在王知称弟以悪
王也　注共姫為過厚　正義曰公羊傳曰其称謚何賢也杜以
共非夫人之謚故注顯而異之夫謚為共從夫謚而称之耳共非
夫人之身行也昭三十年傳曰先王之制諸侯之喪士弔大夫送
葬則夫人之喪不得過之也昭三年傳云文襄之霸也君薨大夫
弔卿共葬夫人士弔大夫送葬是法皆不使卿也伯姫魯女
以哭而死魯人隱之故使卿共葬叓礼過厚也　注耆酒為
罪之　正義曰按傳子晳伐伯有而伯有非有罪也春秋出奔者
名皆是罪之々文故杜跡其罪状耆酒荒淫故書名也　注不言
為元兵　正義曰成十八年傳例曰以悪曰復入謂還而以兵害
国為悪叓而入若魚石以楚之師伐宋取其彭城棄盈帥曲沃之甲以

入于絳如是乃為悪入也良霄独还无兵入国始為悪非是以悪入故不得書名復入直言入者自外而入内耳非彼例也成十五年宋華元出奔晋宋華元自晋歸于宋奔之与歸再書名氏此良霄不重書名氏者彼宋再告此鄭一告故連書之　注會未至求財　正義曰案桓二年傳會于稷以成宋乱則是會言其事而此言會未有言其事義相違者彼言以成宋乱直連言所會之事与桓十五年傳會于袲伐鄭相似經不明言事之意故今此言宋災故是丁寧之辭不与彼同案傳責諸侯之卿并及宋人杜此注何以唯言悪宋人不克已自責不兼為諸侯卿者以傳云書曰某人々々宋災故尤之也是宋災之文独繫向戌絑人故知宋災特悪宋也　傳王子之為政　正義曰傳於圍字故杜云王子圍為令尹也服虔云王子楚令尹王子圍也王肅云王子楚令尹圍也

有与至之年　正義曰有与同食者問此老人之年不告以實疑其年也使之年者更使言其真年也

吏走問諸朝　正義曰俗本吏作使服虔云吏不知歷数故走

問於卿大夫王素云史不知歷也　師曠至歲也　正義曰劉炫
云傳之叙事自可以魯為主若載人語則當如其本言此師曠晉
人自道晉事寧云郤成子會魯叔仲惠伯取以云叔仲惠伯會郤
成子于承匡之歲也者丘明意在以魯為主遂使此言反耳丘明尚
不免於此況後解說者乎今知非者凡魯史所記云公卿會某
侯者皆擬公卿往會他若他來會我則以他為文若衛侯會公于
沓鄭伯會公于棐是也今郤成子在承匡魯往會之以晉為主書
人取言正是其宜劉炫以為晉人不自稱叔仲惠伯會郤成子以
為立明之謬恐非也　是歲也年矣　正義曰敗狄
于鹹事在彼歲未必其年頓生三子當是該表其功雖在後生子
追以前事名之　史趙至數也　正義曰二畫為首六畫為身下
首之二畫並之使如其身旁則是生來日數也因亥畫似筭位故
假之以為言其本作亥字不為此也案字書古之亥字体殊不
然蓋春秋之時亥字有二六之体異於古制其說文是小篆之
書又異於此說文云亥荄也十月微陽起接盛陰從二二古

史上字一人男一人女也從乙象懷子咳々之形也　士文至旬
也　正義曰文十一年至此年為七十四年而上云七十三年
案文十一年正月甲子朔為亥之正月是其年三月也此年之
二月癸未是亥之十二月計為七十三年猶尚年未終也假
作全年筭之置七十三年以全日三百六十五日乘之已得
二万六千六百四十五日也每年為四分日之一是四年而成
一日以四除七十三年又得十八日并全日為二万六千六百
六十三日計終此十二月盡為二万六千六百六十三日四分
日之一今除去三日四分日之一　取六旬合為十二月二十七
日今杜長歷云二十三日癸未是少四日所以不与常歷同者
蓋杜為長歷約準春秋日月以為長歷与常歷不同故置閏遠
近不定蓋七十三年之内於常歷校四个大月而剩用四日故
癸未為二十三日若依常歷是二十七日也刘炫云所以少三
日者文十一年非首章年其間閏有前却故長歷此月辛
酉朔二十三日得癸未来月庚寅朔計至朔長三日長歷

去年閏八月由閏近故也　趙孟主屬也　正義曰諸是守
邑之長公邑称大夫私邑則称宰此言問其縣大夫問絳縣之大
夫也絳非趙武私邑而云則其屬者蓋諸是公邑国卿分掌之而
此邑屬趙武也　注復陶主之官　正義曰昭十二年傳說楚
子出獮云皮冠秦復陶翠被豹舄執鞭以出復陶之文在冠屨之
間知復陶是衣也此言君復陶知是主君衣服之官也衣服之
名復陶其義未聞　以為絳縣師　正義曰既使為主衣服之
官又以為絳邑之縣師也周礼縣師上士二人其職掌邦国都
鄙稍甸郊里之地域而辨其夫家人民田莱之数及其六畜車
輦之稽凡造都邑量其地而制其域以歳時徵野之賦貢之天
子之縣師掌此諸叓則諸侯之縣師亦當然故杜略引周礼
以解之擬知周礼則縣師是王朝之官而此言絳縣師者絳是晉
国所都之邑蓋以居在絳邑故繫絳以言之　而廢其輿尉
正義曰服虔云輿尉軍尉主發衆使民於時趙武將中軍若是
軍尉當是中軍尉也　注以役孤老故　正義曰知者上云君子

是孤年七十三是老也　鳥鳴于亳社　正義曰哀四年亳社災穀梁傳曰亳社者亳之社也亳亡國也亡國之社以為廟屏戒也然則此亳社是殷社也殷都於亳武王伐紂而頒其社於諸侯以為亡國之戒此鳥鳴于魯國之亳社也服虔云殷宋之祖也故鳴其社伯姬魯女欲使魯往悟伯姬也

宋大災　正義曰莊二十年齊大災杜云來告以大故書此不書大告者不言大也服虔云不書大非災大及人伯姬坐而待之耳然則昭十八年宋衛陳鄭災々皆及人何以不言大也

注姆女師　正義曰鄭玄昏禮注云姆婦人年五十無子出而不復嫁能以婦道教人者若今時乳母矣何休云選老大夫妻為姆也大夫之妻當在夫室安得從女而嫁也若言既由夫人選大夫之妻為之則禮言女未嫁而有姆非謂夫家始選也

注義從至左右　正義曰義者宜也從宜々辟火也戒九年伯姬歸于宋至此四十年故為六十左右也　其君弱植

正義曰周禮鍔草木為植物植謂樹立君志弱不樹立也　大

夫敖　正義曰言大夫驕敖也服虔云言大夫淫放則服本為大
夫放矣故今俗本多為放字　注降婁至天明　正義曰降婁奎
婁叙天文也孫炎曰降下也奎為溝瀆故稱降也杜以周七月今
五月降婁中而天明刘炫以為五月降婁未中而規杜失今知
非者以三月諸星後位合昬奎婁在戌以衡反之平旦在辰
又三月日体在胃平旦之時奎婁在胃昴之前亦當在辰既三
月平旦在辰則四月在巳五月在午月令旦危中者擬夜有長
短及星度有廣狹是細計之數杜擬大略而言故与月令不同
刘以月令之文而規杜氏非也　注娵訾至二年　正義曰釋
天云娵觜之口營室東壁也李巡曰娵觜玄武宿也營室東壁
北方宿名孫炎曰娵觜之歎則口開方營室東壁四方似口故
因名云也十二次子為玄枵亥為娵訾二十八年傳稱歲在星紀
而淫於玄枵二十八年已在玄枵今三十年始在娵訾三年始
移一次是歲星住在玄枵二年也　注傳云至同文　正義曰諸
侯不敢宗財諸国大夫合聚耳向戌不合聚也而向戌亦聚稱

人故傳明經所由社又釈傳之意傳云既而語取者是釈上傳之文故不書其人是也經又别言宋災故者此一句見向戌之弁毀釈此傳書曰其人々々之文也向戌若不求財而顯書名氏今毀称其人与諸国其人同故云取以釈向戌之弁毀与不取財者同文　三十一年傳注今尚亡疑之　正義曰今尚書大誓謂漢魏諸儒馬融鄭玄王粛等所注者也　自秦焚詩書漢初求之尚書唯得二十八篇故大常孔臧与孔安国書云尚書二十八篇前世以為放二十八宿都不知尚書有百篇也在後又得偽大誓一篇通為二十九篇漢魏以来立於学官馬融尚書傳序云大誓後得案其文似若淺露又春秋引大誓曰民之所欲天必従之国語引大誓曰朕夢協朕卜襲于休祥戎商必克孟子引大誓曰我武惟揚侵于之疆則取于凶殘我伐用張于湯有光孫卿引大誓曰独夫紂礼記引大誓曰予克紂非予武惟朕文考無罪紂克予非朕文考有罪惟予小子無良今之大誓皆無此言吾見書傳多矣所引大誓

而不在大誓者甚衆不復悉記略舉五事以明之亦可知已
王肅亦云大誓近非本經是諸儒疑之也杜氏在晉之初亦未見
真本及江東晉元帝時其豫章內史梅賾始獻孔安國所注
古文尚書其內有泰誓三篇記傳引大誓其文悉皆有之
衽　正義曰喪服注云衽為兩燕尾凡用布三尺五寸上正一
尺兩燕尾衰衣裁二尺五寸下廣四寸綴於身旁所以掩裳
際也　高其閈閎　正義曰說文云閈門也汝南平輿里門曰
閈釋宮云衖門謂之閎李巡曰衖頭門也然則閈閎皆是門
名言高為其門耳　繕完葺牆　正義曰周禮匠人有葺屋
瓦屋々々以瓦覆葺屋以草覆此云葺牆謂以草覆牆也
寡君使匄　正義曰匄士文伯名也晉宋古本及釋例皆作丐俗
本作匄此士文伯是范氏之別族不宜與范宣子同名今定本作
匄恐非　無觀臺榭　正義曰釋宮云四方而高曰臺有木者謂
之榭李巡曰臺上有屋謂之榭然則臺榭皆高可升之以觀望言
無觀望之臺榭也　館如公寢　正義曰言往前文公之客館如今日

晉君之路寢也　圬人至宮室　正義曰釋宮云鏝謂之杇李巡曰鏝一名杇塗工作具也郭璞云泥鏝也然則圬是塗之所用因謂泥牆屋之人為圬人塓亦泥也使此泥屋之人以時泥塗客館之宮室也　庭燎　正義曰鄭特牲云庭燎之百由齊桓公始也鄭玄云僭天子也庭燎之差公蓋五十侯伯子男皆三十　注門庭之內迫迮　正義曰知非館門卑小不得容車而云門庭之內迫迮者以傳稱舍於隸人明院宇迮小也　注贏受也　正義曰賈服王杜皆讀為盈盈是滿也故皆訓為受　注延及州來季札邑　正義曰釋例土地名延州來闕不知其處則杜謂延及州來三字共為一邑服虔云延延陵也及來邑名季子讓王位升延陵為大夫食邑及來傳家通言之案傳文謂之延陵季子則是延陵與及來必不得為一但不知何以呼為延陵耳或延陵亦是邑名蓋並食二邑故連言之　鄉校　正義曰詩序云子衿刺學校廢是校為學之別名　不如至之也　正義曰王言藥如不毀鄉校使人遊處其中聞謗我之政者而即改孚以為我之

菜石也　注仲尼聞之　正義曰公羊傳於二十一年下云
十有一月庚子孔子生穀梁傳於二十一年十月之下云庚子孔
子生二十一年賈逵注經云此年仲尼生哀十六年夏四月
己丑卒七十三年昭二十四年服虔賈逵語云是歲孟僖子卒
屬其子使事仲尼々々時年三十五定以孔子為襄二十一年生
也孔子世家云魯襄公二十二年而孔子生年七十三魯哀公
十六年夏四月己丑卒杜此注從史記也　不吾叛也　正義
曰謂尹何也劉炫云叛違也欲令子產不於我有違得使尹何為
邑也　夫亦愈知治矣　正義曰病差謂之愈言不能之病愈知
治必速也劉炫云尹何比未解治邑以為己病今若遣往學治邑
之病差自然以後知治邑矣　令尹似君矣　正義曰言令尹威
儀已是國君之容矣服虔云言令尹動作以君儀故云以君矣服
言以君儀者明年傳云二執戈者前矣是用君儀也俗本作似君
若云似君不須言矣今定本亦作似君恐非　曰大畏其德　正義
曰尚書武成篇也　大國以威加小國以德撫故大畏力小懷德

也不識或之也　正義曰不識不知謂不妄斟酌以內識知唯順天之法則是言則而象之謂文王法則放象上天而行下傚霞此謂天下則象文王不同者謂文王能則象於天故天下亦則象文王也　紂囚文王七年　正義曰傳言囚文王七年文王必七年內囚矣尚書無逸云文王受命惟中身厥享國五十年則文王在位歷年多矣未知何時被囚也周本紀稱紂囚西伯於牖里閎天之徒求美女美寶而獻之紂紂大說乃赦西伯賜之弓矢使之得征伐其下乃云虞芮爭獄俱讓而去諸侯聞之曰西伯受命之君也如馬遷所云虞芮質獄之前被囚也尚書傳稱文王一年質虞芮二年伐邘三年伐密須四年伐犬夷紂乃囚之四友獻寶乃得免於虎口出而伐耆鄭玄尚書注擬書傳為說云紂聞文王斷虞芮之訟後又三伐皆勝始畏而惡之拘於羑里紂得散宜生等獻寶而釋文王文王釋而伐黎以為四年囚之五年釋之即如所言被囚不盈一年此傳不得言紂囚文王七年也文王既已改元而又專伐諸國是則反形已露雖紂之

愚非宝貨所能釈也馬迁之言曷得其寶在質虚蕩之前因
之故因之得七年也

春秋正義巻第二十五

計一万四千六百二十一字

春秋正義卷第二十六　昭公

國子祭酒上護軍曲阜縣開國子臣孔　穎達　等奉

勑撰

正義曰魯世家昭公名稠襄公之子齊歸所生以景王四年即位謚法威儀共明曰昭是歲歲在大梁　元年注招實至於會

正義曰八年經書陳侯之弟招故知是陳侯母弟也不稱弟云云莊二十五年注云公子友莊公之母弟稱公子者史策之通言母弟至親異於他臣其相殺害則稱弟以示義至於嘉好之事兄弟篤睦非例所與或稱弟或稱公子仍舊史之文也八年招殺世子故稱弟以章招罪此年使以會諸國非義例之所與舊史書爲公子而仲尼因之也公羊傳曰此陳侯之弟招也何以不稱弟貶曷爲貶爲殺世子偃師貶大夫相殺稱人此其稱名氏以殺何言將自是弒君也然則曷爲不於其弒焉貶以親者弒然後其罪惡甚春秋不待貶絕而罪惡見者不貶絕以見罪惡也貶絕然後罪惡見者貶絕以見罪惡也今招之罪已重矣曷爲復貶乎此著招之有

罪也何著乎招之有罪言楚之託乎討招以滅陳也其意言八年楚託討於招以滅陳著招之罪重故於此顯貶之先儒或取公羊爲說釋例云潁氏曰臣無竟外之交故去弟以貶季友子招樂憂故去弟以懲過鄭段去弟唯以名通故謂之貶今此二人皆書公子公子者名號之美稱非貶所也是解招不稱弟之意也春秋之初衛在陳上莊十六年幽之盟衛在陳下自爾以來常在陳下莊十六年注云陳國小每盟會皆在衛下齊桓始霸楚亦始彊陳侯介於二大國之間而爲三恪之客故齊桓因而進之遂班在衛上終於春秋是衛之班次常在陳下今衛乃在蔡之上必有其故也襄十年諸侯伐鄭齊世子光序在滕子之上傳曰齊崔杼使大子光先至于師故長於滕是先至有進班之理故謂此爲先至於會故也　注不稱至易也　正義曰將卑師少例當稱人魯史不得自言魯人直書所爲之事明其有人取之也若將卑師衆則言師取某襄十三年傳例云凡書取言易也故杜以此爲易耳賈逵云楚以伐莒來討故諱伐不諱取劉炫以賈說爲是故又規杜云

案傳季武子伐莒知非將卑師少也称伐則是非易也杜何得以
為易將卑師少乎今刪定知不然者以諸称取皆以易釋之此
取文與彼同故以為易也若以武子伐而取之則致力難重當以滅
為文與滅項同也案滅項被討不諱滅此亦被討何以諱滅而言
取若必有所諱當傳有其事今傳云莒魯爭鄆為日久矣魯無
大罪亦何所諱也傳云武子伐莒者武子為伐莒之主耳別遣小
將而行故不書武子猶如成二年傳言楚子重侵衛經書楚師
杜云子重不書不親兵之類是也不書伐者以兵未加鄆鄆人逆
服與襄九年傳称諸侯圍鄭經不書杜云鄭人逆服不成圍相似
列以賈氏之注而規杜氏非也　注三同盟　正義曰華以襄十
八年即位十九年盟于祝柯二十年于澶淵二十五年于重丘皆邾
魯俱在是三同盟　注秖若至称爵　正義曰釋例云諸侯不受
先君之命而篡立得與諸侯會者則以成君書之若未得接於諸
侯則不稱爵傳曰會于平丘以定位又云先君若有罪則君列
諸侯會矣此以會為斷也是杜據彼傳之二文知此為未會諸侯故不

稱爵　注楚以至書弑　正義曰傳稱縊而弑之而經書卒者襄七年鄭子駟使賊夜弑僖公而以瘧疾赴于諸侯而經書爲卒知此亦以瘧疾赴故不書弑　注書名罪之　正義曰齊崔氏宋司城無罪書氏書官此傳無罪狀直以不能自固其位耳出奔又無可善無可惡即是罪未必犯大罪也　傳圍布至而來　正義曰聘禮臣奉君命聘於鄰國猶尚釋幣于禰乃行況昏是嘉禮之重故圍自布几筵告父祖之廟而來也文王世子曰五廟之孫祖廟未毀雖爲庶人冠取妻必告鄭玄云告於君也亦既告君必須告廟若尊不主臣昏故圍自告也　若野至卿也　正義曰言我若受野賜之禮則是委頓我君之命得既於草莽之中則是寡大夫不得列於諸卿之位也　不寧至先君　正義曰不寧寧也言寧有唯是之事又使圍蒙其先君連讀爲義也告廟云將向豐氏之家取妻若使受之於野不至豐氏之家是欺先君也言又者既辱命君又辱先君故云又也　注祧遠祖廟　正義曰祭法遠廟爲祧鄭玄云祧之言超也超上去意也以祧是云

尊遠之意故以祧言廟耳此公孫段是穆公之孫子豐之子其家唯有子豐之廟君若特賜或得立穆公之廟耳其家無遠祖廟也杜言遠祖廟者順傳文且據正法言之 於今七年 正義曰襄二十五年傳云趙文子爲政至此八年也而云七年者殷周雖改正朔常以夏正爲言此春正月故爲七年年末醫和則云八年也 再合諸侯 正義曰襄二十六年經書公會晉人鄭良霄宋人曹人于澶淵晉人即趙武也時有魯公在會雖則唯公一人即是諸侯不得謂之大夫也故知再合諸侯數澶淵也

注讟誹也 正義曰說文云謗毀也誹謗也然則謗讟誹其義同皆是非毀人古人重言之猶險阻艱難也 注穮耘至爲蔉 正義曰漢書殖貨志云后稷始甽田以二耜爲耦廣尺深尺曰甽長終一畝一畝三甽一夫三百甽而播種於甽中苗生三葉以上稍壯耨壟草因隤其土以附苗根故其詩云或耘或耔黍稷薿薿耘除草也耔附根也言苗稍壯每耨輒附其根比至盛暑壟盡平而根深能風與旱故薿薿而盛也此言穮蔉即詩之耘耔

也故知穮是耨以土壅苗根爲蓘也耨定本作耘　雖有至豐年　正義曰言耕鉏不息必有豐年之收以喻禮信不愆必爲諸侯之長也　注設君至陳也　正義曰穆子言似君知設服設君服也唯識執戈不言衣服則君服即二戈是也離衛之語必爲執戈發端但語略難明服虔云二人執戈在前在國君離宮陳衛在門然則執戈在前國君行時之衛非在家守門之衛也守門之衛其兵必多非徒二戈而已縱使在國君之離宮即名宮門之衛以爲離衛其言太不辭矣故杜以離衛即執戈是也言二人執戈陳列於前以自防衛也離之爲陳雖無正訓兩人一左一右相離而行故稱離衛離亦陳之義　注禮國至在前　正義曰喪禮言君臨臣喪之禮云小臣二人執戈先二人後是知國君之行常有二執戈者在前也國君亦有二戈在後子皮唯言前有二戈者當是公子圍不設後戈故也　注公子至怪也　正義曰服虔云蒲宮楚君離宮言令尹在國已居君之宮出有前戈不亦可乎令尹居君離宮事無所出且諸侯大夫見其在

令之儀不識在國所居伯州犁云此行也辭而假之寡君言行而
借戈以衛非在國借宮以居也故杜以爲公子圍在令特緝蒲爲
王殿屋以自殊異此亦無所案據要恆人情　注國子至可慼
正義曰服虔云慼憂也代伯州犁憂公子圍代子羽憂子皙刘
炫從服言而規杜失今知不然者以圍不能自終伯及犁尋爲圍
所殺是皆遇凶害故云吾代二子慼矣若以二子爲伯及犁子羽
子羽則卒無禍害又何可慼而代之乎刘以服意而規杜過非也
小旻之卒章　正義曰小旻詩小雅刺幽王也　注子子至取與
正義曰持謂執持之也子皮直云二執戈者前矣雖意知不可而
辭無譏切子家云蒲宮有前不亦可乎意雖并譏蒲宮言乃
謂之爲可不如子羽之譏許不同伯及犁之飾辭持其兩端無所
取與是持之也弈棋謂不能相害爲持意亦同於此也
注言不至其國　正義曰晉語趙文子謂叔孫曰子盍逃之對曰
豹也受命於君以從諸侯之盟爲社稷也若魯有罪受盟者逃
魯必不免是吾出而絶之也若爲諸侯戮魯誅盡矣必不加師請

為戮也是言不戮其使必伐其國也　注季孫至怨也　正義曰
歷檢上世以來季孫出使不少於叔孫而云叔出季處從來久者
季孫世為上卿法當上卿守國次卿出使以此為從來久耳必須
使上卿者上卿非不使也　注汚勞事　正義曰處國之所辟者
唯有辟勞役耳故以汚為勞事也言役之勞身若穢之汚物也
注言三至德時　正義曰以傳言王伯故言三王下云虞有三苗則
帝時亦有非獨三王也但王亦帝也故傳通言王耳　舉之表旗
正義曰舉立也為立表貴賤之旌旗也故杜云旌旗以表貴賤
注二國至淮夷　正義曰二國皆嬴姓世本文也書序曰成王伐淮
夷遂踐奄淮夷與奄同時伐之此徐奄連文故以為徐即淮夷費
誓亦然是相傳說也服虔云一曰魯云所伐徐戎也案費誓云淮
夷徐戎並興孔安國云淮浦之夷徐州之戎並起為寇則徐亦非
國名此徐是國名當謂淮浦之夷其國名徐書序舉其大號
此傳言其國名也　僖云時楚人伐徐杜云下邳僮縣東南有大
徐城彼近淮旁成王時徐蓋亦在彼地也　此傳所云四代有罪之

國其三苗與有扈徐奄尚書略有其事其觀與姺邳則史傳無
文傳言王伯之令猶尚有此輩則此輩言是王道盛明時諸侯也
封疆至辨焉　正義曰言封疆之相侵削何國無有此乃常事王
領齊盟者誰能一一治之焉　去煩至競勸　正義曰不往討當
諸侯無煩是去煩也叔孫賢人令若赦之是宥善也德義如是餘
人莫不競力勸慕爲善矣　注小宛至復遝　正義曰詩序云大
夫刺幽王也其二章云人之齊聖飲酒溫克彼昏不知壹醉日富各
敬爾儀天命不又注云又復也令女君臣各敬慎威儀天命所去不
復來也　道以至已矣　正義曰以不蒙謂之爲道而淫虐爲之
民所不堪不可久矣　注朝聘至五獻　正義曰周禮大行人稱上
公饔餼九牢饗禮九獻侯伯七獻子男五獻皆獻同饔餼之數
也案聘禮卿聘饔食餼五牢故卿皆五獻至春秋之時大國之卿
乃得從卿禮若次國之卿依大國大夫之制唯三獻耳故杜此注
云大國之卿五獻又昭六年傳注云大夫三獻是也　注卿會至體
薦　正義曰傳言禮終乃宴謂享禮既終即因而爲宴不待異日

也杜解享宴禮異所以得相因者以其殽俎同故也宣十六年傳
云王享有體薦宴有折俎公當享卿當宴王室之禮也彼傳之
意言享公當依享法有體薦也享卿當如宴法有折俎也彼王
自言之故云王室禮耳其實諸侯之待公卿禮亦當然以卿令公
侯享宴皆折俎不體薦享宴俎同故得因行禮也　注弁冕至之
力　正義曰冠者首服之揔名弁冕冠中之小別弁冕是首服端
委是身服言弁冕端委揔舉冠衣而言非謂定公趙孟身所自
衣也哀七年傳云大伯端委以治周禮仲雍嗣之斷髮文身以文
身從彼之俗知端委是依禮之衣杜直言端委禮衣不知是何衣
也名曰端委又無所說周禮司服於士服之下云其齊服有玄端
素端鄭玄云謂之端者取其正也謂士之衣袂皆二尺二寸而屬幅
是廣袤等也其袪尺二寸大夫以上侈之侈之者蓋半而益一焉
半而益一則其袂三尺三寸袪尺八寸如鄭此言唯士服當端制大
夫以上不復端也服虔云禮衣端正無殺故曰端文德之衣尚襃
長故曰委案論語鄉黨非帷裳必殺之鄭康成云帷裳謂朝祭

之服其制　幅如帷非帷裳者謂深衣削其幅縫齊倍要禮記深
衣制短不見膚長不被土然則朝祭之服當如地服言是也
遠績禹功　正義曰績亦功也重其言耳遠績禹功者勸之為大
功使遠及後世若火禹也謂勸武何不遠慕大禹之績而立大功
以庇民也　吾儕偷食　正義曰儕等也言吾等於彼卑賤苟
且求食之人也　注言其至之心　正義曰趙孟自言吾儕偷食
是自比於隸役賤人也在上位者當憂勞百姓卑賤之人勞身而已
自比賤人是無憂民之心也　注言譬至之聲　正義曰言已伐莒
求利而不得惡日中不出譬如商賈求利不得惡諠囂之聲以商
賈在市市人多諠囂之處　夫夫至順也　正義曰夫如夫道當
剛強也婦如婦節當柔弱也如是所謂順也曹大家女誡曰生男
如狼猶恐其尫生女如鼠猶懼其武是男欲剛而女欲柔也
殺管至蔡叔　正義曰說文云𢿱散之也從米殺聲然則𢿱字
殺下米也𢿱為放散之義故訓為放也隸書改作已失本體𢿱
字不復可識寫者全類蔡字至有重為一蔡字重點讀之者

尚書蔡仲之命云周公乃致辟管叔于商囚蔡叔于郭鄰以車七乘孔安國云囚謂制其出入郭鄰中國之外地名是放蔡叔之事也孔唯言中國之外地不知在何方也　夫豈至故也　正義曰夫謂周公也夫此周公豈不愛管蔡乎所以黎放之爲王室故也

癸卯至伯也　正義曰釋例曰秦伯有千乘之國不能容其母弟傳曰罪秦伯則鍼罪輕也言其對兄爲輕耳非無罪也公羊以爲任諸晉謂之奔者譏秦伯有千乘之國不能容其母弟故謂之出奔也劉炫云奔者迫窘而去逃死四鄰不以禮出也今鍼適晉乃與母計議緩步而出實非奔也仲尼既書爲奔傳釋云罪秦伯秦伯不豫教戒其弟不能早爲之所致奢富過度懼而去國罪其失兄之教鍼不自知度亦是其罪歸罪秦伯言兄罪耳例曰以下同也　造舟于河　正義曰詩云造舟爲梁是比舟以爲橋也釋水云天子造舟李巡曰比其舟而渡曰造孫炎曰比舟爲梁郭璞曰比船爲橋皆不解造義蓋造爲至義言船相至而並比也

注一舍至云備　正義曰直言十里舍車不知每舍幾車以下言八反

知一舍八乘為八反之具也　注備九至酒幣
鄭享楚子為九獻知此備九獻之儀也每一獻酒必有幣隨之后
子從始自齎其一以為初獻故讀送其八也飲酒之禮主人初獻於
賓賓酢主人主人受賓之酢禮飲訖又飲乃酌以酬賓如是乃成為
一獻於酬之時始有幣以勸飲故以為酬酒幣也　注每十至所
赴正義曰服虔以為每於十里置車一乘千里百乘以次相授車
率皆日行一百六十里謂從絳向雍去而復還一享之間八度至也
然則千里之路往還八反車率日行一百六十里計則一萬六千里
雖追風逐日之足猶將不逮於此合子之馬一何駛乎假令如此經可
以章馬疾未足以明車多司馬侯何以怪其車多而發問也杜以反
者謂車反復其故處耳每於十里置車八乘后子初發幣則繼行
自齎其一以為初獻餘則以次繼至至則車反此至享終八車皆
反以此謂之八反非言至雍也此幣發雍計已多日故設享之初反
此八車之幣去絳不過一二十里耳使之相繼而來每獻皆到以示已
之豪富故令漸送之也如杜此言則后子預前約束使幣牢發而來

非臨享始取而云皈取酬幣者君子必適晉多日然後設享非初至
即享君也為享之具酒食之屬皆在絳備之其幣亦應於絳備
之乃還取秦國之幣故言歸取不言設享之日始歸取也上云
其車千乘下司馬侯問其車多則是見車多而發問也故杜辨
其車之所在千里用車八百乘其二百乘以自隨故言千乘也傳
說此車多之意者言秦鍼之出極奢富以成禮盡敬於所赴之
國故為此以示豪也　國無至五稔　正義曰國無道而歲又饑
則君或早夭年穀和熟是天佑助之故少猶五年多或不啻也期
之五年者后子之意耳襄二十七年傳云所謂不及五稔蓋古有此
言也　趙孟至待五　正義曰趙孟自比於日景比景朝夕尚移
不能相及人命流去與此相似既無常定誰能待五　晉中至大
原　正義曰釋例土地名以北戎山戎無終三名為一北平有無終縣
大原即大原郡晉陽縣是也計無終在大原東北二千許里遠就大
原來與晉戰不知其何故也蓋與諸戎近晉者相率而共來也襄
四年無終子遣使如晉請和諸戎則無終是其大者故顯言其國

名也以什共車必克　正義曰周禮十人爲什以一什之共一車之地故必克也　爲五至前拒　正義曰五陳者即兩伍專參偏是也相離者布置使相遠也服虔引司馬法云五十乘爲兩百二十乘爲伍八十一乘爲專二十九乘爲參二十五乘爲偏彼皆準車數多少以爲別名此傳去車用卒而有此名則此名不以車數爲別也杜云皆臨時處置之名其意不同服說則名與人數不可得知也周禮則五人爲伍二十五人爲兩無專參偏之名也　詩曰至善矣正義曰周頌烈文之篇也彼注云競彊也無彊乎維得賢人也得賢人則國家彊矣故天下諸侯順其所爲也　注后帝堯也　正義曰襄九年傳稱閼伯爲陶唐氏之火正知后帝是堯也　注商人至辰星　正義曰殷本紀稱相土契孫是湯之先也襄九年傳云閼伯居商丘祀大火相土因之故商主大火辰即大火星也故商人祀辰星商謂宋也宋商後故稱商人　注唐人至大夏　正義曰謂之唐人當是陶唐之後二十九年傳云陶唐氏既衰其後有劉累知此唐人是彼劉累之等類也言等類也言等類者謂劉累後世子孫累雖

遷魯縣子孫仍在大夏故歷夏及商也劉炫云彼稱累事孔甲下云遷于魯縣此云唐人是因以服事夏商則此居於大夏子孫終商不滅非累子孫是其同族等類耳服虔以唐人即是劉累故杜顯而異之云累遷魯縣此在大夏　注唐人至叔虞　正義曰服虔以為唐叔虞即下句邑姜所生者也杜以傳說唐人即云季世明季世是唐人之末世叔虞即唐人之末君矣邑姜之子叔虞乃是晉之始祖豈得以後世始封之君謂之前代之末世也故云唐人之季世其君曰叔虞帝命邑姜之子曰虞者將以唐國與之取唐君之名以為名耳　注邑姜至叔虞　正義曰傳言武王邑姜繫之武王知是武王后也十二年傳稱呂級王舅級是齊大公之子丁公也級為王舅知邑姜是大公之女也說文云娠女妊身動也從女辰是懷胎為震震取動義字書以是女事故今字從女耳叔虞成王母弟晉世家文也　夢帝至曰虞　正義曰晉世家云初武王之與叔虞母會時夢天謂武王曰余命女生子名虞謂此夢為武王之夢也若是武王之夢此傳直云武王方生大叔其文足矣何以須言邑

姜方震也邑姜方震而夢明是邑姜夢矣安得以為武王夢也薄姬之夢龍據其心燕姞之夢蘭為己子彼皆夢發於母此何以夢發於父是馬遷之妄言耳服解此云已武王也是習非而遂迷者也 注叔虞至晉侯 正義曰晉世家云唐叔子燮是為晉侯杜譜亦云燮父改為晉侯則叔虞之身不稱晉也叔虞為晉之祖故言為晉侯也 注金天至之長 正義曰金天氏帝少皞帝系世本文也金天代號少皞身號月令於冬云其神玄冥是玄冥為水官也昧為玄冥師師訓長也故云昧為水官之長二十九年傳云少皞氏有四叔脩及熙為玄冥昧為金天裔子當是脩熙之後釈例曰脩及熙皆為玄冥未知昧為誰之子或是其子孫也 宣汾洮 正義曰釈例曰汾水出大原故汾陽縣至河東汾陰縣入河其洮水闕不知所在當亦是晉地之水後世竭涸莫其處耳 注帝顓頊 正義曰顓頊為帝承金天之後臺駘是金天裔孫為臣宜當顓頊故以帝用嘉之為顓頊嘉耳昧於金天已云裔子臺駘又是昧之所生則去少皞遠矣而帝系世本皆云少皞是黃帝之子顓頊是黃帝

之孫臣世多而帝世少史籍散亡豈可檢勘此事未必然也釋例云
案蘇則犇之五世從祖父也而及犇共為堯臣堯則犇之三從高
祖而妻其女此史記之可疑者也是皆疑不能決因舊說耳
山川至禜之　正義曰水旱癘疫在地之災山川帝地故祭山川之
神也雪霜風雨天氣所降日月麗天故祭日月星辰之神也此因
其所在分繫之耳其實水旱癘疫亦是天氣所致雪霜風雨亦
是在地之災且雨之不時而致水旱水旱與雨不甚為異而分言之
者據其雨不下而霖不止是雨不時也據其苗稼生死則為水與旱
也禜是祈禱之小祭耳若大旱而雩則徧祭天地百神不復別其
日月與山川也　注有水至福祥　正義曰水旱癘疫俱祭山川
杜略癘疫而不言之耳杜言山川之神若臺駘者下云星辰之神若
實沈者言此禜祭祭其先世主山川主星辰者之神耳非獨祭
此山川星辰之神也計日月豈其主之者以與星辰俱是天神連
言之耳周禮大祝掌六祈以同鬼示一曰類二曰造三曰禬四曰禜
五曰攻六曰說鄭衆云禜日月星辰山川之祭也鄭玄云禜告之以

時有災變也禜如日食以朱絲禜社也玄之此言取公羊為說莊二
十五年公羊傳曰日食以朱絲營社或曰脅之或曰為闇恐人犯之
故營之然社有形質故可朱絲營繞日月山川非可營之物不得以
此解禜也賈逵以為營欑用幣杜依用之日月山川之神其祭非
有常處故臨時營其地立欑表用幣告之以祈福祥也欑聚也聚
草水為祭處耳癘疫謂害氣流行歲多疾病然則若身有病亦是
癘氣而云不及若身者陳思王以為癘疫之氣止害貧賤其富貴之
人攝生厚者癘氣所不及其事或當然也且子產知晉君之病不
在於此故言二者不及若身以病非癘疫故不須祭臺駘等也
若若至事也　正義曰家語孔子云飲食不時逸勞過度者病共殺
之此云出入即逸勞也據國君之身則朝以聽政晝以訪問是出也
夕以脩令夜以安身是入也　節宣其氣　正義曰以時節宣散
其氣也節即四時是也凡人形神有限不可久用神久用則竭形
大勞則弊不可以久勞也神不用則鈍形不用則痿不可以久逸也
因當勞逸更遞以宣散其氣朝以聽政聽政久則疲疲則易之以

訪問訪問久則倦倦則易之以偷合偷合久則怠怠則易之以安身安身久則滞滞則易之以聽政以後事改前心則亦所以散其氣也　勿使至其體　正義曰壅謂障而不使行若土壅水也閉謂塞而不得出若閉門户也湫謂氣聚底謂氣止四者皆是不散之意也氣不散則食不消食不消則食少食少則肌膚瘦肌膚瘦則骸骨露也言人之養身當須宣散其氣勿使氣有壅閉集滞以羸露其形體也　注湫集至羸露　正義曰服虔云湫著也底止也杜云湫集也底滞也皆是以意訓耳壅閉言其不得散出故以湫底為集滞言氣聚集而停滞也若以湫為著則與止同義故易之以為集其止滞亦同義也上文所云四時之事若其壹之則血氣集滞使不得宣散氣氣不散則體羸露也肥則膚肉厚骨不見瘦則肌膚薄故體羸露羸露是露骨之名其義與倮相近倮露形也羸露骨也瘦者必羸羸亦瘦之别名今晋侯壹之者唯謂安身親近婦人四時皆爾以恒安身不動故使氣集滞也

茲心至百度　正義曰形之與神相隨而有形以神為主神以形為

宅形彊則神彊形弱則神弱神常隨形而盛衰也既露其體則
神識亦弱致使此心不明照察失宜而昏亂百事之節度也
其生至生疾　正義曰此句重述不及同姓之意言内官若取同姓
則夫婦所以生疾性命不得殖長何者以其同姓相與先美今既為
夫妻又相寵愛美之至極在先盡矣乃相厭患而生疾病非直美
極惡生疾病而已又美極驕寵更生妬害也故晉語云異姓則異德
異德則異類異類雖近男女相及以生民也同姓則同德同德則同心
同心則同志同志雖遠男女不相及畏黷故也黷則生怨怨亂育
災災育滅性是故取女辟同姓畏亂災也禮記大傳云百世而昏姻
不通者周道然也然則周法始如此耳前代則不然也蓋以前代敬
簡未設禁防周人以其慢瀆故立法以禁之刘炫云違禮而娶則
人神不祐故所生不長也晉文姬出而霸諸侯同姓未必皆不殖此以
禮法為言勸勵人耳　注同姓至生疾　正義曰刘炫云人之本心
自然有愛愛之所及先及近親同姓是親之近者其愛之美必深
是同姓之相與先自美矣若使又為夫妻則相愛之美尤極極則

美先盡矣美盡必有惡生故美盡則生疾此以禮為防推致此意
耳晉語云云同　買妾至卜之　正義曰曲禮云取妻不取同姓故
買妾不知其姓則卜之鄭玄云為其近禽獸也妾賤或時非媵取
於賤者世無本繫也　四姬至疾矣　正義曰子產云四姬之外
若有異姓之女接御於公減省公之寵愛於四姬之事如此猶可
若無異姓之女減省公情專愛四姬則必由此故以生疾矣劉炫云
子產言若於同姓不深病猶可差若於四姬有此省相見稀接御
則此病猶尚可如今稀省耽之過度則必生疾　是謂至如蠱
正義曰女在房室故以室言之是謂近女室說此病之由由近女室
為此病也又言疾如蠱言此疾似蠱疾也蠱者心志惑亂之疾若今
昏狂失性其疾名之為蠱公惑於女色失其常性如彼惑蠱之疾
也蠱是惑疾公心既惑即是蠱疾而云如蠱者蠱是失志之病名
志之所失不獨為女宣八年傳晉胥克蠱疾者直是瘕而失性不有
由近女為之此云淫而失志未全為蠱故云如蠱　注蠱惑疾
正義曰和言云疾如蠱下云惑以喪志知蠱是心志惑亂之疾

非鬼至喪志　正義曰此說公病之狀病有鬼爲之者有食爲蠱者此病非鬼非食淫於女色情性惑亂以喪失志意也　先王至彈矣　正義曰女之爲節不可得說故以樂譬之先王之爲此樂也所以限節百種之事故爲樂有五聲之節爲聲有遲有速從本至末緩急相及使得中和之聲其曲既了以此罷退五聲既成中和罷退之後謂爲曲已不容更復彈作以爲煩手淫聲鄭衛之曲也劉炫云言五降而息罷退者五聲一周聲下而息前聲罷退以待後聲非作樂息也樂曲成乃息非五聲一周得息也又傳於是至弗聽劉云此說降後不彈之意也五聲皆降則聲一成曲既未成當更從上始不以後聲來接前聲而容手妄彈擊是爲煩手此手所擊非復正聲是爲淫聲淫聲之漫塞人心耳乃使人忘失平和之性故君子不聽也　注五降至之聲　正義曰五降不息則非復正聲手煩不已則雜聲並奏記傳所謂鄭衛之聲謂此也樂記云鄭衛之音亂世之音也又曰鄭音好濫淫志衛音促速煩志是言鄭衛之聲是煩手雜聲也　天有至六疾

正義曰上既以樂譬女乃云物亦如之至煩乃舍言用之有節也此又本諸上天言物皆不得過度也氣皆由天故言天有六氣也五味在地故云降生五味也五味是五行之味六氣共生五行故杜解五味皆由陰陽風雨晦明而生是言六氣共生之非言一氣生一行也味則嘗而可知未有形色可視發見而為五色也色既不同其者亦異徵驗而為五者也此味者色也皆本諸上天所以養人用之大過則生六種之疾　注謂金至而生　正義曰尚書洪範云五行一曰水二曰火三曰木四曰金五曰土水曰潤下火曰炎上木曰曲直金曰從革土爰稼穡潤下作鹹炎上作苦曲直作酸從革作辛稼穡作甘孔安國云鹹水鹵所生也苦焦氣之味也酸木實之性也辛金之氣味也甘味生於百穀也是五味為五行之味也以五者並行於天地之間故諸書謂之五行物皆有本本自天來故言五者皆由陰陽風雨而生也是陰陽風雨晦明合雜共生五味若先儒以為雨為木味風為土味晦為水味明為大陽為金味而陰氣屬天味不為五味之主此杜所不用也洪範本文以生數為次水火木金土大禹謨

六府之次水火金木土穀月令於四時之次木火土金水杜數五味之次金木水火土以五行相楯更互相代其次不以爲常隨便言耳此注所言五味五色五聲配五行者經傳多有之洪範是其本月令尤分明杜所解者皆依月令文也　注淫過至生害　正義曰此淫生六疾承氣味色聲之下則謂四者之過皆生疾也但醫和將說晦淫惑疾故下句特舉六氣之淫其言不及味與聲色故杜解以備之言滋味聲色所以養人然過則生疾以見淫生六疾非獨六氣生疾也但晉侯不以味聲色生疾故醫和不言之耳　注六氣至之節　正義曰六氣並行無時止息但氣有溫暑涼寒分爲四時春夏秋冬也序此四時以爲五行之節計一年有三百六十五日序之爲五行每行得七十二日有餘土無定方分主四季故每季之末有十八日爲土正主日也　過則至心疾　正義曰上云淫生六疾揔謂氣味聲色此云過則爲菑猶謂六氣過耳過即淫也故歷言六氣之淫各生疾也此六者陰陽風雨有多時有少時晦明則天有常度無多少時也今言淫者謂人受用此氣有過度者也陰陽

則冷陽　則熱風多則四支緩急雨多則腹腸泄注此四者雖各以其氣與人為病若其能自防護愛之不多則得無此疾也其晦明亦是天氣不以病人但人用晦明過度則人亦為病晦是夜也夜當安身女以宣氣近女過度則心惑亂也明是晝也晝以營務營務當用心思慮煩多則心勞敝也陰陽風雨當愛之有節晦明當用之有限若節無限必為菑害故過則為菑也　注末四至緩急　正義曰人之身體頭為元首四支為末故以末為四支謂手足也風氣入身則支有緩急貫達以末疾為首疾謂四氣眩也　女陽至之疾　正義曰男為陽女為陰女常隨男則女是陽家之物也而晦夜之時用之若用之淫過則生內熱惑蠱之疾以女陽物故內熱以晦時故惑蠱也晉語云文子問醫和曰君其幾何對曰若諸侯服不過三年不服不過十年過是晉之殃也孔晁云人雖有命荒淫者必損壽無外患則并心於內故三年死諸侯不服則思外患損其內情故十年無道之君久在民上實國之殃也　淫溺至生也　正義曰此淫謂淫於女也沒水謂之溺沒於耆欲與溺水

相似故淫溺連言之此論晉侯將爲蠱疾故言淫溺惑亂之所生耳人自有惑故失志志性恍惚不自知者其疾名爲蠱蠱非盡由淫也以毒藥藥人令人不自知者今律謂之蠱毒　注縊絞至誤也正義曰孫卿姓荀名況著書一部名荀卿子漢宣帝諱詢故轉爲孫也下有十二月甲辰朔甲辰後五日得己酉故杜以長歷推己酉是十二月六日而此郟敖之卒經傳皆云十一月己酉杜謂十一月誤者正謂十一月不得有己酉以己酉爲誤十一月非誤也必知然者若以爲十二月己酉則六日己酉子干奔晉至晉猶見趙孟七日庚戌趙孟卒便是日相切迫無相見之理故知十一月爲是己酉爲誤劉炫以爲杜云誤者以十一月爲誤當云十二月而規杜氏非也劉炫規云杜言十一月誤當爲十二月案下文趙孟庚戌卒便是郟敖今日死趙孟明日卒則子干奔晉不得見趙孟而議其祿故謂十一月是己酉字誤也　注百人至百人　正義曰百人爲卒周禮司馬序官文也祿足百人謂與之田取稅以共食足爲百人餼也晉語稱秦后子來仕叔向爲大傅實賦祿韓宣子問二公

子之祿卑對曰大國之卿祿一旅之田上大夫一卒之田夫二公子者上大夫皆一卒可也　注祿至以尊　正義曰德大則官高官高則祿厚故致祿以德之小大為差也年同以尊謂以官為之尊卑也非羇何忌　正義曰忌敬也史佚有言云非是羇客何須敬之言子于是客當須敬之我不敢與同是謙以自別也　注孟子餘趙襄　正義曰服虔以孟為趙盾子餘為趙襄若其必然當先襄後盾何以先言孟也杜以孟子餘是趙襄一人蓋子餘是字孟是長幼之字也　注趙氏至月誤　正義曰杜以十二月晉既烝趙孟始適南陽則趙孟祫行已是十二月也此句乃云甲辰朔烝于温案文言之則是來年正月朔也服虔云甲辰朔夏十一月朔也若是夏十一月朔當於明年言之而此年説之何也杜以服言不通故為此解云晉既烝趙孟乃烝其家廟則晉烝當在甲辰之前當言十一月傳言十二月誤也劉炫以為晉烝及趙孟適南陽孟在十二月之前月文繫十二月者欲見烝後即行先公後私十二月之文為下甲辰朔起本舉月遥屬下明晉烝猶在朔前十二月非誤也若必如劉言

傳當云晉既烝趙孟適南陽將會孟子餘十二月甲辰朔烝于溫足明先公後私之義何須虛張十二月於上遙為甲辰朔起本傳文上下未有此例劉炫之言非也　二年注書名至書之　正義曰傳稱子產數其罪是書名為惡之也往年傳云子晳上大夫也則非卿非卿則不合書薰隧之盟子晳強與卿列子產不討即以為卿故書之　注致襚至乃書　正義曰傳稱季孫宿遂致服焉知其致襚服也傳說此事文在冬上而經書在冬知公實以秋行至冬還乃書即書還時日月不復追言秋故文在冬也　傳注公即位故　正義曰傳言且告為政而來見則其來非獨為為政故知主為公即位故也襄元年傳曰凡諸侯即位小國朝之大國聘焉是也　注代趙武為政　正義曰五年傳曰韓起之下有趙成中行吳魏舒范鞅知盈則六者三軍之將佐也韓起代趙武將中軍趙成繼父為卿代韓起也　觀書至王也　正義曰大史之官職掌書籍必有藏書之處若今之秘閣也觀書於大史氏者氏猶家也就其所司之處觀其書也見易象易象魯無增改故不

言魯易象其春秋用周公之法書魯國之事故言魯春秋也魯
國寶文王之書遵周公之典故云周禮盡在魯矣文王周公能制
此典因見此書而追歎周德吾乃於今日始知周公之德周公制春
秋之法故也與周之所以得王天下之由由文王有聖德能作易象
故也此二書晉國亦應有之韓子舊應經見而至魯始歎之乃云
今知者因味其義而善其人非爲素不見也　注易象至魯矣
正義曰易有六十四卦分爲上下二篇及孔子又作易傳十篇以翼成
之後世謂孔子所作爲傳謂本文爲經故云上下經也易文推演爻
卦象物而爲之辭故易繫辭云八卦成列象在其中又云易者象
也是故謂之易象孔子述卦下總辭謂之爲彖述爻下別辭謂之
爲象以其無所分別故別立二名以辨之其實卦下之語亦是象物
爲辭故二者俱爲象也定四年傳稱分魯公以備物典策所言典
策則史官書策之法若發凡言例皆是周公制之周衰之後諸國
典策各違舊章唯魯春秋遵此周公之典以序時事故云周禮盡
在魯矣　注易象至說之　正義曰易象文王所作春秋周公垂

法故杜雙举釈之云易象春秋文王周公之所制也易繫辭云易
之興也其當殷之末世周之盛德邪當文王與紂之事邪鄭玄云
據此言以易是文王所作斷可知矣且史傳讖緯皆言文王演易演
謂為其辭以演説之易經必是文王作也但易之爻辭有箕子之明
夷利貞箕子明傷乃在武王之世文王不得言之又云王用享于岐
山又云東鄰殺牛不如西鄰之禴祭實受其福二者之意皆斥文
王若是文王作經無容自伐其德故先代大儒鄭衆賈逵等或以
為卦下之彖辭文王所作爻下之象辭周公所作雖復紛競大久
莫能決當是非杜今雙举並釋似同鄭説也然據傳先言易象
後言春秋則應先云周之所以王與周公之德也今傳乃先云周公之
德者易象諸國有其春秋獨遵周公典法韓子美周禮在魯
故先言周公之德　注文王有四臣　正義曰緜詩云予曰有疏附
曰有先後予曰有奔奏予曰有禦侮注云率下親上曰疏附相道前
後曰先後喻德宣譽曰奔奏武臣折衝曰禦侮　注譽其好也
正義曰服虔云譽游也宣子游其樹下夏諺曰一游一譽為諸侯

所引复諺孟子文也若是游於其下宜子本自無言武子何以輒對故杜以為答其美好也　注為立至異之　正義曰婦人稱姓姜是其常蓋以其齊女故以齊為別號所以寵所以寵異之言少姜少齊蓋本字為少也服虔云所以寵異不與齊衆女字等言齊國如此好女甚少　送從逆班　正義曰昏禮諸侯以下法當親迎有故得使卿明是使上卿也桓三年傳例云凡公女嫁于敵國姊妹則上卿送之以禮於先君公子則下卿送之於大國雖公子亦上卿送之是送者與逆者俱為上卿是送者依逆者班列若公子嫁於敵國及姊妹嫁於小國皆下卿送之是降逆者一等公子嫁於小國上大夫送之是降逆者二等也若晉以少姜為夫人當以上卿逆齊當以上卿送是亦送逆同班少姜據多言之故云送從逆班或可晉使公族大夫逆少姜元不以夫人之禮則同妾媵之屬送者皆從者班次不與桓三年逆夫人之禮同少姜據此而言故云送從逆班也劉炫云昏禮諸侯以下法當親迎有故得使卿明是使上卿也凡例云凡公女嫁于敵國姊妹則上卿送之云

子則下卿送之是送畢於逆者一等故云送者從逆者之班次言當畢於逆者也　注遽傳驛　正義曰釋言云馹遽傳也孫炎曰傳車驛馬也　死在至為虐　正義曰言我劉疾見作死在朝夕之間天已虐我無更助天為虐也　注諸師帀官　正義曰蓋相傳說也　非伉儷也　正義曰成十一年注云伉敵也儷耦也言少姜是妾非敵身對耦之人也少姜是妾杜言晉侯為少姜行夫人之服者以明年傳云寡君在縗絰之中知其為之服也　三年注襄二至重丘　正義曰杜世族譜滕成公是文公之子成十六年滕子卒自是以來襄五年盟于戚九年于戲十一年于亳城北十九年于祝柯二十年于澶淵二十五年于重丘皆魯滕俱在凡六同盟但經傳更無明文未知皆是滕成公以否杜氏意疑故指重丘近者而言劉炫以為皆是滕成公而規杜氏非也　注不書至從告　正義曰傳稱燕大夫比以殺公之外嬖公懼奔齊是被逐而出非自去也傳又云書曰北燕伯款出奔齊罪之是仲尼新意不書大夫逐之而言其自奔是罪之也釋例曰諸侯奔亡皆迫逐而苟免非自出也傳稱孫林父

寗殖出其君名在諸侯之策忠臣名赴告之文也仲尼之經更沒
逐者主名以自奔為文責其君不能自安自固所犯非徒所逐之
臣也衛赴不以名而燕赴以名各隨赴而書之義在彼不在此也
傳不發於蔡朱衛衎而發於燕款者款罪輕於衛衎而重於蔡
朱故舉中示例以兼通上下也晉悼感衛衎而發問師曠侍其
目盲因問以極言且明君不能君故臣亦不能臣罪不純在臣也杜
言在彼不在此者書其出奔已是罪賤不假書名以見罪故名與
不名皆從本赴不復更見義也　傳文襄之霸　正義曰襄是
文公子能繼父業故連言之其餘朝聘之數弔葬之使皆文公之
令非襄公也　注明王至簡之　正義曰十三年傳云明王之制使諸侯
歲聘以志業間朝以講禮再朝而會以示威再會而盟以顯昭明
彼謂諸侯於天子朝聘會盟之數計十二年而有八聘四朝再會
一盟此說文襄之霸令諸侯者謂令諸侯朝聘霸主大國之法也
諸侯朝天子因朝而為盟會所以同好惡奬王室霸主之合諸侯
不得令其同盟以奬己故令有事而會不協而盟不復設年限之

期周室既衰政在霸主霸主不可自同天子以明王舊制大煩諸侯不敢依用故設此制以簡之　令嬖至守適　正義曰令嬖寵賤妾之喪不敢計擇妾位卑賤而令禮數即同於守適夫人也言守適者夫守外職妻守内職言夫人守内官之適長故以守適言之人也文襄之制夫人喪士弔大夫送葬令游吉卿也而云同於守適於時適夫人喪已令卿送葬矣故杜云然則時適夫人之喪弔送之禮以過文襄之制也劉炫云不敢擇取使人於卑賤之位而禮數同於守内官之適夫人也　注心至寒退　正義曰月令季夏之月日在柳昏心中旦奎中季冬之月日在婺女昏婁中旦氐後即次房心是季冬旦火中也　注同盟至發之　正義曰文三年王子虎卒傳曰弔如同盟禮也杜云王子虎與僖公同盟于翟泉文公是同盟之子故赴以名然則與其父盟得以名赴其子於子虎之卒既已發傳而此復發者以子虎非諸侯又縢入春秋以來未嘗書縢子名故於此重發傳也　焜燿寡人之望　正義曰服虔云燿照也焜明也言得備妃嬪之列照明己之意望也　及遺姑姊妹

正義曰姑姊妹亦先君之女也上云先君之適謂適夫人所生及遺姑姊妹謂非夫人所生者也　注董正至婦官　正義曰董正釋詁文也振爲整理之意言正整選擇亦精審也周禮天子有九嬪嬙是婦官知嬙亦婦官哀元年傳説夫差宿有妃嬙嬪御焉蓋周末婦官有此名也漢成帝時匈奴來朝詔以掖庭王嬙賜之是名因於古也　未有伉儷　正義曰少姜本非正夫人而云未有伉儷者蓋晉侯當時無正夫人其繼室者使韓起上卿逆之鄭罕虎如晉賀之則後娶者爲夫人也　舉羣臣　正義曰舉亦皆之義言舉朝群臣也　鍾乃大矣　正義曰陳氏三量各登其一則釜爲八斗陳氏亦自依釜數釜十爲鍾此於齊之舊鍾不言四而加一故云鍾乃大矣言其大於齊鍾明亦自十其釜也　山中至於海　正義曰如訓往也言將山水往至市也於水既云如市魚鹽蜃蛤亦如市可知蒙上文也　注三老至養遇　正義曰服虔云三老者工老商老農老案民有四民其老無别不宜以三種之民爲三老且士之老者亦應須恤不當獨遺士也故杜以爲上中下壽言

皆八十以上則上壽百年以上中壽九十以上下壽八十以上亦以意言之釋此文耳不通於餘文也若秦伯謂蹇叔云中壽爾墓之木拱矣不言九十而死木已拱矣　注燠休至氏也　正義曰賈逵云燠厚也休美也服虔云燠休痛其痛而念之若今時小兒痛父母以口就之曰燠休代其痛也杜云燠休痛念之聲其意如服言也此民人痛疾承踊貴之下以其傳文相連無所分別故言謂陳氏也

注四人至之先　正義曰論陳氏而言此四人知四人皆陳氏之先也八年傳云舜重之以明德寘德於遂遂世守之及胡公不淫遂在舜之後知四人皆舜之後世數遠近不可復知也　其相至齊矣　正義曰杜不解相服虔云相隨也蓋相訓為助不為隨也言箕伯四人其皆助胡公大姬神靈已在齊矣神之在否不可測度而晏子為此言者以陳氏必興姜姓必滅示已審見其事故言先神歸之其實神歸以否非晏子所能知也今定本相作祖　注八姓至賤官

正義曰此八姓之先欒郤胥原狐先皆卿也續簡伯慶鄭伯宗亦見於傳先皆大夫也　以樂慆憂　正義曰劉炫云慆慢也好

音樂而慢易憂禍也 杜以慆爲藏當讀如弓韜之韜言以音樂藏身埋藏憂慼於樂中猶言詩云埋憂地下也 注讒鼎名也 正義曰服虔云讒鼎疾讒之鼎明堂位所云崇鼎是也一云讒地名禹鑄九鼎於甘讒之地故曰讒鼎二者並無案據其名不可審知故杜直云鼎名而已 肸之宗十一族 正義曰世族譜云羊舌氏晉之公族也羊舌其所食邑名唯言晉之公族不知出何公也杜云同祖爲宗謂同出一公有十一族也譜又云或曰羊舌氏姓李名果有人盜羊而遺其頭不敢不受受而埋之後盜羊事發辭連李氏李氏掘羊頭示之以明已不食唯識其舌存得免號曰羊舌氏杜言或曰蓋舊有此說杜所不從記異聞耳 注爽明塏燥 正義曰塏高地故爲燥也以所居下濕塵埃故欲更於明燥之處晏子春秋云將更於豫章之圃豫章之圃高燥之地也 注傳護晏子 正義曰傳護晏子故爲發此傳而叔向亦言己國傳雖無說蓋亦嘗以諫君故並識也 子豐至晉國 正義曰服虔云鄭僖公之爲大子子豐與之俱適晉請從大子一朝於晉不足以

為勞也或當別有功勞事書所見故杜不解之　五月至成公
正義曰經書夏叔弓如滕五月葬滕公今傳文叔弓如滕亦在五
月之下杜於栢十六年注引此夏以為本事異兩書之故或言月或
言時事異故文異其實叔弓亦以五月行也劉炫云叔弓以四月發
魯滕以五月葬君叔弓書始行之月滕書實葬之月故書經異
文也傳述遇讎之事并就葬月言耳　子服至不入　正義曰檀
弓下云滕成公之喪使子叔敬叔弔進書子服惠伯為介及郊為懿
伯之忌不入惠伯曰政也不可以叔父之私不將公事遂入敬叔即此敬
子也懿伯是惠伯之叔父為人所殺及滕郊遇懿伯之忌逢其讎也
敬叔不入以禮惠伯欲使惠伯報叔父之讎殺彼人也惠伯以公義不
可先入受館記文雖字有小異意與傳同而鄭玄注云敬叔有怨
於懿伯難惠伯故不入又云敬叔於昭穆以懿伯為叔父其言差錯
不可顯解是鄭之謬也　注忌怨至辟仇　正義曰記云不可以叔
父之私知懿伯是椒之叔父也叔弓不入者禮椒也為椒有辟仇之恥
禮之欲使殺之　惠伯至從之　正義曰檀弓云子夏請問居昆弟

之仇如之何曰任不與共國銜君命而使雖遇之不鬭鄭玄云爲負百廢君命也叔父之與昆弟親疎同耳故有公利無私忌辟仇非恥故徼請先入也　吉賤不獲來　正義曰張趯自晉使告大叔大叔在鄭遂報趯語而云不獲來者教使者報趯作至晉特語故云不獲來令人之語猶然　注一睦謂小邾　正義曰睦親也言曹滕二邾皆親魯小邾是親魯者之一國也　放盧蒲嫳于北燕正義曰前已在竟令復徙之遠國也

春秋正義卷第二十六

計一万四千六百二十一字

春秋正義卷第二十七　　昭公

國子祭酒上護軍曲阜縣開國子臣孔　穎達　等奉

勑撰

四年楚子至于申　正義曰釋例班序譜稱齊桓既沒宋楚爭盟起僖十八年盡二十七年陳與蔡凡三會在蔡上楚合諸侯蔡与陳凡六會其五在陳上莊十六年注云陳國小每盟會皆在衛下齊桓始霸楚亦始彊陳侯介於二大國之間而三恪之客故齊為桓因而進之遂班在衛上終於春秋然則陳實小於蔡衛桓公進陳班耳楚以大小為序不進陳班故蔡多在陳上　注因申至胡城　正義曰傳稱楚子以諸侯伐吳則因會而遂行春秋一事而再見者皆前目而後凡計此當云諸侯遂伐吳不言諸侯者以屬晉之國鄭徐滕小邾宋皆不在行不得摠言諸侯故別序之也傳稱宋華費遂鄭大夫從則宋鄭在行亦不序者楚既慰遣彼自義從楚人成已意遣不以告也　傳四嶽　正義曰釋山云河南華河東岱河北恒江南衡李巡曰華西嶽華山也岱東嶽泰山也

恒北嶽恒山也衡南嶽衡山也釋例土地名云東岳泰山奉高縣泰山也南岳長沙湘南縣衡山也西嶽弘農華陰縣西南華山也北岳中山曲陽縣西北恒山也郭璞注恒山名常山辟漢文帝諱耳爾雅於釋山發首言此四山明其即是四嶽故注者皆以嶽解之且諸書史傳讖緯皆以岱衡華恒爲四嶽四嶽必是此四山也釋山又云泰山爲東嶽華山爲西嶽霍山爲南嶽恒山爲北嶽岱泰衡霍二文不同者此二嶽皆一山而二名也白虎通云嶽者何嶽之爲言桷也桷功德也應劭風俗通云嶽桷也桷考功德黜陟也然則四方方有一山天子巡狩至其下桷考諸侯功德而黜陟之故謂之嶽也風俗通又云泰山山之尊者一曰岱宗岱始也宗長也萬物之始陰陽交代故爲五嶽長王者受命恒封禪之衡山一名霍山言萬物霍然大也華變也萬物成變由於西方也恒常也萬物伏北方有常也是解衡之與霍泰之與岱皆一山有二名也張揖云天柱謂之霍山漢書地理志云天柱在廬江灊縣風俗通亦云霍山廟在廬江灊縣如彼所云則霍山在江北而得

與江南衡山為一者本江南衡山一名霍山漢武帝移嶽神於天柱又名天柱為霍山故漢魏以來衡霍別耳郭璞注爾雅云霍山今廬江灊縣灊水出焉別名天柱山漢武帝以衡山遼曠故移其神於此今其土俗人皆呼之為南嶽嶽本自以兩山為名非從近來也而學者多以霍山不得為南嶽又云從漢武帝來始有名即如此言為武帝在爾雅之前乎斯不然也是解衡霍二名之由也書傳多云五嶽此傳云四嶽者中嶽嵩高即大室是也下別言之故此云四嶽　三塗　正義曰服虔云三塗大行轘轅崤澠也謂三塗為三處道也杜云在河南陸渾縣南則以三塗為一釋例土地名云三塗河南陸渾縣南山名或曰三塗伊闕大谷轘轅三道也傳曰晉將伐陸渾而先有事於洛與三塗先祭山川也謂三道皆非也是杜據彼十七年傳文知三塗是山川非三道也　陽城　正義曰陽城山名也土地名云河南陽城縣東北山潁水所出也大室　正義曰大室即嵩高也釋山云嵩高為中嶽郭璞云大室山也別名外方今在河南陽城縣西北土地名云大室河南陽城

縣西嵩高山中嶽也地理志云武帝置嵩高縣以奉大室之山是為中嶽又有少室在大室之西也　注亨通也　正義曰易文言云亨者嘉之會也嘉會禮通謂之亨是亨為通也言治民事神使人神通說故云以亨神人也　注於國至為宇　正義曰易稱上棟下宇宇謂屋簷也於屋則簷邊為宇也於國則四垂為宇也四垂謂四竟邊垂　莫匡其君　正義曰釋言云匡正也孝經云君子之事上也將順其美匡救其惡　其餘至不至　正義曰言其餘諸侯君之威力所能及誰敢不來至楚者也　聖人至為災　正義曰無雹謂無害物之雹雖有依時小雹不與物為災也劉炫云既云無雹復云雖有不為災者言有相形之勢也聖人在上無雹言必無雖有不為災覆見無雹之意猶論語祭肉不出三日出三日不食之矣　注陸道至藏之　正義曰釋天云北陸虛也西陸昴也孫炎云陸中也北方之宿虛為中也西方之宿昴為中也彼以陸為中杜以陸為道者陸之為中為道皆無正訓各以意言耳杜以西陸朝覿謂奎星朝見昴為西方中宿則昴

未得見宿是日行之道爾雅高平曰陸高平是道路之處故以陸為道也日在北陸謂夏之十二月也十二月日在玄枵之次小寒節大寒中漢書律歷志載劉歆三統歷云玄枵之初日在婺女八度為小寒節在危初度為大寒中終於危十五度是夏之十二月日在虛危也於是之時寒極冰厚故取而藏之也周禮凌人正歲十有二月令斬冰詩云二之日鑿冰沖沖月令季冬冰盛水腹命取冰鄭玄云腹厚也以此知日在北陸謂夏之十二月也　西陸朝覿而出之　正義曰覿見也西道之宿有早朝見者於是而出之謂奎星晨見而出冰也　注謂夏至東方　正義曰杜以西陸為三月日在大梁之次清明節穀雨中三統歷云大梁之初日在胃七度為清明節在昴八度為穀雨中終於畢十一度是夏之三月日在昴畢於是之時蟄蟲已出有温暑臭穢宜當用冰故以是時出之也歷法星去日半次則得朝見三統歷春分日在婁四度宿分奎有十六度乃次婁則春分之日奎之初度去日已二十度矣故春分之中得早朝見東方也西方凡有七宿傳言西陸

朝覿於傳之文未知何宿覿也服虔以為二月日在婁四度春分
之中奎始晨見東方以是時出冰月令仲春天子乃獻羔啓冰是
也服虔又以此言出之即是仲春啓冰故為此說案下句再言其
藏其出覆此藏出之文言其出之也朝之祿位賓食喪祭於是乎
用之即是班冰之事非初啓也安得以出之為啓冰也知鄭玄荅
其弟子孫皓問云西陸朝覿謂四月立夏之時周禮夏班冰是也
與杜說異理亦通也劉炫云春分奎星已見杜以夏三月仍云奎
始朝見是非其義也杜鄭及服三說鄭為近之令知非者杜以西陸
朝覿實是春分二月故杜此注云春分之中奎星朝見東方及下
獻羔啓之注云謂二月春分獻羔祭韭是也皆據初出其冰公始
用之時也所以杜又注云謂夏之三月日在昴畢蟄蟲出而用冰
者以此傳云西陸朝覿而出之下傳覆之云其出之也朝之祿位
賓賔喪祭於是乎用之既云朝之祿位賓食喪祭則是普賜群
臣故杜云謂夏三月又下注云言不獨共公是據普班之時也故
下傳又云火出而畢賦是也然冰之初出在西陸始朝覿之時冰

之普出在西陸朝覿之後拠而言之亦得称西陸朝覿而出之也
刘炫不細觀杜意以為杜既言春分朝見又言謂夏三月以規杜
失非也　其藏至取之　正義曰此傳再言其藏其出者上言取
之用之之處下言藏之出之之禮也山則遠而難窮故言深山也
谷則近而易尽故言窮谷也固牢也沍閉也牢陰閉寒言其不得
見日寒甚之處於是乎取之　注沍閉至為災　正義曰周禮鼈
人掌互物鄭司農云互物謂龜鼈有甲蔿胡是沍為閉也　深山窮
谷之冰至夏猶未釋陽気起於下隔於冰伏積而不能出憤發
或散而為雹藏冰必取此山谷之内積陰之冰所以道達其気使不
為災也藏冰凌室所藏不多積陰之冰不可取盡不取川池之冰
以示道達陽気耳未必陽気皆待此而達　其出至用之　正義
曰此謂公家用之也朝廷之臣食祿在位大夫以上皆當賜之冰
也其公家有賓客享食公家有喪有祭於是乎用之言其不獨
共公身所用也周禮凌人去春始治鑑凡内外饔之膳羞鑑焉凡
酒漿之酒醴亦如之祭祀共冰鑑賓客共冰大喪共夷槃冰是云

家所用冰也　注黑牡至其神　正義曰此祭玄冥之神非大神
旦非正祭計應不用大牲杜言黑牡黑牲當是黑牡羊也秬黑黍
釋草文也啓冰唯獻羔祭非藏冰則祭用牲黍者啓唯告而已藏
則設享祭之禮祭禮大而告禮小故也月令於冬云其神玄冥故
知司寒是玄冥也北方之神故物皆用黑從其方色也有事於冰
故祭其寒神　注桃弓至尊故　正義曰說文云弧木弓也謂空
用木無骨飾也服虔云桃所以逃凶也棘矢者棘赤有鍼取其名
也蓋出冰之時置此弓矢於淩室之戶所以禳除凶邪將御至尊
故慎其事為此禮也此傳言其出之也雖覆上文出之之文其實
此出之謂二月初出之時公將用之故設弓矢也劉炫云此言出之
覆上西陸朝覿知是火出時事二月已啓此方用弓矢者二月啓
冰始薦宗廟此公將用之故設弓矢也　注食肉至食者　正義
曰在官治事官皆給食大夫以上食乃有肉故魯人謂曹劌曰肉
食者謀之又說子雅子尾之食云公膳日雙雞是大夫得食肉也
傳言食肉之祿祿即此肉是也若依禮常所合食案玉藻云天子

日食少牢諸侯日食特牲大夫特豕士特豚則士亦內食但彼是
在家之禮非公朝常食也杜言謂在朝廷治其職事就官食者以
明在官之食有冰耳下云自命夫命婦無不受冰謂賜之冰也以
飯在家用之也　大夫至用冰　正義曰喪服傳曰大夫弔於命
婦錫衰命婦弔於大夫亦錫衰彼傳與彼命婦之文皆與大夫相
對故杜知是大夫妻也喪大記云君設大盤造冰焉大夫設夷盤
造冰焉士併瓦盤無冰鄭玄云禮自仲春之後尸既襲既小斂先
內冰盤中乃設牀於其上不施席而遷尸焉秋涼而止士喪禮君
賜冰亦用夷盤是當喪之時特賜之冰浴訖乃設故云喪浴用冰
祭寒至啓之　正義曰上已云其藏冰也黑牡秬黍以享司寒今復
云祭寒而藏之與上一事而重其文者欲明獻羔而啓之還是
獻之於寒神故更使藏之啓之文相對也　注謂二至冰室　正
義曰詩云四之日其蚤獻羔祭韭四之日即夏之二月也告神而
始開冰室始薦宗廟薦神之後乃遂用之俱在春分之月　注火
星至月中　正義曰十七年傳云火出於夏爲三月於商爲四月

於周為五月此云火出而畢賦謂以火出而後賦之以大火出為始也周礼云夏頒冰謂正歲之夏即四月是也故杜兼言四月　注山人至遂屬　正義曰周礼山虞掌山林之政令知山人虞官也周禮五縣為遂是縣為遂之屬也　注霖雨為人所患苦　正義曰詩云以祈甘雨此云苦雨雨水一也味甘苦之異養物為甘害物為苦耳月令云孟夏行秋令則苦雨數來五穀不滋是霖雨為人所患謂之苦也　鄭玄云申之氣乘之苦雨白露之類時物得而傷也　注震霆也　正義曰說文云震劈歷震物者釋天云疾雷為霆霓郭璞云雷之急激者謂霹靂則霆是震之别名雷不震言有雷而不為霹靂也下云雷不發而震言無雷而有霹靂也　無菑至不降　正義曰霜雹即是菑言無此菑害之霜雹也寒暑失時則民多癘疾癘疾天氣為之故云降也　注短折至為札　正義曰洪範六極一曰凶短折孔安國曰短未六十折未三十是短折為少夭之名也周礼膳夫大札則不舉鄭玄云大札疫癘也謂遭疫癘而大死也癘疫謂民病大札謂人死故云夭死為

札風不至而震　正義曰風不以理舒散而暴疾殺物雷不保
緩動發而震擊為害　注七月至宗廟　正義曰凌人十二月
令斬冰月令十二月令取冰當是即以其月納於室也詩言三凌
之日納于凌陰即是正月矣不以鑿冰之月即納之者鄭玄云豳
土晩寒故可以正月納冰言由晩寒故也上言將歌頌賦公始用
之知蚕開冰室唯薦宗廟何休膏肓難此云春秋書雹以為政
之所致非由冰也若令朝廷藏冰亦不於深山窮谷何故或常雹天
下群縣皆不藏冰何故或不雹若言有之於古者必有驗於今此其
不合於義失天下相與之意鄭玄箴之曰雨雹政失之所致是固
然也國之失政君子知其大者其次知其小者藏冰之禮凌人掌
之月令載之豳詩歌之此獨非政與故其小者耳夫深山窮谷固
陰冱寒極陰之處冰凍所聚不取其冰則氣畜不洩結滯而為伏
陰凡雨水陽也雪雹陰也雨水而伏陰薄之則凝而為雹雨雪而
愆陽薄之則合而為霰串豐見時失藏冰之禮而有雹推之陰陽
知此伏陰所致亦聖人之寓言也詳載其言者以著藏冰之禮不

可廢目炫謂鄭言是也中豐寄言於此以諫失政其雹不是盡由冰也邾不會　正義曰宋之盟邾滕爲私屬不許交相見而楚之召邾滕使從會者邾滕自欲辟役不宋盟又晉合諸侯常列在於會襄二十九年城杞三十年會于澶淵邾滕皆在楚知其事故使召之此申之會滕至而邾不至　夏啓至之會　正義曰此六王之事唯周武王孟津之誓尚書有其事武王伐殷作泰誓三篇是也其餘五者皆書傳無文不能知其本末　注周成至西北　正義曰書序云成王歸自奄在宗周誥庶邦作多方其經云告爾四國多方則於時諸侯大集故謂岐陽之蒐在此時也　吾用齊桓　正義曰用會召陵之禮出自王意也服虔云召陵之役齊桓退舍以禮楚靈王令感其意是以用之　注其禮六儀　正義曰以言禮六故言其禮六儀當是會上有此六儀不知六者何謂也　注鄭伯至之異　正義曰杜知其禮同所從言之異者以左師獻公合諸侯之禮六子產獻伯子男會公之禮六若其各異凡十二禮下椒舉云禮吾所未見者六焉故知其禮同也於公言之云合

諸侯之禮於伯子男言之云令公之禮是所從言之異　武城
正義曰土地名楚之武城在南陽宛縣北也魯之武城在泰山南
武城縣也有澹臺子羽冢將隨幣焉　正義曰杜唯云將因諸
侯會布幣乃相見不解隨之義案隱六年公羊傳鄭人來輸平輸
平者何輸平猶隨成也然則隨是輸之義也朝聘之禮客必致幣
於主據主則為受據客則為輸襄三十一年傳子産論幣云其輸
之則君之府實也非薦陳之不敢輸也是謂布幣為輸幣也言將
待輸幣之時乃相見見既在後故遣家來敢謝後見也服虔云隨
輸也言將輸受宋之幣於宗廟案禮之享幣皆令宰受不以薦
宗廟雖訓為輸義不當也　八月甲申　正義曰長歷推此年七
月己未朔二十六日得甲申八月己丑朔其月無甲申而傳上有
七月下有九月月不容誤故知日誤　弱其孤　正義曰崔杼弒莊
公立其弟景公孤謂景公也以其幼小輕弱之　以盟諸侯　正
義曰靈王即位以來經傳不見與諸侯盟事蓋楚子自與屬楚諸
侯私盟不告魯而慶封知之　注五十至一年　正義曰五十六井

當出馬一匹牛三頭司馬法之文也服虔以為子産作丘賦者賦此一丘之田使之出一馬三牛復古法耳丘賦之法不行久矣今子産復脩古法民以為貪故謗之案春秋之世兵革數興鄭在晉楚之間尤當其劇止當重於古不應廢古法也若往前不脩此法豈得全無賦乎故杜以為令子産於牛馬之外别賦其田如魯之田賦田賦在哀十一年彼注云丘賦之法因其財通出馬一匹田牛三頭今欲别其田及家財各為一賦故言田賦然則此與彼同賦斂家資使出牛馬又别賦其田使之出粟若今輸租更出馬一匹牛三頭是一丘出兩丘之税案周禮有夫征家征夫征謂出税家征謂出車徒給徭役此牛馬之屬則周禮之家征也其夫征十一而税是与家征别　姬在至衞亡　正義曰渾罕意譏子産將言鄭之先亡故遂博言諸國亡之先後杜據世本史記作世族譜說諸國滅亡之年下十一年楚滅蔡十三年蔡復封春秋後二世十八年而楚滅蔡也哀八年宋滅曹也滕以春秋後六世而齊滅之鄭在春秋後五世九十一年而韓滅鄭衞在春秋後十一世

二百五十八年而秦滅衛也據蔡之前亡則渾罕之言終亦驗矣
注棘櫟至櫟亭　正義曰吳來伐楚入此三邑知此三邑皆楚東
鄙故疑新蔡縣東北有櫟亭者是此櫟也鄭有櫟邑者則河南陽
翟縣是也　注襄二至六歲　正義曰穆子還魯傳無其歲襄二
年始見於經疑是其年新還也成十六年傳云子叔聲伯使叔孫
豹請逆于晉師於時豹猶在魯疑其因使而遂奔齊蓋自鄭過魯
而去故得宿於庚宗成十六年出奔襄二年始還凡經五年故豎牛
五六歲能奉雉也計豎牛至襄二年四歲也杜言五六歲者豎牛
見穆子未必即以還年見之　曰唯　正義曰曲禮云父召無諾
先生召無諾唯而起鄭玄云應辭唯恭於諾　故怒至逆之　正
義曰怒者怒其妻也忿其母遂及其子其子在齊成長而後逆之
歸魯非謂逆其妻也　強與孟盟　正義曰孟雖適妻之子叔孫
未立為嗣豎牛欲亂其室望已有之未應即欲為適使孟事己強
與盟者欲其與己同心使己得專恣耳　注際接至接見　正義
曰釋詁云際接捷也郭璞曰捷謂相接也大夫將立適子必須

接見同寮季武子立飲大夫酒是其事也孟丙未與大史交接故為之作鍾因落鍾令與相見　注以豭至曰落　正義曰說文云釁血祭也雜記釁廟之禮云雍人舉羊升屋自中中屋南面刲羊血流于前是釁祭之法以血澆落之知落之即是釁也雜記又曰凡宗廟之器其名者成則釁之以豭豚是知以豭豬之血也記稱宗廟之器成乃釁以豭豚此叔孫為孟作鍾非是宗廟之器亦釁之者周禮小子職曰釁邦器及軍器鄭玄云邦器謂禮樂之器及祭器之屬此鍾是禮樂之器故釁也　使豎牛　正義曰蓋不自請使豎牛者內則云由命士以上父子皆異宮鄭玄云異宮者崇敬也以其異宮故使豎牛　牛謂至見矣　正義曰而如同是語辭故注云而何如何牛謂叔孫曰以仲見君何問何故以仲見君也叔孫怪其語故曰何為牛曰不將仲見君乎若不將見則既自見君矣言不待父命所以怒叔孫也大史立子為適必自見之於君宣十四年申舟見犀而行定六年樂祁見溷而行是其事也或曰豎牛謂叔孫曰令將仲見君其事如何叔孫以已見病故怪之曰何

爲以下同　正義曰禮置器物於地皆謂之寘是寘爲置也月令天子居左个右个是个爲東西廂也　吾子生書勳　正義曰杜注是叔孫家臣故稱巳君爲夫子工正是司馬之屬官也季孟亦有屬官共書其事但季孟身在不假言屬以叔孫巳亡取屬官爲徵故兼言之所以司徒書名者周礼大司徒掌十二教十有一曰以賢制爵十有二曰以庸制禄故司徒書名定位號也司馬與工正書服者周禮夏官司馬其屬有司士掌羣臣之政亦以德詔爵以功詔禄工正雖不屬司馬掌作車服故與司馬書服之案周礼司勳屬夏官今司空書勳者春秋之時又是諸侯之法不可盡與礼同　注誣杜至季孫　正義曰季孫因杜孫之弱欲四分公室巳取其二故謀去中軍豎牛云夫子固欲去之是誣叔孫以媚季孫　五年傳舍中軍卑公室也　正義曰襄十一年初作三軍十二分其國民三家得七公得五國民不盡屬公公室巳是卑矣今舍中軍四分公室三家自取其税減巳税以貢於公國民不復屬於公公室彌益卑矣是舍中軍者三

家所以卑弱公室也作中軍卑公室之漸舍中軍卑公室之極初作云作三軍今不云舍三軍者初云作者舊有二軍今更增一軍人數不足故揔皆擇破各毀其乘足成三軍故云作三軍此則唯舍中軍分中軍之衆屬上下二軍其上下二軍依舊不動故唯云舍中軍也劉炫云四分公室制法別耳還作三軍不得言舍三軍

注罷中至軍名　正義曰魯之軍名傳無其號晉作三軍爲上中下則魯之三軍亦當然也其廢中軍之後上下二軍分爲四分哀十一年齊師伐魯稱孟孺子洩師右師冉求帥左師冉求季傳氏宰也又言叔孫武叔退而蒐乘更無別稱知舊以叔孫爲軍名也

注取其令名　正義曰取其令名者季孫賓欲自厚令諸大夫議論似善己之不與取其令善廉絜之名也劉炫以爲施者舍也臧者善也咸諸臧氏取其令名也其二家謂叔孫孟非謂施臧二氏也

初作至半焉　正義曰將述其舍例本其初初作中軍謂襄十一年也三分公室而各有其一民皆分屬三家就中減入與公令公自稅取也季氏盡征之不減入於公令盡屬於己也叔

孫氏臣其子弟明其更有父兄以一家之内有此四品叔孫氏則以父兄之税入公子弟之税入已揔率所屬之人悉皆如此若揔計父兄之數不足以子弟添父兄若子弟不足以父兄添子弟大率半屬於公半屬於已以父兄歸公者尊公室也孟氏則於子弟之中而取其半於一家之内或取其子或取其弟大率而言三分歸公一分入已也或以為其軍分為四分假以父兄子弟四分託之若以假託為言何得云若子若弟直云叔孫氏兩分歸公兩分入已孟氏三分歸公一分入已於文簡略其事易知何須以父兄子弟屢為假託故知不然也魯之三卿季彊孟弱縱使如此若之季氏獨應以一分歸公言盡征之者季氏專恣也　及其至擇二　正義曰季氏因叔孫家禍退之使同於孟孫獨取其半為專已甚又擇取善者是專之極故傳言擇二以見之　注不以至正門　正義曰叔孫餓死而不言葬鮮知不得以壽終者名之為鮮言年命鮮少也叔仲帶得以此言告季孫則季孫知豎牛餓殺叔孫矣而不計者季孫利其禍而已得專故舍之而不計也杜注云

卿喪自朝知西門非正門　注從生至正路　正義曰服虔云言卿葬三辭於朝從朝出正門卿佐國之楨榦君之股肱必過於朝重之也案檀弓云君於大夫將葬弔於宮及出命引之三步則止如是者三君退是君當就家視之若造君朝之禮且杜注不欲從西門所競道路耳假令自朝而去猶得更從西門不須言自朝也故杜以自朝為從生存朝覲之正路蓋以西門幽辟故欲從正路而出南門　大庫之庭　正義曰十八年傳梓慎登大庭氏之庫是魯城內有大庭氏之虛於其上作庫謂之大庭氏之庫時云大庫明是彼也此言之庭庭是堂前地名仲壬在此庫之庭前豎牛就攻之時庭非大庭也　使亂大從　正義曰杜云使從於亂服虔云使亂大和順之道　注披析至見罪　正義曰昭子若知豎牛餓殺其父則當顯加誅戮不應直以殺適立庶為大罪也若昭子知雖不殺則昭子有大罪矣仲尼不宜善其不以立己為功勞也是昭子不知豎牛餓殺其父但言是罪仲尼又據其見言而善之　過明夷之謙　正義曰離下坤上為明夷離為日坤為地象

曰明入地中明夷夷者傷也日在地中光不外發則為明傷也艮
下坤上為謙艮為山象曰地中有山謙以高下下謙虛之義
丘至餓死　正義曰此先略言卦意有此四事也是者是此子也
將出奔而歸為國卿葬子豎孫之祭祀也并以讒人入而其名曰
牛然此子終以餓死也牛在國生云以入者去時未有來而有之
以讒人入其家非從外國入既已略論此意乃復具釋爻辭爻辭
云明夷于飛垂其翼君子于行三日不食有攸往主人有言此三
辭之間無為祀之意但卦名明夷故先推卦名求為祀之義也先
行後歸始得為祀然後推演爻辭得其行去之象又論不食讒言
之事爻辭之內亦無名牛故別於離卦以求牛名推演爻之三辭
既說乃復更推卦體以終為祀之言故曰其為子後以揔結前言
也　注日中至其位　正義曰七年傳曰天有十日人有十等彼
即歷言從王至臺十等之目此傳既云十時十位位以王公卿為
三日以中食旦為三日上其中知從中而右旋配之也晡謂食也
餔時謂日西食時也日昳謂蹉跌而下也隅謂東南隅也過隅未

中故為陽中也若據時之先後則從旦至食乃至於中宜以左旋為次今傳以配十位從中而右旋者以人之道高以下為基貴以賤為本欲從賤而漸至於貴也若從中左旋則位乃漸退非進長之義故右旋也　注融朗至旦乎　正義曰明而未融則融是大明故為朗也釋言云明朗也樊光云詩云高朗令終日月光明是朗為大明也　據卦離下坤上日在地中之象又爻變為謙謙是卑退之意日未出而又卑退故曰明而未融日明未融故曰其當旦也若於易之明夷據日入之後故明夷象云初登于天照四國也後入于地失則也此傳明夷據日未出前者以日未出與日已入皆日在地下其明不見故各取象為義也　注離為至于飛

正義曰說卦離為日為雉雉為鳥也離之一卦為日為鳥日為高明鳥為微細今日之謙退不得高明下當微細是日光不足故當鳥也　注明夷至而行　正義曰卦有六位初三五奇數為陽也二四上耦數為陰位也初與四二與五三與上位相值為相應之所求者陰陰之所求者陽陽陰相值為有應陰還值陰陽還

値陽爲无應明夷初九陽爻在奇是得位也所應在四四爲陰爻是有應也居得位而物應之是君子象也初九在明傷之世有大難也居謙下之位宜早退也以此知將辟難而行也　注旦位至不食　正義曰位當三而時在旦是三日象也旦又未至食時非食時則无可食故曰三日不食也　注艮爲言　正義曰說卦云成言乎艮爲言也　注易離至爲牛　正義曰純離者言上體下體皆是離也易離卦云畜牝牛吉故言純離爲牛明夷初九无此牛象但明夷初卦下體是離故轉於純離之卦求牛象　謙不至後乎　正義曰其爻辭唯云君子于行无還之義故復推此爻於鳥爲飛不翔翼不大知其不能遠去行必當歸故曰其爲子後乎　注傳言至其使　正義曰聘禮云若過邦至于竟使次介假道束帛將命于朝下大夫取以入告出許餼之以其禮上賓大牢積惟芻禾如彼禮文唯當餼之而已今鄭伯親勞是鄭畏楚也桓三年傳例云凡公女嫁于敵國公子則下卿送之於天子則諸卿皆行尚云不自送昏禮父母送女不下堂今晉侯親送女至

邢丘是敬楚也此兼顧上文故云諸侯畏敬其使　注往有至贈賄　正義曰聘禮賓至于近郊君使卿朝服用束帛勞及聘事皆畢乃云賓遂行舍于郊公使卿贈如覿幣聘既如此朝亦當然其朝據大行人上公三勞主國使下大夫勞于畿卿勞于遠郊主君自勞于近郊其去贈賄業文聘尚有賄明朝亦然但禮文不具耳其文據公去言故云往有也贈據晉言故云去有也　民食於他　正義曰言公如民然求食於他也其時四分公室民皆屬三家三家税以貢公公仰他給食自業食也　思莫至其終　正義曰羣臣思慮無在公者不爲公圖謀其終言其終必禍敗無爲謀者

事吾至二國　正義曰朝聘之禮享用幣帛致國之所有送女雖則非聘亦以幣帛通意故云事吾幣帛慎吾威儀也信當守而無失故云守之以信也禮當勉力履行故云行之以禮也禮無不敬故以敬爲始也始敬則終亦敬終恐其惰故云思終也思終亦思始終始無有不可復行之事行必得理使皆可復行也曲從則失儀從而不失儀不曲從也道敬則無威敬而不失威不妄敬也

聖人教訓之辭用之以通意故言道之也聘使舊故之法奉承以致命故言奉之也用先王之禮以成其交好故言考之也量二國形勢以傳通時事故言度之也皆准事為文　注刖足使守门　正義曰周禮掌戮云墨者使守门劓者使守關宮者使守内刖者使守囿髡者使守積則守门者當以墨也知不以韓起為墨者楚子意在辱晉必將加之重罪墨是刑之輕者知其必非墨也且欲以叔向為宮刑明起刑亦次宮也莊十九年傳稱鬻拳自刖楚人以為大閽知此亦是刖也欲以叔向為司宮為奄宮之長則韓起為閽亦欲令為门官之長刑若鬻拳故以鬻拳之刑解之

朝聘有珪　正義曰周禮典瑞云公執桓圭侯執信圭伯執躬圭子執穀璧男執蒲璧以朝覲宗遇會同于王諸侯相見亦如之是朝有珪也又曰瑑圭璋璧琮以覜聘是聘有珪也聘用圭璧其飾雖與君同其長降君一等聘禮記曰所以朝天子圭與繅皆九寸問諸侯朱綠繅八寸問即聘也鄭玄云九寸上公之圭也於天子曰朝於諸侯曰問記之於聘文互相備鄭云互相備者言諸侯相

朝與朝天子同也遣使聘天子與諸侯同也彼典瑞及聘禮記聘圭八寸據上公為文耳公之使既降公一等知侯伯之使當瑑圭六寸子男之使當瑑璧四寸考功記玉人云瑑圭璋八寸璧琮八寸以覜聘亦謂上公之聘也其賓子男君臣用璧云朝聘有圭者據公侯伯言之 注珪以為信 正義曰鄭玄典瑞注云人執以見曰瑞禮神曰器瑞符信也用珪朝聘所以為信故執之 享覜有璋 正義曰鄭氏先儒以為朝聘之禮使執玉以授主國之君乃行享禮獻國之所有覜見也謂行享禮以見主國之君也案小行人合六幣圭以馬璋以皮璧以帛琮以錦琥以繡璜以黼鄭玄云上公享王圭以馬享后璋以皮侯伯子男享王璧以帛享后琮以錦公侯伯於諸侯則享用璧琮子男於大國享君琥以繡於夫人璜以黼此云享覜有璋者據上公享后言之所以特舉享后者舉璋與圭相對其實享禮圭與璧琮琥璜皆有今檢杜注意義則不然謂主國設酒食以饗食賓賓則執璋以行禮故云享覜有璋注云享饗食也破享獻之享為饗食之饗杜必然者以此傳下云設

机而不倚爵盈而不飲宴有好貨飧有陪鼎皆論饗禮及饗宴之事故破享為饗即大行人三饗三食三宴之類是也但饗食禮既亡執璋之文耳故杜云臣為君使執璋則詩云奉璋峨峨尚書大保秉璋以酢之類是也　注諸侯至述職　正義曰孟子云天子適諸侯曰巡狩巡狩者巡所守也諸侯朝天子曰述職述職者述所職也其意言諸侯職在治國家事天子以時入朝述脩其所職也天子職在立諸侯指下民以時巡狩省視其功勞也　設机至不飲　正義曰朝聘之禮有設几進爵之時朝禮雖亡而聘禮有其畧也聘義曰聘射之禮至大禮也質明而始行事日幾中而後禮成非強有力者弗能行也酒清人渴而不敢飲也肉乾人飢而不敢食也是言務在行禮不敢倚机不敢飲酒也　注宴飲至所無　正義曰謂主國宴賓以貨財為恩好謂衣服車馬在客所無者與之也明年晋享季武子重其好貨僖二十九年介葛盧來禮之加宴好詩序云鹿鳴燕群臣嘉賓也既飲食之又實幣帛筐篚以將其厚意是也　注熟食至殷勤　正義曰聘禮賓始入館宰夫

朝服設飧飪一牢在西鼎九羞鼎三鄭玄云食不備禮曰飧飪熟也其鼎實如饔餼羞鼎則陪鼎也以其實言之則曰羞以其陳言之則曰陪是飧有陪鼎鄭以飧禮小饔餼禮大故云食不備禮曰飧言饔餼備而飧不備也杜以餼生而飧熟故云熟食為飧聘禮又云君使卿韋弁歸饔餼五牢飪一牢鼎九設于西階前陪鼎當内廉鄭玄云陪鼎三牲臛膷臐膮也陪之庶羞加也服虔云陪牛羊豕鼎故云陪鼎周禮掌客云凡諸侯之禮上公飧五牢饔餼九牢侯伯飧四牢饔餼七牢子男飧三牢饔餼五牢是朝聘皆有飧也案聘禮歸饔餼五牢於賓館飪一牢鼎九設于西階前牛鼎一羊鼎一豕鼎一魚鼎一腊鼎一腸胃鼎一膚鼎一鮮魚鼎一鮮腊鼎一凡九鼎從北向南而陳又有陪鼎三其一曰膷鼎牛臛也在牛鼎之西其一曰臐鼎羊臛也在羊鼎之西其一曰膮鼎豕臛也在豕鼎之西其陪所設當西階之内廉腥二牢陳于東階之前南陳牢別七鼎無鮮魚鮮腊也并上飪一牢所謂死牢三又餼二牢陳于門内之西是卿之饔餼五牢案鄭注掌客其子男

饔餼五牢與卿同其腥鼎加鮮魚鮮腊牢别有九也其陳設如卿之禮侯伯饔餼七牢死牢四飪一牢在西腥三牢在東餼三牢在門西其陳設如子男之禮上云饔餼九牢死五牢飪一牢在西腥四牢在東餼四牢陳于門西其陳皆如侯伯之禮也大行人注云爵卿也則飧二牢饔餼五牢爵大夫也則飧大牢饔餼三牢　以敗於鄢　正義曰以上文類之當注云言兵禍始於邲而不注者從可知也　韓須受命而使　正義曰三年傳云韓須如齊逆少姜是受命出使之事　注皆韓起庶子　正義曰賈逵云然杜依用之杜以上箕襄邢帶食邑於箕邢故為韓氏之族叔禽叔椒皆連叔為文羽又稱子事似兄弟故云皆韓起庶子劉炫以為叔禽等亦是韓起之族既無明證而妄規杜氏非也　注四族至四人　正義曰家語孔子曰銅鞮伯華不死天下其定矣其人名赤字伯華食邑於銅鞮叔魚名鮒見於十三年傳叔虎見於襄二十一年傳於時虎已死今得數叔虎者雖身死其族猶在故傳不言羊舌四人而云四族明指其族也據傳文叔向兄弟四人有叔虎案古本

叔向兄弟有季夙疑季夙即是虎也故服氏數伯華叔向叔魚季夙刘炫以為叔虎於時已死別有季夙而規杜氏非也　注韓氏至彊家　正義曰杜以家縣為一故并韓賦七邑與羊舌四族乃為十一而言十家舉大數也羊舌四族族有一縣則又大多故以為四家共二縣也刘炫以為韓須是起之門子不別更稱家去韓須之外韓氏唯有六家并羊舌四族故為十家也今知不然者以傳歷序韓襄為公族大夫韓須受命而使即云箕襄以下皆大家故知韓須在其內也又韓賦七邑則韓須有邑既有其邑自然稱家哀二年傳曰上大夫受縣論語云百乘之家家即縣也刘以為韓須不得為家家不得稱縣以為韓氏六家羊舌四家為十家而規杜氏非也　長轂　正義曰考工記車人云兵車乘車輪崇六尺六寸田車輪崇六尺三寸兵車轂長三尺三寸又云大車半柯長尺半是短也　何不可之有　正義曰啓彊發首言可此云何不可之有言其可也結上可之言服虔云何不可之有如是是大不識文勢　王欲至不能　正義曰王欲調叔向以為戲樂以其

所不知不解之處試之而竟不能王之所為并向悉解故杜云叔向之多知　令君至釁鼓　正義曰言令君奮起威嚴如天震電盛為瞋怒虐執云云是也　難易有備　正義曰言知楚為患難則吳易有防備也　且吳社稷是卜　正義曰恐楚王言女既云吉何故今欲被殺故言此以塞之　國之守龜　正義曰又恐王言龜既言吉而使人被殺則是龜不信故又言此以荅之　六年注再同盟　正義曰益姑以襄二十四年即位二十五年盟于重丘魯杞俱在二十九年又杞子來盟是再同盟　注合比至罪之　正義曰寺人柳有寵大子佐惡之合比請殺之求媚於大子而欲殺君之寵臣是事君不以道也以此而自取奔亡故書名以罪之　傳注合先至之禮　正義曰先王之制諸侯之喪士弔大夫送葬三十年傳文也釋例曰先王之制諸侯之喪士弔大夫送葬及其失也禮過於重文襄之伯因而抑之諸侯之喪大夫弔卿共喪事夫人之喪士弔大夫送葬猶過古制故公子遂如晉葬襄公傳不言禮葬秦景公傳曰大夫如秦葬景公特稱禮也一以示古制

二以示書他國之葬必須魯會三以示來使非卿則不書於經此皆丘明之微文也　注鑄刑書於鼎　正義曰傳直言鑄刑書知鑄之於鼎者二十九年傳云晉趙鞅荀寅賦晉國一鼓鐵以鑄刑鼎著范宣子所為刑書焉彼是鑄之於鼎知此亦是鼎也　注臨事至爭端　正義曰尚書伊訓云先王肇脩人紀制官刑儆于有位又穆王命吕侯訓夏贖刑作吕刑之篇其經云墨罰之屬千劓罰之屬千剕罰之屬五百宮罰之屬三百大辟之屬二百五刑之屬三千周禮司刑掌五刑之法以麗萬民之罪墨罪五百劓罪五百宮罪五百刖罪五百殺罪五百據此二文雖王者相變條數不同皆是豫制刑矣而云臨事制刑不豫設法者聖王雖制刑法舉其大綱但共犯一法情有淺深或輕而難原或重而可恕臨其時事議其重輕雖依準舊條而斷有出入不豫設定法告示下民令不測其淺深常畏威而懼罪也法之所以不可豫定者於小罪之間或情有大惡盡皆致之極刑則本非應重之罪悉令從其輕比又不足以創小人也於大罪之間或情有可恕盡加大辟則枉

害良善輕致其罰則脫漏重辜以此之故不得不臨時議之準狀
加罪令鄭鑄之於鼎以章示下民亦既示民即為定法民有所犯
依法而斷設令情有可慜不敢曲法以矜之罪實難原不得違制
以入之法既豫定民皆先知於是倚公法以展私情附輕刑而犯
大惡冀無所忌而起爭端也漢魏以來班律於民懼其如此制為
比例入罪者舉輕以明重出罪者舉重以明輕因小事而別有大
罪者則云所為重以重論皆不可一定故也　閑之至其淫　正
義曰義者宜也令於事宜閑謂防衛也閑之以義防衛之使合於事
宜也政者正也齊正在下糾謂舉治也糾之以政舉治之使從於
齊正也禮當勉力履行故行之以禮也信當守而勿失故守之以
信也仁心所以養物故奉之以仁也位以序德祿以酬勤有德能
勤則居官食祿制為祿位以勸其從順教令也其有犯罪則制之
刑罰故嚴斷刑罰以威其驕淫放佚也嚴斷言其不放舍也對文
則加罪為刑收贖為罰散則刑罰通也閑之以下皆言在上位者
行此事治民也　懼其至以剛　正義曰此上言行事此又言用

心言雖行上事懼其未從教也故復勞心以揜之於文中心為忠如心為恕謂如其己心也事親事君遠及諸物宜恕以待之不得虛詐忠是萬事之本故陳忠恕之事以訓誨之行善得善行惡得惡舉善惡之行以恐懼之將之所急民或不知故教示之以當時之務居上位者失於以威迫人故使之以和當和說以使之臨涖也臨謂位居其上俯臨其下涖謂有所施為臨揜其事臨謂平常之時涖謂常事之時居上位者失於驕慢臨之以敬言常共敬以臨之其臨於行事者失於懈倦涖之以彊言當彊力以臨之柔而少決為政之病故斷之以剛彊此云斷之以剛即上嚴斷之義嚴謂嚴可畏剛謂情無私此皆論心故重言之　注聳懼也　正義曰釋詁文也彼作竦音義同　注施之於事為涖　正義曰涖亦臨也而與臨別文故解之周禮肆師職涖卜曲禮云涖官春秋書涖盟皆謂當其事而臨之故云施之於事為涖則臨謂平常涖謂當事以此為異故別文也若散而言之涖亦臨也故論語云不莊以涖之則民不敬是也　注義斷恩　正義曰喪服四制云門內之治

恩捨義門外之治義斷恩尚書胤征云威克厥愛允濟愛克厥威
允罔功是斷獄者皆當義斷恩　猶求至使也　正義曰以剛以上
雖率意敬人猶為未善更求聖哲王公之上制明察大夫之官法
忠誠信著之長則慈愛溫惠之師教用此四法以教民民於是乎可
任使也　注權移至畏上　正義曰刑不可知威不可測則民畏上
也令制法以定之勒鼎以示之民知在上不敢越法以罪已又不能
曲法以施恩則權柄移於法故民皆不畏上　注因危至巧偽
正義曰法之設文有限民之犯罪無窮為法立文不能網羅諸罪
民之所犯不必正與法同自然有危疑之理因此危文以生與上爭
罪之心緣徼幸以成其巧偽將有實罪而獲免者也　注夏商至
以制　正義曰夏商之有亂政在位多非賢哲察獄或失其實斷
罪不得其中至有以私亂公以貨枉法其事不可復治乃遠取創
業聖王當時所斷之獄因其故事制為定法亦如鄭鼎所鑄遵舊
施行言不能臨時議事以制刑罪也　注周之至九刑　正義曰
準夏商所作當為文武周公之制不必聖王名刑而謂之九刑者

蓋周公制爲此名故稱之耳　注言刑至之世　正義曰三辟謂禹刑湯刑九刑也辟罪也三者斷罪之書故爲刑書皆是亂世所爲言刑書不起於始盛之世始盛之世議事制罪亂世不復能然采取上世決事之比作書以爲後法其意是始盛之世作書於衰亂之時也服虔云政衰爲叔世叔世踰於季世季世不能作辟也　注制參至末法　正義曰制參辟鑄刑書是一事也爲其文是制參辟勤於鼎是鑄刑書也三代之辟皆取前世故事制以爲法子產亦取上世故事故謂之制參辟言其所制用三代之末法非謂子產所作還寫三代之書也子產蓋亦采取上世所聞見斷獄善者以爲書也　詩曰至四方　正義曰周頌我將之篇祀文王之樂歌也杜言文王以德爲儀式刑法也則儀式刑三者皆爲法也言以德爲儀式法者是文王之德也由其以德爲法故能日日有安請四方之功也服虔云儀善式用刑法請謀也言善用法文王之德日日謀安四方此解於文便於杜也　民知至於書　正義曰端謂本也令鑄鼎示民則民知爭罪之本在於刑書矣制禮以

為民則作書以防民罪違禮之行非刑書所禁故民將棄禮而取
徵驗於書也刑書違禮之罪民必棄禮而不用矣　又曰至作孚
正義曰大雅文王之篇也服虔云儀善也刑法也善用法者文王
也言文王善用其法故能為萬國所信也亦便於杜　終子至敗
乎　正義曰子産鑄刑書而叔向責之趙鞅鑄刑鼎而仲尼譏之
如此傳文則刑之輕重不可使民知也而李悝作法蕭何造律頒
於天下縣示兆民秦漢以來莫之能革以今觀之不可一日而無律
也為當吏不及古民偽於昔為是聖人作法不能經遠古今之政
何以異乎斯有旨矣古者分地建國作邑命家諸侯則奕世相承
大夫亦子孫不絶皆知國為我土衆實我民自有愛吝之心不生
殘賊之意故得設法以待刑臨事而議罪不須豫以告民自令常
懷怖懼故仲尼叔向所以譏其鑄刑書也秦漢以來天下為一長
吏以特遷代其民非復己有懦弱則為殿負彊猛則為稱職且疆
域闊遠戶口滋多大郡竟餘千里上縣數以萬計豪横者陵蹈邦
邑桀健者雄張閭里故漢世酷吏專任刑誅或乃肆情好殺成其

不撓之威違衆用己以表難測之知至有積骸滿穽流血丹野郅都被蒼鷹之號延年受屠伯之名若復信其殺伐任其縱舍必將喜怒變常愛憎改意不得不作法以齊之宣衆以令之所犯當條則斷之以律疑不能決則讞之上府故得萬民以察天下以治聖人制法非不善也古不可施於今今人所作非能聖也足以周於用所謂觀民設教遭時制宜謂此道也　若吾子之言　正義曰若如也誠如吾子之言也　吾以救世也　正義曰當時鄭國大夫邑長蓋有斷獄不平輕重失中故作此書以令之所以救當世也　注象類至致災　正義曰作刑書以示民教民使爭罪故謂之爭辟火出而象之類也謂以類相感而致災也同氣相求象易文言文也周禮司爟云季春出火民咸從之季秋內火民亦如之鄭玄云火所以用陶冶民隨國而為之是火星未出不得用火令鄭大未出而用火以鑄鼎及火星出則相感以致災服虔云鑄鼎藏爭辟故令出火與五行之火爭明故為災在器故稱藏也

注周禮大夫三獻　正義曰周禮卿五獻大夫三獻故鄭注掌客

爵卿也饔餼五牢爵大夫也饔餼三牢獻視饔餼之數故言大夫
三獻也若依古禮大小國之卿皆五獻大夫三獻故聘禮侯伯之卿
出聘饔餼五牢獻同饔餼之數至春秋之時惟大國得從古禮
故昭元年鄭人享趙孟注云朝聘之制大國之卿五獻其次國以
下卿則從大國大夫之禮故令武子云得既不過三獻周禮世此
文大行人云上公九獻侯伯七獻子男五獻各如其命數典命
云公侯伯之卿皆三命知其當三獻也大夫卿之揔名故注云三
獻也　令至有加　正義曰上言加籩此言豆者籩豆並加互舉
其一也　寡君猶未敢　正義曰魯侯爵禮當七獻上文唯言享
有加籩止知加於常禮不知幾獻籩豆未必過七獻也言寡君
猶未敢當此者謙耳　詩曰至斯畏　正義曰大雅板之篇凡伯
刺厲王之詩也言宗子之固惟若城也即謂宗子爲城言宗人當
固之毋使此城傾壞傾壞則女獨矣女既獨々必有所畏懼也
注共而有禮　正義曰是如見王是共也辭不敢見是禮也　不
樵樹不采執　正義曰不樵樹不伐樹以爲樵不采蓺不采所種

之菜果　不抽屋不強匄　正義曰服虔云抽裂也言不毀裂所舍之屋也匄乞也不就人強乞也　且弔敗也　正義曰如上注不以敗告故不書而得弔敗者本自為聘聞敗因弔之故言且也　士匄相士鞅　正義曰世族譜以王正為雜人諸本及王肅董遇注皆作王正俗本或誤為士匄此人不當與士鞅之父同姓名而為之介也　七年注暨與至可知　正義曰暨與釋詁文也此直言暨齊平不知誰與齊平穀梁傳云以外及內曰暨謂此為魯與齊平賈逵何休亦以為魯與齊平許惠卿以為燕與齊平服虔云襄二十四年仲孫羯侵齊二十五年崔杼伐我自爾以來齊魯不相侵伐且齊是大國無為求與魯平此六年冬齊侯伐北燕將納簡公齊侯貪賄而與之平故傳言齊求之也齊次于虢燕人行成其文相比許君近之案經例即燕與齊平當書燕魯與諸侯平皆言暨下三月公如楚叔孫婼如齊涖盟公不在國故齊無來者據經言之賈君為得杜則從許說也故兩載其說意從賈解其所疑云前年冬齊伐燕文接此春間無異事故不云燕省文也又此年

称齊暨燕平之月傳所舉經文知此是燕與齊平也釋例曰昭六年冬齊侯伐北燕七年春而平冬春相接間無異事省文故不重言燕猶桓五年冬州公如曹六年春因書寔來也傳以其不分明故起見齊燕平之月以正之也　注公將至舊好　正義曰魯與齊鄰公遠適楚慮其或來侵伐遣使與之盟尋舊好也案經婼之如齊在公如楚之下杜言將適楚者然孫婼非公命則不得書經明是公未發時命之公發後婼去杜言將見此意　衛侯惡卒　正義曰穀梁傳曰鄉曰衛齊惡今曰衛侯惡此何為君臣同名也君子不奪人名不奪親之所名重其所以來也王父名子也注云不奪人名明臣雖欲改君不當聽也君不聽臣易名者欲使人重父命也父受名于王父王父卒則称王父之命名之曲禮云卒哭乃諱鄭玄云敬鬼神之名也生者不相辟名衛侯名惡大夫有石惡君臣同名春秋不非謂此事也然則此君卒哭之後臣當辟其諱曲禮云君子已孤不更名當舍名而稱字　注元年大夫盟于虢正義曰虢會不盟而言盟者令尹圍請讀舊書加於牲上雖不為

載書亦以名告神與盟同也　傳齊求之也　正義曰傳云齊求之自言其平之意下云盟于濡上是其平之事也下言齊魏燕人行成則是燕先發意而言齊求之者齊若志在伐燕不當在竟久次久次而不行即是求之之狀也燕必知其意乃行成耳　注濡水至易水　正義曰今案高陽無此水也水源皆出於山其出平地皆是以中平地燕趙之界無泉出者未知杜言何所案據　注瑤玉至玉爵　正義曰孔安國尚書傳云瑤美石此云瑤甕玉櫝與玉別文亦以非玉杜以瑤爲玉者詩毛傳云瓊瑤美玉則瑤之爲物在玉石之間與玉小別故或以爲石或以爲玉瓊是玉之美名詩以瓊瑤爲玉故毛言美玉耳周禮醢人王舉則共醢六十甕以齊醢菹醢實之則甕是小器當以瓦爲之以瑤爲甕故爲寶也論語云龜玉毀於櫝中是櫝爲盛物之匱也明堂位云爵夏后氏以琖殷以斝周以爵鄭玄云斝畫禾稼也斝是爵名文承玉櫝之下明亦以玉爲之言耳者蓋此器旁有耳若今之杯故名耳　注析羽至於軫　正義曰析羽爲旌周禮司常文也鄭

玄云析羽皆五采繫之於旞旌之上所謂注旄於干首也凡九旗
之帛皆用絳然則干首有羽羽為旌名遂以旌為旗稱其垂至軫
者謂游至軫非羽至軫也禮緯稽命徵云禮天子旗九刃曳地諸
侯七刃齊軫大夫五刃齊較士三刃齊首周禮節服氏衮冕六人
維王之大常鄭玄云王旌十二旒兩兩以縷綴連旁三人持之禮
天子旌曳地杜以楚雖僭號稱王未必即如天子不應建大常旌
曳地故以諸侯解之言王旌游至於軫謂楚王旌也蓋建交龍之
旗而游至軫耳然諸侯之旌短於王旌二刃大夫旌亦短於諸之
侯之旌二刃案周禮軫去地四尺較去軫並五尺五寸而禮緯云
諸侯齊軫大夫齊較於事為疑不可知也　芋尹　正義曰芋是
草名哀十七年陳有芋尹蓋皆以草名官不知其故　天子至正
封　正義曰莊二十一年注云略界也則此略亦為界也經營天
下以四海為界界内皆為已有故言略有四海謂有四海之内也
天子界内天子自經營之故言經略也諸侯封内受之天子非已
自營故言正封謂不侵人不與人正之使有定分　詩曰至王臣

正義曰北山大夫刺幽王也役使不均云溥天之下云云鄭箋云此言王之土地廣矣王之臣又衆矣何求而不得何使而不行率土之濱者地之形勢水多於土民居水畔故云循土之涯也　王臣至臣臺　正義曰文十八年傳云舜臣堯者謂舜爲臣以事堯也此云王臣公者謂上以下爲臣文同而意異也公者五等諸侯之揔名環齊要略云自營爲厶八厶爲公言公正無私也大夫者夫之言扶也大能扶成人也士者事也言能理庶事也服虔云皁造也造成事也輿衆也佐皁舉衆事也隸隸屬於吏也僚勞也共勞事也僕僕竪主藏者也臺給臺下微名也此皆以意言之循名求義不必得本故杜皆略而不說　注僕區刑書名　正義曰引其言戒刑法知是刑書名也名曰僕區未知其義服虔云僕隱也區匿也爲隱亡人之法也　注行善至汝水　正義曰文王之法所以得天下言行善法所以得爲天子也僕區之法所以封汝言去盜賊所以大啓封疆也哀十七年傳曰彭仲爽申俘也文王以爲令尹實縣申息朝陳蔡封畛於汝是文王啓疆至汝

水　昔武至淵藪　正義曰此在尚書武成篇也武王既克殷歸
至于豐乃陳伐紂之事告於諸侯言將伐之時以商之罪告于皇
天后土所過名山大川曰今商王受無道暴殄天物害虐烝民
為天下逋逃主萃淵藪是言天下罪人逋逃者以紂為主集而歸
之如魚入深淵獸奔藪澤也　注宮室至城内　正義曰雜記云
成廟則釁之路寢成則考之而不釁釁屋者交神明之道也鄭
玄云言路寢生人所居不釁者不神之也考之者設盛食以落之
尒檀弓曰晉獻文子成室諸大夫發焉是也然則不釁似無祭而
杜言宮室始成祭之為落者以其言落必是以酒澆落之雖不如
廟以血塗其上當祭中霤之神以安之　日我至北望　正義曰
日謂往日也嬰齊與魯盟于蜀事在成二年共王之初共王即
望魯朝故言往日我先君共王引領北望也董遇注云日字謚法
既過能改曰共　寵靈至既矣　正義曰言開其恩寵賜以威靈
以及楚國以明受命于蜀之事不虛致令君之嘉惠於楚即是寡
君受既矣　注祖祭道神　正義曰詩云韓侯出祖仲山甫出祖

是出行必爲祖也曾子問曰諸侯適天子與諸侯相見皆云道而出是祖與道爲一知祖是祭道神也周禮大馭掌馭玉路以祀及犯軷王自左馭馭下祝登受轡犯軷遂驅之鄭玄云行山曰軷犯之者封土爲山象以菩芻棘柏爲神主既祭以車轢之而去喻無險難也又聘禮記云出祖釋軷祭酒脯乃飲酒于其側鄭玄云祖始也行出國門止陳車騎釋酒脯之奠於軷爲行始也詩傳曰軷道祭也謂祭道路之神春秋傳曰軷涉山川然則軷山川之名也道路以險阻爲難是以委土爲山或伏牲其上使者爲軷祭酒脯祈告也卿大夫處者於是餞之飲酒於其側禮畢乘車轢之而遂行是說祖軷之事也詩云取羝以軷謂諸侯也天子則以犬故犬人云伏瘞亦如之鄭司農云伏謂伏犬以王車轢之是也大夫用酒脯　注衛地至降婁　正義曰周禮保章氏以星土辨九州之地所封封域皆有分星是在地封域必當天星之分但古書亡失鄭注保章氏引堪餘云寅析木燕也卯大火宋也辰壽星鄭也巳鶉尾楚也午鶉火周也未鶉首秦也申實沈晉也酉大梁趙也戌

降婁魯也亥娵訾衛也子玄枵齊也丑星紀吳越也秦漢以來
地分天次娵訾衛也降婁魯也娵訾之次一名豕韋故云衛地豕
韋也三統歷娵訾初日在危十六度立春節在營室十四度雨水
中終於奎四度也降婁初日在奎五度驚蟄節在婁四度春分中
終於胃六度也此時周四月令二月故日在降婁但閏有前却不
知日在何度而食也言去衛地如魯地蓋始入降婁之初耳　詩
所至不臧　正義曰十月之交大夫刺幽王也十月之交朔月辛
卯日有食之亦孔之醜注云日為君辰為臣辛金也卯木也又以
卯侵辛故甚惡也又云彼月而食則維其常此日而食于何不臧
詩作此云彼者師讀不同也　對曰至之災　正義曰士文伯
緣公之問設勸戒之辭言人君為政不善可以感動上天則自取謫
責於日月之災以日食之災由君行之所致也昏義云天子聽男
教后聽女順天子治陽道后治陰德是故男教不脩陽事不得適
見於天日為之食婦順不脩陰教不得適見於天月為之食此傳
彼記皆是勸戒辭耳日月之會自有常數每於一百七十三日有

餘則日月之道一交交則日月必食雖千歲之日食皆豫筭而盡知寧復由教不脩而政不善也此時周室微弱王政不行非復能動天也設有天變當與天下為災何獨衛君魯卿當其咎也若日食在其分次其國即當有咎則每於日食必有君死豈日食之歲常有一君死乎足明士文伯言衛君魯卿之死不由日食而知災人君者位貴居尊志移心溢或淫恣情慾壞亂天下聖人假之神靈作為鑒戒夫以昭昭大明照臨下土忽爾殲亡俾晝作夜其為怪異莫斯之甚故鳴之以鼓柝射之以弓矢庶人奔走以相從嗇夫馳騁以告衆降物辟寢以哀之祝幣史辭以禮之立貶食去樂之數制入門廢朝之典示之以罪己之宜教之以脩德之法所以重天變警人君也天道深遠有時而驗或亦人之禍釁偶與相逢故聖人得因其變常假為勸戒知達之士識先聖之幽情中下之主信妖祥以自懼但神道可以助教不可專以為教神之則惑衆去之則害宜故其言若有若無其事若信若不信期於大通而已世之學者宜知其趣焉　注前汝至杞田　正義曰下云君之在

楚於晋羅也知晋人以此故復來治杞田也宋之盟云晋楚之從
交相見今復恨者於時不免楚意為此盟耳私心不欲諸侯向楚
又無辭可以禁之故内懷恨而治其田　使長鬛者相　正義曰吳
楚之人少鬚故選長鬛者相禮也　注大屈弓名　正義曰賈逵
云大屈寶金可以為劒大屈金所生地名服虔云一曰大屈弓名
魯連書曰楚子享魯侯於章華之臺與大曲之弓既而悔之蔿
啓疆見魯侯魯侯歸之大屈即大曲之　今夢至寢門　正義曰
諸本皆作熊字賈逵云熊獸也説文云熊獸似豕山居冬蟄釋獸
云羆如熊黃白文孫炎引書云如熊如羆則熊似羆似豕之獸即
今之所謂熊是也釋獸又云熊虎醜其子狗李巡曰熊虎之類其
子名狗則熊獸似虎非熊也又釋魚云鼈三足能樊光曰鼈皆四
足今三足故記之彼是鼈之異狀張衡東京賦云能鼈三趾梁主
云鮌之所化是能鼈也若是熊獸何以能入羽淵但以神之所化
不可以常而言之若是能鼈何以得入寢門先儒既以為獸今亦
以為熊獸是也汲冢書瑣語云晋平公夢見赤熊闚屏惡之而有

疾使問子産言顓屏牆必是獸也張揖皮論云賓爵下革田鼎上
騰牛哀虎變鮌化為熊久血為燐積灰生蠅傳云潛通賦云堯伯
忌瓊瑰而弗古兮書言諸而莫終嬴正沈璧以祈福兮鬼告凶而
余窮黃母化而為黿兮鮌殛變而成熊二者所韻不同或疑張揖
為能著作郎王劭云古人讀雄與熊者皆于陵反張揖用舊音傳
玄用私音張揖亦作熊也案詩無羊與正月及襄十年衛卜禦寇
之繇皆以雄韻陵劭言是也　注鯀禹至見祀　正義曰祭法云
夏后氏禘黃帝而郊鯀言郊祭天而以鯀配是夏家郊祭之也殷
周二代自以其祖配天雖復不以鯀配郊鯀有治水之功又通在
群神之數并亦見祀通夏世為三代祀之也祭法又曰夫聖王之制
祀也能禦大菑則祀之能捍大患則祀之鯀鄣鴻水而殛死禹能
脩鯀之功非此族也不在祀典是言鯀有大功而歷代祀之也祭
法又云有虞氏禘黃帝而郊嚳祖顓頊而宗堯夏后氏亦禘黃帝
而郊鯀祖顓頊而宗禹殷人禘嚳而郊冥祖契而宗湯周人禘嚳
而郊稷祖文王而宗武王宗家語子羔問曰周人祖文王而宗武王

虞夏祖宗異代者孔子曰殷周祖宗其廟可以不毀則其他所祖
宗者功德不殊雖在異代亦可以無疑矣周人愛召公猶敬其樹
況祖宗其功德而可以不尊奉其廟哉　注言周至群神　正義
曰祭法曰有天下者祭百神諸侯在其地則祭之亡其地則不祭
然則鯀非晉地之神晉人不合祭之也但周室既衰晉為盟主得
佐助天子祭祀群神故不祀鯀而鯀為崇也晉語說此事云昔者
鯀違帝命殛之于羽山化為黃熊以入于羽淵實為夏郊三代舉
之夫鬼神之所及非其族類則紹其同位今周室少卑晉實繼之
其或者未舉夏郊邪宣子以告祀夏郊董伯為尸五日晉侯疾間
是言晉當繼周得佐天子祀群神也僖三十一年傳云相之不享
於此久矣非衛之罪也杞鄫何事然則杞是夏後自當祀相衛不
祀相而晉祀鯀者相無功唯子孫當祀鯀則列在祀典天子祀之
故晉繼周當祀鯀　祀夏郊　正義曰言祀夏家所郊者故注云
祀鯀　方鼎　正義曰服虔云鼎三足則圓四足則方　注傳言
至不諒　正義曰負而不諒論語文也負正也諒信也既賣晉邑

卒而歸之正也知宣子欲之而言畏懼後禍是不信也　注云孫段豐氏黨　正義曰刘炫云段即豐氏當言駟氏黨字之誤以規杜氏今知非者段為豐氏傳有明文杜既注傳無容不委蓋後人轉寫之誤刘君雖規未必是杜之失　子產至圖說　正義曰言立公孫洩者所以解說民心也伯有作亂而死不應立其後祀今立良止民必怪之為伯有之身無義立後而圖謀自解說於民也解說者以子孔良霄俱被誅殺今并立二人言若國家自以大義存誅絶之後不為妖鬼立良止也以此解說民心　從政至媚也　正義曰反之謂反正道也媚愛也從其政事治國家者有所反於正道以取民愛也反正道者子孔誅絶於道理不合立公孫洩令既立良止恐民以鬼神為惑故反違正道兼立公孫洩以取媚於民令民不惑也段與帶之卒自當命盡而終耳未必良霄所能殺也但良霄為厲因此恐民民心不安義須止遏故立祀止厲所以安下民也何休膏肓難此言孔子不語怪力亂神以鬼神為政必惑衆故不言也今左氏以此令後世信其然廢仁義而祈福於鬼

神此大亂之道也子產雖立良止以託繼絶此以鬼賞血訓要不免於惑衆豈當述之以示季末鄭玄荅之曰伯有惡人也其死為厲鬼厲者陰陽之氣相乘不和之名尚書五行傳六厲是也人也體魄則降知氣在上有尚德者附和氣而與利益夏之月令雩祀百辟卿士有益于民者由此也為厲者因害氣而施災故謂之厲鬼月令民多厲疾五行傳有御禦六厲之禮禮天子立七祀有大厲諸侯立五祀有國厲欲以安鬼神弭其害也子產立良止使祀伯有以弭害乃禮與洪範之事也子所不語怪力亂神謂虛陳靈象於今其驗也伯有為厲鬼著明若此而何不語乎子產固為衆愚將惑故并立公孫洩云從政有所反之以取媚也孔子曰民可使由之不可使知之子產達於此也　人生至曰魂　正義曰人稟五常以生感陰陽以靈有身體之質名之曰形有噓吸之動謂之為氣形氣合而為用知力以此而彊故得成為人也此將說淫厲故遠本其初人之生也始變化為形形之靈者名之曰魄也既生魄矣魄內自有陽氣氣之神者名之曰魂也魂魄神靈之名本從形氣

而有形氣既殊魂魄亦異附形之靈為魄附氣之神為魂也附形之靈者謂初生之時耳目心識手足運動啼呼為聲此則魄之靈也附氣之神者謂精神性識漸有所知此則附氣之神也是魄在於前而魂在於後故云既生魄陽曰魂魂魄雖俱是性靈但魄識少而魂識多孝經說曰魄白也魂芸也白明白也芸芸也形有體質取明白為名氣唯嘘吸取芸動為義鄭玄祭義注云氣謂嘘吸出入者也耳目之聰明為魄是言魄附形而魂附氣也人之生也魄盛魂彊及其死也形消氣滅郊特牲曰魂氣歸于天形魄歸于地以魂本附氣氣必上浮故言魂氣歸于天魄本歸形形既入土故言形魄歸于地聖王緣生事死制其祭祀存亡既異別為作名改生之魂曰神改生之魄曰鬼祭義曰氣也者神之盛也魄也者鬼之盛也合鬼與神教之至也死必歸土此之謂鬼其氣發揚于上神之著也是故魂魄之名為鬼神也檀弓記延陵季子之哭其子云骨肉歸復于土命也若魂氣則無不之也爾雅釋訓云鬼之為言歸也易繫辭曰陰陽不測之謂神以骨肉必歸于土故以歸言之

魂気無所不通故以不測名之其實鬼神之本則魂魄是也劉炫
云人之受生形必有気気形相合義無先後而此云始化曰魄陽
曰魂是則先形而後気先魄而後魂魂魄之生有先後者以形有
質而気無質尋形以知気故先魄而後魂其實並生無先後也
注陽神気也　正義曰以形有質故為陰魂無形故為陽既以化
表形故以陽見気気為陽知形為陰互相見也　用物至魄彊
正義曰魂既附気気又附形形彊則気彊形弱則気弱魂以気彊
魄以形彊若其居高官而任權勢奉養厚則魂気彊故用物精
而多則魂魄彊也　注物權勢　正義曰物非權勢之名而以物
為權勢者言有權勢則物能備物謂奉養之物衣食所資之揔名
也　是以至神明　正義曰此言從微而至著耳精亦神也爽
亦明也精是神之未著爽是明之未昭權勢重用物多養此精
爽至於神明也　從政三世　正義曰子良子耳良霄三世皆為
卿　注相尚以酒　正義曰相尚以奢食無度也相困以酒飲無
度也　罕朔殺罕魋　正義曰公孫鉏子展之弟展生子皮鉏

生罕朔朔是子罕之孫禮謂之從父昆弟　使從嬖大夫　正義
曰子產數遊楚云子皙上大夫女嬖大夫不尊貴也則晉之嬖大
夫亦是下大夫子產云朔亞大夫也今晉侯使朔為下大夫故杜
云為子產故使降一等不以罪降　詩曰至急難　正義曰小雅
常棣之篇也以鶺鴒之在原喻兄弟之急難也鶺鴒水鳥也今而
在原失其常處飛則鳴行則搖不能自舍也喻人當居平安之世
令有兄弟在急難相救之情亦不能自舍也但鳥有飛行可言人
之不能自舍無狀可言耳　注鶺鴒䳭渠　正義曰釋鳥文郭璞
曰雀屬　注陟登至哀策　正義曰陟登格敬釋詁文也周禮所
云上帝皆是天也如今之哀策策者漢魏以來賢臣既卒或贈以本
官即綬近世或更贈以高官褒德叙哀載之於策將葬賜其家以
告柩如今之哀策謂此也　注二國至命者　正義曰案周本紀
高圉是公劉玄孫之孫高圉生亞圉亞圉大王亶父之祖也並為
殷之諸侯今王追命襄公而云不忘二國知其亦是受殷王追命
此杜以意言耳二國之受追命無文也　注孔丘年三十五　正義

曰當言三十四而云五篋相傳誤耳　注孔子六代祖　正義曰
家語本姓篇云宋愍公熙生弗父何何生宋父周周生世子勝勝
生正考父考父生孔父嘉其後以孔爲氏也孔父生木金父金父
生皋夷父夷父生防叔防叔辟華氏之禍而奔魯生伯夏伯夏生
梁紇梁紇即生孔子也　饘於至余口　正義曰釋言云餬饘也
郭璞云糜也又云鬻糜也孫炎曰淖糜也然則餬饘鬻糜相類之
物稠者曰糜淖者曰鬻餬饘是其別名將糜向口故曰以餬余口猶
令人以粥向帛粘使相著謂之餬帛　注聖人至考父　正義曰
聖人謂殷湯也不當世謂不得在位爲國君也上文具言考父之
德知此聖人之後有明德而不得在世當大位者止謂正考父也
既是聖人之後而又有明德身受貴位必慶隆子孫故言其後必
有達人謂知能通達之人於夫子身爲大夫乃稱夫子此時仲尼
未仕不得稱爲夫子以未仕之時爲仕後之語是丘明意尊之而
失事實陳恒未死言謚亦此類也　注南宮敬叔　正義曰說南
宮氏也敬謚也叔字也又字容也字括也名說一名縚　詩曰至

事國　正義曰小雅北山大夫刺幽王也役使不均已勞於從事而不得養其父母焉或燕燕居息燕燕安息貌或盡瘁事國盡々力勞病以從國事也作憔悴蓋師讀不同　歲時日月星辰　正義曰釋天云載歲也夏曰歲周曰年李巡曰載一歲莫不覆載也孫炎曰四時一終曰歲取歲星行一次也年取年穀一熟是言歲即年也時謂四時春夏秋冬也日謂十日從甲至癸也月從正月至十二月也星二十八宿也辰謂日月所會一歲十二會從子至亥也周禮馮相氏掌十有二歲十有二月十有二辰十日二十有八星之位謂此六物也大歲所在十二年始帀故為十二歲　辰而莫同　正義曰東南陽有辰也大火謂之辰也又有日月之會辰也又北方有辰星也日月會謂之辰者辰時也言日月聚會有時也故以配日　正義曰言辰是常所分在十二以十幹配之明非一所也　注夢時元未生　正義曰知者傳曰姻始生孟縶即云成子夢若已生詎當云姻始生孟縶及元然云孔成子夢說夢以下且乃云晉韓宣子聘歲生元明未生也　之足不良　正義曰當斷

春秋正義　廿八之卅

八九欠

十

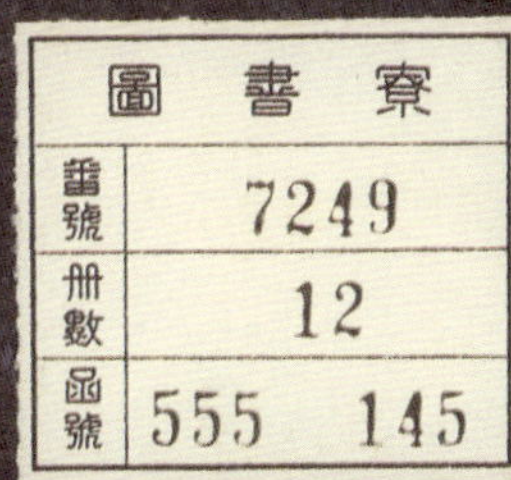